DER ZWEITE WELTKRIEG · TIME-LIFE BÜCHER · AMSTERDAM

VON GERALD SIMONS

UND DER REDAKTION DER TIME-LIFE BÜCHER

DIE DEUTSCHE KAPITULATION

DER ZWEITE WELTKRIEG

Chefredakteur der Reihe: Thomas H. Flaherty jr.

Redaktionsstab des Bandes *Die deutsche Kapitulation:*
Chefredaktion: Charles Osborne, Sheldon Cotler
Bildredakteur: Peter D. Collins
Designer: Leonard Vigliarolo
Dokumentare: Vincent M. Badger, Ronald J. Fagan, Jane Furth, Martha J. Mader, Josephine Reidy, Starr Badger Shippee, John E. Taktikos
Vertragsautoren: Cathy Beason, R. H. Cravens, Valerie Moolman, Frederick King Poole, Eric Schurenberg, Cinda Siler, E. Ogden Tanner, Bryce S. Walker
Redaktionelle Leitung: Felice Lerner
Redaktionsassistenten: Nicholas Goodman, Keith Nislow, Andrea Reynolds
Textkoordination: Ann Bartunek, Allan Fallow, Barbara F. Quarmby
Bildkoordination: Betty Hughes Weatherley
Layout-Assistent: Robert K. Herndon

Korrespondenten: Elisabeth Kraemer (Bonn); Margot Hapgood, Dorothy Bacon (London); Susan Jonas, Lucy T. Voulgaris (New York); Maria Vincenza Aloisi, Josephine du Brusle (Paris); Ann Natanson (Rom)
Wertvolle Unterstützung leisteten ebenfalls: Helga Kohl (Bonn); Lois Lorimer (Kopenhagen); Lynda Proud (London); Felix Rosenthal (Moskau); Carolyn Chubet, Miriam Hsia, Christina Lieberman, Cornelius Verwaal (New York); Eva Stichova (Prag); Mimi Murphy (Rom); Traudl Lessing (Wien).

Leitung der deutschen Redaktion:
Hans-Heinrich Wellmann
Textredaktion: Sibylle Dralle, Gisela Meyer

Aus dem Englischen übertragen von
Karl-Otto von Czernicki

EINBAND: Nach der Einnahme Berlins am 2. Mai 1945 werfen jubelnde sowjetische Soldaten ihre Mützen in die Luft. Im Hintergrund ist die Siegessäule zu erkennen, die 1873 nach dem Deutsch-Französischen Krieg errichtet und von Adolf Hitler nach einigen Veränderungen im Jahre 1938 erneut feierlich eingeweiht wurde.

Der Autor: GERALD SIMONS, der sich viele Jahre mit dem Zweiten Weltkrieg befaßt hat, ist Herausgeber von 14 Bänden der TIME-LIFE-Reihe über den Zweiten Weltkrieg. Er ist außerdem Verfasser von *Die Geburt Europas,* erschienen in der TIME-LIFE-Reihe „Zeitalter der Menschheit".

Vorwort: WYNFORD VAUGHAN-THOMAS, geboren 1908 in Swansea, Süd-Wales, studierte an der Oxford University. Er trat 1937 in die British Broadcasting Corporation ein und war anschließend als Kriegsberichterstatter in Italien und Nordwesteuropa tätig. Im Jahr 1945 wurde ihm das Croix de Guerre verliehen. Sein Buch über die Schlacht bei Anzio ist zu einem Klassiker geworden.

Die beratenden Mitarbeiter: US-Oberst a. D. JOHN R. ELTING hat als Feind-Nachrichtenoffizier bei der 8. US-Panzerdivision den Zweiten Weltkrieg mitgemacht. Er war Lehrbeauftragter in West Point und ist der Verfasser von *Battles for Scandinavia,* erschienen in der TIME-LIFE-Reihe „The Second World War", sowie von *The Battle of Bunker's Hill, The Battles of Saratoga, Military History* und *Atlas of the Napoleonic Wars.*

EARL F. ZIEMKE ist Professor für Geschichte an der University of Georgia. Schwerpunkte seiner Forschungstätigkeit bilden die deutsche Geschichte und der Zweite Weltkrieg. Nach dem Kriegsdienst als Marineinfanterist im Pazifik wurde er von der University of Wisconsin zum Ph. D. promoviert und arbeitete zunächst als Historiker im Department of the Army in Washington. Er ist der Verfasser von *Der Vormarsch der Roten Armee,* erschienen in der TIME-LIFE-Reihe „Der Zweite Weltkrieg", sowie von *Stalingrad to Berlin: The German Defeat in the East, The German Northern Theater of Operations* und *Battle for Berlin.*

KLAUS-JÜRGEN MÜLLER, Professor für Neuere und Neueste Geschichte an der Hochschule der Bundeswehr und der Universität Hamburg, ist Autor der Bücher *Das Heer und Hitler, Das Ende der Entente Cordiale 1940* und *General Ludwig Beck* sowie anderer Schriften zur militärischen und politischen Geschichte der Zeit zwischen den beiden Weltkriegen und des Zweiten Weltkriegs.

ISBN 9-06-182-437-0

TIME
LIFE
BÜCHER

VÖLKER DER WILDNIS
DIE GESCHICHTE DER LUFTFAHRT
DIE SEEFAHRER
DER ZWEITE WELTKRIEG
DIE KUNST DES KOCHENS
DER WILDE WESTEN
HANDBUCH DER GARTENKUNDE
MENSCHLICHES VERHALTEN
DIE GROSSEN STÄDTE
DIE HOHE SCHULE DER HANDARBEIT
DIE WILDNISSE DER WELT
DIE FRÜHZEIT DES MENSCHEN
DIE PHOTOGRAPHIE
DIE WELT DER KUNST
INTERNATIONALE SPEISEKARTE
ZEITALTER DER MENSCHHEIT
WUNDER DER WISSENSCHAFT
WUNDER DER NATUR
JUGENDBÜCHER
DAS GROSSE BUCH DES YACHTSPORTS
DAS GROSSE BUCH DER PHOTOGRAPHIE
LIFE IM KRIEG
LIFE IM KINO
DIE BESTEN PHOTOS AUS LIFE

Dieser Band gehört zu einer Reihe, die ausführlich über die Ereignisse des 2. Weltkriegs berichtet.

Bereits erschienene Bände dieser Serie:

Der Weg zum Krieg
Der Blitzkrieg
Die Luftschlacht um England
Die aufgehende Sonne
Die Schlacht im Atlantik
Der Angriff auf Rußland
Der Krieg in der Wüste
China-Burma-Indien
Die Gegenoffensive im Pazifik
Der Feldzug in Italien
Der Partisanenkrieg
Die Invasion der Alliierten
Die Befreiung
Der Luftkrieg in Europa
Der Widerstand
Die Ardennenoffensive
Der Weg nach Tokio
Der russische Gegenschlag
Entscheidung im Westen
Der Vormarsch der Roten Armee

KAPITEL

BILDTEIL

INHALT

VORWORT

Im April 1945 stand Deutschland vor der „Götterdämmerung“ – dem endgültigen Zusammenbruch des Tausendjährigen Reiches, den Hitler beinahe zu begrüßen schien. Er war entschlossen, falls das Ende wirklich bevorstand, Deutschland mit sich in den größten Strudel von Feuer, Blut und Verwüstung zu reißen, den die Welt bisher erlebt hatte. Er befand sich noch im Bunker unter der Reichskanzlei in Berlin. Am 12. April erweckte Roosevelts Tod illusorische Hoffnungen in ihm und seiner Umgebung, und Goebbels erinnerte Hitler an einen ähnlichen Augenblick im Leben Friedrichs des Großen. Auch er habe angesichts der militärischen Rückschläge an Selbstmord gedacht, sei dann aber durch den plötzlichen Tod seiner großen Widersacherin, der russischen Zarin, gerettet worden. Hitler, wieder in Hochstimmung versetzt, ließ sich von Goebbels einreden, daß die zweite Aprilhälfte zum Wendepunkt für Deutschland werden würde.

Der Wendepunkt kam tatsächlich, wenn auch nicht in dem Sinne, wie Hitler und sein euphorischer Freund ihn sich vorgestellt hatten. Während Hitler noch damit beschäftigt war, nicht existierende Divisionen in neue Verteidigungsstellungen zu verlegen, standen die amerikanischen Truppen im Westen an der Elbe, und die Briten stellten sich bereit, auf Hamburg und Schleswig-Holstein vorzustoßen. Noch bedrohlicher waren die Sowjets, die unter Marschall Schukow mit überlegenen Kräften die Oder, das letzte Flußhindernis im Osten, erreicht hatten. Falls die Sowjets die Oder überschreiten und nach Westen vordringen sollten, würde Berlin abgeschnitten und das Reich in zwei Teile gespalten werden. Während der frühen Morgenstunden des 16. April eröffnete die sowjetische Artillerie das Feuer, und Schwimmpanzer rollten in die Oder hinein. Dieses in Amerika erschienene Buch liefert eine fesselnde Darstellung der folgenden ereignisreichen drei Wochen.

Als Kriegsberichterstatter der BBC berichtete ich während dieser Wochen über das Vordringen der britischen 2. Armee am Nordflügel der Elbe-Front. Der Widerstand war größtenteils zum Erliegen gekommen; an den Bauernhäusern wehten weiße Fahnen, und Spruchbänder appellierten an den Großmut der Sieger: „Hier neun Kinder“, oder „Hier nur sehr alte Menschen“. Die Straßen waren seltsam menschenleer; es gab keine Flüchtlingskolonnen wie nach dem Frankreichfeldzug, da jeder, der den Versuch unternahm, unserem Vordringen auszuweichen, den von der anderen Seite vorrückenden Russen in die Arme gelaufen wäre. Fast die einzigen Menschen, denen wir begegneten, waren alliierte Kriegsgefangene, die aus ihren Lagern ausgebrochen waren. Die Deutschen warteten hinter verschlossenen Türen die weitere Entwicklung ab.

Unser erstes größeres Ziel war die Hafenstadt Bremen, in die wir gegen Ende April einrückten. Der Widerstand in der Stadt war durch zwei Tage dauernde Luftangriffe und durch Artilleriebeschuß zusammengebrochen; die Verwüstungen waren verheerend. Von der Stadt war nur die leere Schale übriggeblieben; das einzig sichtbare Leben bildeten die Fremdarbeiter, die aus den Ruinen hervorkrochen und alles mitschleppten, dessen sie habhaft werden konnten – von Fahrrädern bis zu Nähmaschinen.

Ein paar Tage danach überschritten unsere Vorhuten die Elbe und umgingen Hamburg, als die Nachricht von Hitlers Selbstmord bekannt wurde. Die britischen Truppen ließen sich davon nicht beirren. Das Bild des Führers als ihres Hauptgegners war ohnehin bereits verblaßt, und ihr Interesse richtete sich jetzt vor allem auf diejenigen hohen Parteifunktionäre, die sich noch in Freiheit befanden. Es bestand die aufregende Möglichkeit, daß vielleicht Himmler oder Göring in britische Hand fallen würden. Wir konnten deshalb unsere Erregung kaum noch zügeln, als wir hörten, daß sich in einem vor uns liegenden Landhaus ein Generalfeldmarschall aufhalte, der sich uns ergeben wolle. Ein Generalfeldmarschall? Das konnte doch nur der Reichsmarschall Hermann Göring sein – die fetteste Beute, das große Los!

Rasch wurde eine Einsatzgruppe gebildet. Das Haus wurde umstellt. Gedeckt durch die Waffen seiner Männer, näherte sich der die Gruppe führende junge Leutnant vorsichtig der verschlossenen Eingangstür, die Pistole gezogen. Er stieß die Tür auf. Vor ihm stand eine hochgewachsene, würdevolle Dame, die in gebrochenem Englisch sagte: „Kommen Sie mit. Der Generalfeldmarschall wird Sie im Salon empfangen."

Wir folgten ihr durch den Korridor in einen großen Raum. Dort saß in einem kunstvoll geschnitzten Sessel die wohl seltsamste Gestalt, der wir je begegnet waren: ein uralter Herr in der Uniform der Totenkopfhusaren, des Eliteregiments aus der Zeit Kaiser Wilhelms II. Es war Generalfeldmarschall August von Mackensen, der Eroberer Rumäniens im Ersten Weltkrieg – ein trauriges Relikt aus Deutschlands militärischer Vergangenheit, jetzt entwurzelt inmitten des chaotischen Zusammenbruchs seiner Heimat. Sollten wir ihn in ein Gefangenenlager oder in ein Museum bringen? Wir salutierten und gingen auf Zehenspitzen wieder hinaus.

Uns standen noch größere Überraschungen bevor. Anfang Mai gehörte ich zu einem britischen Vortrupp, der in Hamburg eindrang. Ich hatte in der zerstörten Stadt nur ein Ziel – den Rundfunksender, über den der in Amerika geborene Anglo-Ire William Joyce im Dienst der Nazis seine hämischen Radiosendungen nach Großbritannien ausgestrahlt hatte, was ihm den Spitznamen „Lord Haw-Haw" eingetragen hatte. Das Hamburger Studio war seltsamerweise intakt geblieben, und ich fand mich plötzlich an Joyce' eigenem Schreibtisch und vor seinem Mikrophon wieder. Ich zog eine Schublade heraus. Eine leere Ginflasche rollte über seinen Terminkalender mit den letzten Eintragungen seiner Zeit als Rundfunksprecher. Am Schluß stand in seiner eigenen Handschrift: „Pause, ich muß mich erst einmal sammeln."

Mich überkam eine kurze Anwandlung von Mitgefühl. Dies war ein Mensch, dessen ganze Welt um ihn herum in Scherben lag. Aber dann erinnerte ich mich, was für eine infame Rolle er im Propagandakrieg gespielt hatte, als er Spott und Hohn über seine eigene Heimat verbreitete. Er wurde später im Laufe des Monats bei Flensburg ausfindig gemacht, nach England zurückgebracht und wegen Hochverrats gehängt. Einstweilen benutzte ich sein Mikrophon zu einer Rundfunkansprache an das britische Volk. „Hallo, BBC. Hier spricht Deutschland. Aber zum letzten Mal. Und diesmal ist es nicht William Joyce – Lord Haw-Haw – sondern Ihr BBC-Korrespondent, der endlich, nach sechs langen Jahren, von der richtigen Stelle aus zu Ihnen sprechen kann."

Ich kann ehrlich sagen, daß dies der einzige Augenblick im Kriege war, wo ich und die mich begleitenden Soldaten Rachegelüste empfanden. Am 3. Mai, als wir an Lübeck vorbei in Richtung auf Wismar weiterfuhren, waren diese Gefühle wieder verflogen. Tausende und Abertausende deutscher Soldaten saßen am Straßenrand und wiesen uns den Weg nach Osten, wo die Sowjets heranrückten. Die Wehrmacht hatte als Kampftruppe aufgehört zu bestehen. Ihr einziger Wunsch bestand darin, daß die westlichen Alliierten ein Vordringen der Russen verhinderten.

Plötzlich waren keine Deutschen mehr zu sehen. Fremdartige Panzerspähwagen und ein Panzer unbekannter Bauart kamen auf uns zu. Er trug vorn einen roten Stern. Die Sowjets waren also da. Unsere erste Begegnung mit ihnen wurde zu einem fröhlichen Austausch von Whisky und Wodka, zum gegenseitigen Schulterklopfen und einer rauschenden Feier. Keiner konnte ein Wort in der Sprache des anderen sprechen. Es war auch gar nicht nötig. Der Jubel und die Lieder sprachen für sich.

Am nächsten Tag fand in der Lüneburger Heide, nicht weit von Hamburg, eine weit weniger fröhliche Begegnung statt. Vertreter des deutschen Oberkommandos waren erschienen, um ihre in Nordwesteuropa stehenden Truppen dem Feldmarschall Sir Bernard Law Montgomery zu übergeben. Der Feldmarschall hatte noch immer den berühmten Wohnwagen, den er 1941 von den Italienern in Nordafrika erbeutet hatte und den er auf dem langen Weg von El Alamein bis zur Elbe als Gefechtsstand benutzt hatte. Dicht neben dem Wohnwagen war ein kleines Zelt aufgebaut worden. Der Union Jack wehte darüber.

Kurz nach 18 Uhr trat der Feldmarschall aus seinem Wohnwagen und ging in das Zelt. Mit kurzen Worten forderte er die unter Führung von Generaladmiral Hans-Georg von Friedeburg erschienene deutsche Delegation auf, die Urkunde zu unterzeichnen, die auf dem kleinen, mit einer Wolldecke bedeckten Tisch lag. Die Bedingungen waren hart und unabänderlich: bedingungslose Kapitulation. Der Schlußakt des Dramas kam am 7. Mai, als sich Friedeburg und seine Kollegen im Hauptquartier von General Dwight D. Eisenhower in Reims einfanden und sich zur allgemeinen Kapitulation an allen Fronten bereit erklärten. In der Zwischenzeit war ich nach Wismar zurückgekehrt, wo der Krieg für mich persönlich sein Ende fand. Die deutschen Truppenteile marschierten jetzt in behelfsmäßig eingerichtete Gefangenenlager. Die Militärpolizei kontrollierte die Straßen. Die Gegend wirkte feucht und verlassen; wir alle empfanden ein Gefühl innerer Leere. Nach all den Monaten des Kampfes und Tötens und der Sehnsucht nach Frieden schien unser Leben plötzlich inhaltslos geworden zu sein. Zum ersten Mal erkannten wir, daß die Deutschen mit uns im selben Boot saßen.

Ich gelangte an die Stelle, wo wir die Russen erst ein paar Tage zuvor getroffen hatten. Eine aus Holz gebaute Straßensperre war mittlerweile hier errichtet worden. Unsere liebenswürdigen, dem Wodka nicht abgeneigten Freunde waren verschwunden. Zwei Wachposten schritten statt dessen auf und ab. Der Wachoffizier gab sich höflich, aber kühl. Obwohl wir Zigaretten austauschten, wurden wir nicht zum Übertritt auf die andere Seite der Sperre aufgefordert. Wenn ich nach so vielen Jahren auf diese Ereignisse zurückschaue, weiß ich jetzt, daß ich damals mit eigenen Augen das Entstehen des Eisernen Vorhangs miterlebt habe.

Wynford Vaughan-Thomas

DIE SOWJETS ALS BEFREIER

Sowjetische Soldaten marschieren im April 1945 bei ihrem Marsch nach Wien über eine Hakenkreuzflagge. Die Sowjets gingen mit den Österreichern rücksichtslos um.

VORBOTEN DES KOMMUNISTISCHEN SYSTEMS

Stalins Truppen ging es bei ihrem Vormarsch durch Osteuropa nach Deutschland ebenso um die Errichtung ihrer politischen Vorherrschaft wie um die Erringung des militärischen Sieges. Deutsche Straßenschilder und Propagandaparolen wurden rasch durch solche in russischer Sprache ersetzt. Und sowjetische Offiziere unterrichteten ihre Soldaten, in welchen Ländern – vom traditionell prosowjetischen Bulgarien bis zum russenfeindlichen Polen – sie als Freunde, Befreier und Beschützer auftreten konnten.

Den Sowjettruppen wurde auf ihrem Vormarsch durch die osteuropäischen Länder auf Berlin zu hier und da ein herzlicher Empfang bereitet. Es gab Bilder sowjetischer Soldaten, die sich lächelnd von kleinen Kindern Trauben und Äpfel schenken ließen und dafür Taschenmesser verteilten. Als sich die Russen einmal einer bulgarischen Stadt näherten, erschien die Bevölkerung im Sonntagsstaat, und die Feuerwehr besprengte die Straßen mit Wasser, um den Staub zu beseitigen; in einer anderen Stadt säumten die Bewohner die Straßen mit roten Fahnen und errichteten einen Triumphbogen zum Zeichen des Willkommens.

Zum Teil wenigstens waren diese Begrüßungsszenen das Werk sowjetischer Propagandisten, und die Bilder mit freundlich lächelnden Menschen waren oft gestellt. Der Stoß der Sowjetarmee durch die wankende deutsche Ostfront führte bei einigen Osteuropäern zu starker unterschwelliger Besorgnis. Nichtkommunisten in Polen, Rumänien, Bulgarien und Ungarn fürchteten, daß die Russen weniger als Befreier denn als Eroberer kamen. Außerdem fürchteten sie die Auswirkungen der sowjetischen Präsenz auf ihre religiösen Glaubensvorstellungen, ihre Eigentumsrechte und die allgemeine politische Zukunft ihrer Völker.

Sogar Josip Broz, der bei seinen Anhängern als Marschall Tito bekannte kommunistische Partisanenführer Jugoslawiens, ahnte Böses, was die wahren Absichten der Sowjetunion betraf. Er bestand darauf – und mit Erfolg –, daß die Sowjetarmee Jugoslawien wieder verlassen solle, sobald die dort eingesetzten deutschen Truppen geschlagen waren. Für die meisten der befreiten Länder jedoch wirkte sich der sowjetische Einfluß unverzüglich und auf weitreichende Art aus. In Polen wurde mit sowjetischer Hilfe eine prosowjetische Regierung eingesetzt. In Ungarn signalisierte ein Budapester Kabarett die Zukunft der Nation mit einer neuen Revue unter dem Titel „Ruck nach links!" Aber mehr als nur ein Ungar meinten, es sei naiv zu glauben, daß es sich nur um eine leichte Wendung nach links handeln werde. Einer schrieb: „Ich wußte genau, daß die Sowjets nicht wieder abziehen würden."

Im Norden der Tschechoslowakei malt ein Sowjetsoldat neue Straßenschilder auf russisch und zeichnet einen Pfeil, der den Weg nach Berlin weisen soll.

Ein Sowjetsoldat möchte einem Zeitungsjungen in Lublin gern ein Exemplar des kommunistischen Blattes abkaufen, in dem über deutsche Niederlagen berichtet wird.

Rumänische Zivilisten, seit alters her auf der Hut vor der Sowjetunion, aber enttäuscht von ihrem Bündnis mit Deutschland, empfangen Sowjetsoldaten in Bukarest mit gespielter Herzlichkeit.

Beim Einmarsch sowjetischer Truppen in Sofia im September 1944 erheben begeisterte Bulgaren die geballte Faust zum kommunistischen Gruß.

EIN GEFÄHRLICHER DRAHTSEILAKT

Die vorrückende Sowjetarmee wurde von den Rumänen und Bulgaren mit gemischten Gefühlen begrüßt. Rumänien, das schon immer ein Gegner Rußlands gewesen war, hatte sich im Jahre 1941 Deutschland beim Angriff auf die Sowjetunion angeschlossen, um diejenigen Gebiete zurückzugewinnen, die einige Monate zuvor von der UdSSR besetzt worden waren. Als abzusehen war, daß Hitler den Krieg verlieren würde, hatte Rumänien versucht, einen Separatfrieden mit Großbritannien und den Vereinigten Staaten auszuhandeln.

Das prorussische Bulgarien, das sich mit der Achse hauptsächlich deshalb verbündet hatte, um die im Ersten Weltkrieg verlorenen Balkangebiete wieder zurückzugewinnen, hatte zwar dem Westen, nicht aber der Sowjetunion den Krieg erklärt. Die bulgarische Regierung blieb loyal auf der Seite der Deutschen, bis sich sowjetische Truppen der Hauptstadt Sofia näherten; dann schwenkte sie auf die andere Seite über. Im Hinblick auf das neue, kommunistische System, mit dem sie nunmehr zu leben haben würde, erklärte die Regierung: „Dieser Krieg wird sicherlich mit einer großen gesellschaftlichen Umwandlung der Menschheit enden."

Sowjettruppen marschieren im Februar 1945 durch die Altstadt von Krakau. Viele Polen, die sich noch allzu gut der russischen Invasion im Jahre 1939 erinnerten, gingen den Soldaten aus dem Wege.

ARGWOHN UND VORGETÄUSCHTE EINTRACHT

In Polen und Jugoslawien wurde die Sowjetarmee in einer Art begrüßt, die je nach der Fähigkeit der beiden Nationen zum Widerstand erhebliche Unterschiede aufwies. Die Polen empfingen ihre einstmaligen russischen Feinde mit Skepsis, als diese im Gewand der Befreier im Lande erschienen. „Wir sind so viel herumgestoßen worden", sagte ein Pole resigniert, „daß der Gedanke einer russisch-polnischen Allianz bei uns erst langsam Fuß fassen wird."

In Jugoslawien, wo Partisanenkräfte stark genug gewesen waren, zehn deutsche Divisionen zu binden, zeigte man nach außen hin ein Bild der Eintracht. Aber der Einmarsch der Roten Armee in Belgrad sollte – nach sowjetisch-jugoslawischer Vereinbarung – nur dazu dienen, die Hauptstadt zu sichern. Sobald der Stadt keine Gefahr mehr drohte, zogen die Sowjets ab.

In einer von Sowjetpropagandisten inszenierten überschwenglichen Szene bereiten jugoslawische Bauern einem sowjetischen Piloten, der Ende 1944 beim Vormarsch der Roten Armee in der Nähe ihres Dorfes gelandet war, einen begeisterten Empfang.

Sowjetische Soldaten und ungarische Zivilisten bahnen sich den Weg durch die in Trümmern liegende Innenstadt von Budapest, wo deutsche Heereseinheiten sieben Wochen gekämpft hatten.

In Wien entfernt ein Sowjetsoldat ein Plakat von der Wand eines ehemaligen NSDAP-Büros. Unter das Plakat hatte ein Deutscher die ironische Herausforderung geschrieben: „Wir werden Sieger".

ZERSTÖRTE HOFFNUNGEN UND VORSICHTIGES ABWARTEN

Österreich und Ungarn, einst in der alten Habsburger Monarchie vereint, reagierten unterschiedlich auf den sowjetischen Vormarsch: mit Angst und mit freudiger Erwartung. Die mit Hitler verbündeten Ungarn waren kriegsmüde geworden; zuerst freuten sich viele von ihnen auf die anrückenden Russen. Nachdem die Sowjetarmee im Februar 1945 Budapest nach einer 50 Tage dauernden Belagerung eingenommen hatte, bewirkte das brutale Auftreten der Sowjettruppen, daß die Ungarn sich in ihrer Ablehnung gegenüber den Eroberern einig waren.

In Österreich riefen die Sowjets, die eine Belagerung der Hauptstadt vermeiden wollten, die Einwohner von Wien zum allgemeinen Aufstand auf. Dieser fand aber nicht statt. Entgegen der sowjetischen Annahme, daß die deutschen Truppen bei ihrem Rückzug Wien in ein Schlachtfeld verwandeln wollten, zogen sich die Deutschen ohne schwere Kämpfe zurück. Die meisten Wiener blieben beim Einmarsch der Sowjetarmee am 13. April 1945 in ihren Häusern.

Ein Politoffizier erläutert sowjetischen Artilleristen ihre doppelte Mission: die Nationalsozialisten zu vernichten und das deutsche Volk auf ihre Seite zu ziehen.

1

Freude über den Tod eines Präsidenten
Quälende Angst vor den Russen
Die Umrisse eines neuen Europa zeichnen sich ab
Stalin pokert
Kamingespräche über die Kapitulation im Süden
Zwei hartgesottene Sowjetmarschälle
Rekruten im Smoking
Eva Braun, der „Todesengel"

„WIR WERDEN NICHT KAPITULIEREN"

Propagandaminister Joseph Goebbels erhielt die Nachricht, als er von einem Besuch an der Ostfront, der die Widerstandskraft der Truppe stärken sollte, nach Berlin zurückkehrte. Er kam nachts während eines britischen Bombenangriffs an und wurde von einigen seiner Mitarbeiter sowie einem Reporter auf der Straße erwartet, als sein Wagen vor dem Propagandaministerium vorfuhr. Der Reporter rief: „Herr Reichsminister, Roosevelt ist tot!"

„Goebbels sprang aus dem Wagen und blieb einen Augenblick wie versteinert stehen", erinnerte sich später eine Sekretärin. „Ich werde nie den Ausdruck auf seinem Gesicht vergessen, das wir im Widerschein des brennenden Berlin deutlich sehen konnten." Der wie vom Donner gerührte Goebbels war in diesem Augenblick überzeugt, daß sich ein historisches Wunder wiederholt hatte: Als sich im Jahr 1762 das Kriegsglück gegen Friedrich den Großen wandte, so daß der König bereits an Selbstmord dachte, starb plötzlich die Zarin Elisabeth von Rußland; ihr Tod rettete den König und verunsicherte seine Feinde, insbesondere Rußland.

Goebbels eilte in sein Büro und rief auf der direkten Leitung Adolf Hitler an. „Mein Führer", rief er aus, „ich gratuliere Ihnen. Roosevelt ist tot!" Er erinnerte Hitler daran, daß nach den astrologischen Karten, die Reichsführer SS Heinrich Himmler in seiner Forschungsabteilung liegen hatte, die zweite Aprilhälfte 1945 Führer und Reich nur Gutes bescheren würde. Dann fügte er aufgeregt hinzu: „Heute ist der 13. April! Dies bedeutet die große Wende!"

Hitler geriet sofort in Hochstimmung. Er gab die Neuigkeit in höchster Aufregung an jeden weiter, der seinen Bunker unter dem Garten der Reichskanzlei betrat. Seit Januar lebte er dort wie ein Maulwurf. Um sich etwas Schadenfreude zu gönnen, ließ er Albert Speer rufen, seinen Minister für Bewaffnung und Munition; dieser hatte defätistische Äußerungen verbreitet und sogar gewagt, sich Hitlers Politik der verbrannten Erde zu widersetzen. Hitler duldete diese Opposition nur deshalb, weil er Speers vielseitige Begabung und Tüchtigkeit zu schätzen wußte.

Speer kehrte gerade aus dem letzten Konzert der Berliner Philharmoniker während des Krieges ins Ministerium zurück, als er erfuhr, er solle umgehend zum Führer kommen; auf Speers hintergründigen Wunsch war das Finale aus Richard Wagners *Götterdämmerung* gespielt worden. Als er im Bunker erschien, stürzte Hitler „mit einer bei ihm seltenen Lebhaftigkeit wie besessen auf mich zu", schrieb Speer später, „mit einer Zeitungsnachricht in der Hand. ‚Hier, lesen Sie! Hier! Sie wollten es nie glauben. Hier!' Seine Worte überstürzten sich. ‚Hier haben wir das große Wunder, das ich immer vorhergesagt habe. Wer hat nun recht? Der Krieg ist nicht verloren. Lesen Sie! Roosevelt ist tot!' "

Speer war ein aufmerksamer Beobachter, dem die Ironie dieser Szene nicht entging. Hitler, der einstmals so dynamische Eroberer, der das Deutsche Reich vom Atlantik bis an die Wolga und von der

Arktis bis zur Sahara ausgedehnt hatte, war mit seinem schlurfenden Gang zu einem kranken, vorzeitig gealterten Mann geworden, der sich, um den Rest seines Herrschaftsgebiets zu retten, an historische und astrologische Strohhalme klammerte. Speer schrieb: „Ich hatte Mitleid mit ihm."

Es war in der Tat nicht mehr zu leugnen – Hitlers Deutschland schrumpfte nicht nur rasch zusammen, es hatte den Krieg unwiderruflich verloren und stand vor der schwersten Niederlage, die je eine Großmacht in der Neuzeit erlitten hatte. Am Tag nach Roosevelts Tod wurde Wien von der Roten Armee eingenommen. Über sechs Millionen Sowjetsoldaten standen an der Ostfront; sie hatten, kaum 65 Kilometer von Berlin entfernt, einen 43 Kilometer langen Brückenkopf auf dem Westufer der Oder gebildet *(Karte S. 20)*. Zwei Tage zuvor war die amerikanische Vorhut einer drei Millionen Mann starken alliierten Streitmacht 85 Kilometer südwestlich von Berlin bis an die Elbe vorgestoßen.

Diesen gewaltigen und gut ausgerüsteten Kräften standen auf deutscher Seite etwa fünf Millionen Mann gegenüber, die aber zum Teil schlechter bewaffnet und ausgerüstet waren als ihre Gegner. Und die deutschen Truppen waren weit verstreut eingesetzt: Sie versuchten, nicht nur die Oder und Elbe zu halten, sondern auch Südostdeutschland, Westösterreich, den nordwestlichen Teil von Jugoslawien, Norditalien, die westliche Hälfte der Tschechoslowakei, ganz Dänemark und Norwegen sowie eine Anzahl eingeschlossener Enklaven, wie zum Beispiel den Kurlandkessel in Lettland und den Dodekanes vor der griechischen Küste. All dies zusammengenommen stellte die Deutschen vor eine Aufgabe, die sich unter den gegebenen Umständen nicht mehr lösen ließ.

Das Dritte Reich war am Ende. Die deutschen Städte lagen in Trümmern. Berlin, das in den zehn Wochen seit dem 1. Februar fast jede Nacht bombardiert worden war, war zu 75 Prozent zerstört worden. Die deutsche Industrie verdiente diesen Namen kaum noch. Die einst mächtigen Fabriken an der Ruhr und ihre 350 000 Verteidiger waren von den Amerikanern eingeschlossen. Nur wenig Kriegsmaterial konnte noch aus den Fabriken im mittleren und südlichen Deutschland über ein Verkehrsnetz transportiert werden, das durch die Bombenangriffe weitgehend zerstört und nun durch den raschen Vorstoß der Alliierten vollends vernichtet wurde. Mitte März hatte Speer sich ausgerechnet, daß „der endgültige Zusammenbruch der deutschen Wirtschaft" innerhalb der nächsten acht Wochen erwartet werden müsse, und seither hatte sich die Wirtschaftslage in zunehmendem Tempo verschlechtert. Die Lebensmittelknappheit verschlimmerte sich von Tag zu Tag, so daß die Menschen schon nahe am Verhungern waren.

Aber trotzdem ging der Krieg noch weiter – hauptsächlich deshalb, weil sich Hitler weigerte aufzugeben. „Wir werden nicht kapitulieren", schwor er immer wieder. „Nein, niemals! Vielleicht gehen wir unter, aber dann ziehen wir eine ganze Welt mit uns in den Abgrund – eine Welt in Flammen." Er hatte immer geglaubt, er könne die Westmächte davon überzeugen, Deutschland führe stellvertretend für sie den Kampf gegen die „bolschewistischen Horden" im Osten, und er hoffte noch immer, daß sich die Anglo-Amerikaner rechtzeitig bereit finden würden, den Krieg an seiner Seite fortzusetzen. Jedenfalls erwartete er von Roosevelts Tod das Ende der – wie er es nannte – „unnatürlichen Koalition" zwischen Anglo-Amerikanern und Russen. In der Zwischenzeit beschwor Hitler das deutsche Volk, bis zum letzten Mann weiterzukämpfen. Hierzu bemerkte später der Chef des Wehrmachtführungsstabes, General Alfred Jodl: „Für ein 80-Millionen-Volk ist ein Kampf bis zum letzten Mann nicht durchführbar."

Die Wehrmacht – Heer, Luftwaffe und Marine – setzte den Kampf hauptsächlich deshalb fort, weil ihre Führung glaubte, sie habe keine andere Wahl. Die einzige organisierte Opposition gegen Hitler, die das mißlungene Bombenattentat vom 20. Juli 1944 unternommen hatte, war in einer blutigen Säuberung ausgelöscht worden; die militärische und zivile Führung befolgte die ihr gegebenen Befehle jetzt mechanisch, mit Ausnahme einer Handvoll Männer, die einzeln mit den Alliierten in der Hoffnung verhandelten, zu retten, was noch zu retten war. Wie die Ereignisse des April 1945 noch erweisen sollten, stand sogar Hitlers „Garde" – die SS – keineswegs so geschlossen und kompromißlos hinter dem Führer, wie das entmutigte Offizierskorps glaubte.

Viele Deutsche – Offiziere, Mannschaften und sogar Zivilisten – setzten den Widerstand aus Furcht vor den Russen fort. In seiner Brutalität wie auch in seinem Ausmaß übertraf der Krieg an der Ostfront das Kampfgeschehen im Westen bei weitem; auf deutscher Seite nahm er gegen die Slawen die Konturen eines Ausrottungskrieges an. Während der langen deutschen Besetzung der Sowjetunion waren mindestens sieben Millionen Zivilisten aus den verschiedensten Gründen ums Leben gekommen. Etwa zehn Millionen Sowjetsoldaten waren gefallen, dreieinhalb Millionen als Kriegsgefangene gestorben. Die Russen rächten sich, als sie in Ostpreußen, Pommern und Schlesien eindrangen. Deutsche Frauen wurden vergewaltigt, an Scheunentoren gekreuzigt oder mit ihren Kindern erschossen. Lange Kolonnen fliehender Deutscher wurden von sowjetischen Panzern vorsätzlich überrollt. Zunächst öffnete die Sowjetregierung diesen barbarischen Racheakten inoffiziell Tür und Tor, später aber versuchte sie – wenigstens offiziell –, die Exzesse einzuschränken, doch nur mit bescheidenem Erfolg.

Während der Monate Februar und März, noch bis in den April hinein, strömten die deutschen Flüchtlinge aus Ostpreußen und den im Jahre 1939 besetzten polnischen Gebieten in hellen Scharen über Oder und Neiße. Sie erzählten von ihren entsetzlichen Erlebnissen, und das deutsche Militär reagierte entsprechend. Obwohl manche Soldaten flohen oder ihre Uniform auszogen, um dem Tod zu entgehen, entschied sich die Mehrheit, den Kampf fortzusetzen, um Frauen und Kinder zu retten. Diese entschlossenen Männer hielten trotz ihrer Überzeugung, daß sie selbst vernichtend geschlagen werden und umkommen würden, weiterhin stand und ermutigten andere Offiziere und Mannschaften durch ihr Beispiel. „Unsere Kameraden im Osten in diesem schicksalsschweren Augenblick im Stich zu lassen", schrieb später ein deutscher General, „kam für keinen Kommandeur in Frage. Wir mußten einfach weiterkämpfen, um unseren Armeen an der Ostfront die notwendige Zeit zu verschaffen, sich in die britische und amerikanische Zone zurückzuziehen."

Da die Deutschen nicht aufgeben wollten, war der Kampf um Berlin und seine Umgebung unvermeidlich geworden. Für das Dritte Reich änderte die Fortsetzung des Krieges letzten Endes nur wenig, aber die Schlacht um Berlin sollte für die Alliierten ernste Auswirkungen auf das Nachkriegseuropa haben – ebenso wie später der Kampf um Prag. Wenige Entscheidungen des Zweiten Weltkrieges haben unter den verschiedenen verbündeten Nationen zu größeren Auseinandersetzungen geführt.

Im Verhältnis der Alliierten untereinander waren diese Meinungsverschiedenheiten schon tief verwurzelt. Wie Hitler in seinem übersteigerten Wunschdenken vorausgesagt hatte, brach die gegen ihn gerichtete Koalition bereits vor Ende des Krieges auseinander. Die Vereinigten Staaten, Großbritannien und die Sowjetunion hatten immer größere Schwierigkeiten, ihre zahlreichen politischen Konflikte zu verschleiern – geschweige denn zu lösen; es schien offenkundig zu sein, daß ihre nur mühsam errungene Zusammenarbeit während des Krieges sich in Friedenszeiten zu völliger Entfremdung wandeln würde. Die schweren Kämpfe um

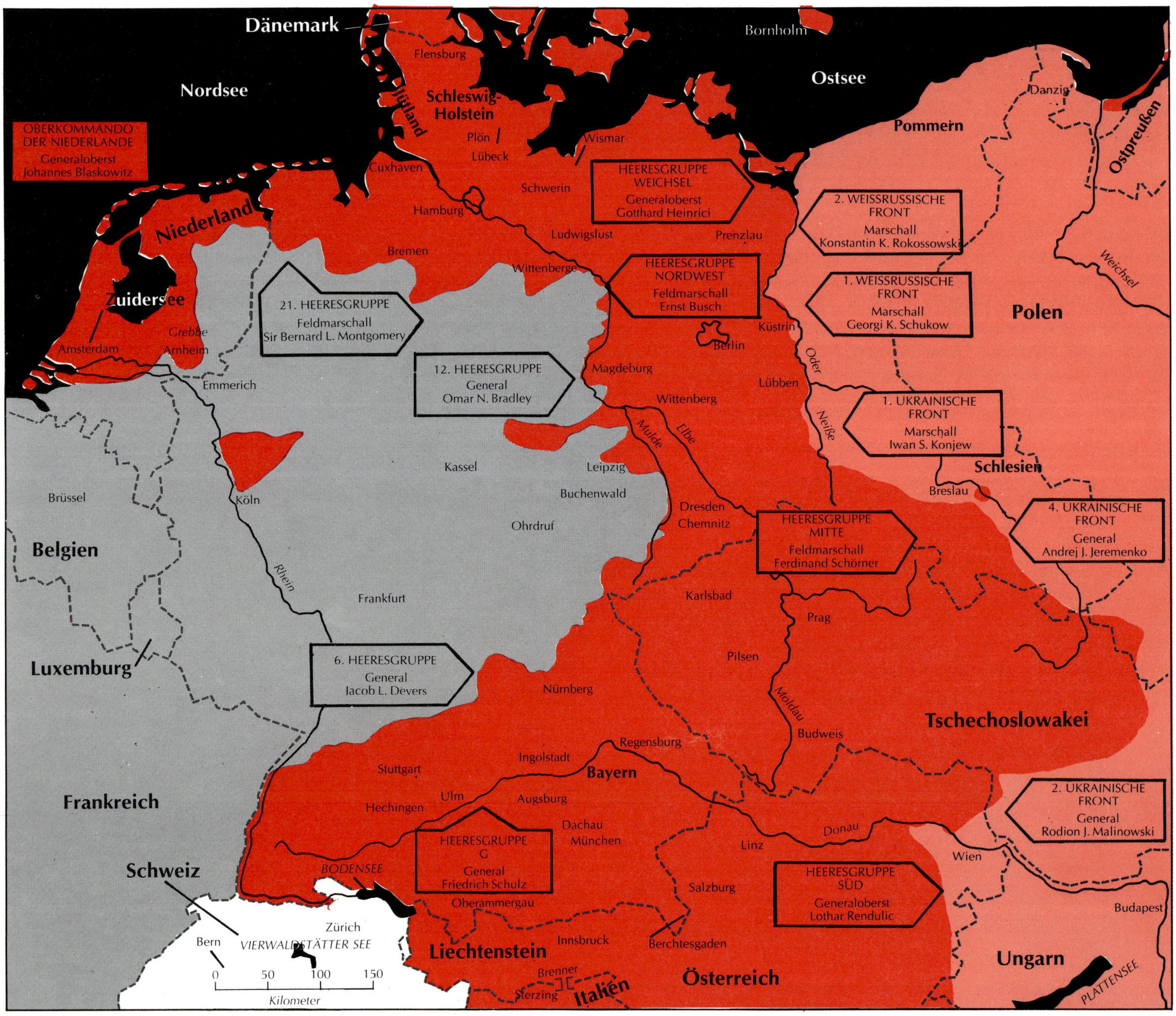

Berlin und Prag, in den wenigen Wochen des Grauens ausgefochten, die den sechs Kriegsjahren ein Ende setzten, mußten das politische Gesicht des künftigen Europa prägen.

Das Schicksal Berlins brachte bis zum Frühjahr 1945 keine ernsthaften Komplikationen im Verhältnis der Alliierten untereinander mit sich. Sowjetische, amerikanische und britische Diplomaten traten im November 1944 als Europäische Beratende Kommission (EAC) in London zusammen; sie waren mit der Aufgabe betraut, die Nachkriegspläne für die Besetzung Deutschlands auszuarbeiten. Sie hatten sich auf die Grenzen der verschiedenen Besatzungszonen geeinigt *(S. 25)*. Außerdem kamen sie überein, daß die drei Großmächte Berlin gemeinsam verwalten würden und daß die umliegenden Gebiete bis zur Elbe (und stellenweise noch darüber hinaus) zur sowjetischen Besatzungszone gehören sollten.

Diese Probleme, die für die Zukunft Europas und die Beziehungen zwischen den Großmächten von entscheidender Bedeutung waren, wurden im Februar 1945 zwischen Präsident Roosevelt, Premierminister Winston Churchill und Josef Stalin in Jalta auf der Krim erörtert, wo sich die alliierten Regierungen auf die Grenzen der Besatzungszonen im großen und ganzen geeinigt hatten.

Die Diplomaten, die den Entwurf der EAC für das Übereinkommen 1944 verfaßt hatten, hatten nichts unternommen, um für den Angriff auf Berlin die Verteilung der Lasten auf die einzelnen Großmächte festzulegen, wenn es auch zum damaligen Zeitpunkt als wahrscheinlich erschien, daß die Rote Armee als erste die Reichshauptstadt erreichen würde. Unabhängig davon hatte die sowjetische Führung als Teil ihrer Winteroffensive, die im Januar 1945 beginnen sollte, die Eroberung Berlins mit eingeplant. Bei den Briten und Amerikanern bestand die Absicht, ebenfalls in den ersten Wochen des Jahres 1945 aus dem Gebiet westlich des Rheins in nordöstlicher Richtung bis zur deutschen Hauptstadt vorzustoßen. Der Oberste Befehlshaber der Alliierten in Westeuropa, General Dwight D. Eisenhower, erklärte den Briten ausdrücklich, daß sie unter Feldmarschall Sir Bernard Law Montgomery die Hauptlast der Offensive tragen würden.

Die Frage, wer Berlin einnehmen sollte, wurde durch die Ereignisse gegenstandslos. Bis Ende Februar 1945 hatten die sowjetischen Truppen Polen überrannt und stellten sich, nur einen Tagesmarsch von der Reichshauptstadt entfernt, an der Oder bereit. Inzwischen waren die Amerikaner und Briten durch Hitlers überraschende Gegenoffensive in den Ardennen zurückgeworfen worden. Obwohl es ihnen gelang, den Geländeverlust noch rechtzeitig vor der Konferenz von Jalta wiedergutzumachen, standen sie noch etwa 550 Kilometer vor Berlin und wurden von dem mühseligen Unterfangen in Atem gehalten, den Übergang über den Rhein zu erzwingen. Die Rote Armee konnte Berlin offenbar jederzeit einnehmen. Aber Stalin hatte es nicht besonders eilig; vor dem Angriff auf Berlin wollte er erst seine Position in den von den Sowjets auf dem Balkan besetzten Gebieten konsolidieren und die deutschen Streitkräfte an seiner Nordflanke entlang der Ostsee ausschalten.

Die Auseinandersetzung bezüglich der Reichshauptstadt kam Ende März schließlich zum Ausbruch, aber es handelte sich dabei nicht um den erwarteten Zwist zwischen der anglo-amerikanischen Führung und der Sowjetunion. Es war eher eine Konfrontation zwischen Eisenhower und den Briten – insbesondere Churchill und Montgomery. Churchill hatte aus Prestigegründen stets die Einnahme der Reichshauptstadt durch anglo-amerikanische Truppen befürwortet; denn in den Augen der Welt würde seiner Meinung nach der Eroberer Berlins als der eigentliche Sieger in diesem Kriege gelten. Er stand außerdem auf dem Standpunkt, daß die Inbesitznahme Berlins den westlichen Alliierten nach dem Krieg einen Vorteil gegenüber den Russen verschaffen würde. Montgomery, der sich bereits seinen triumphalen Einzug in Berlin in Gedanken ausmalte, unterstützte ihn bereitwilligst in dieser Auffassung.

Dann änderte Eisenhower als Oberster Alliierter Befehlshaber in Europa die gesamte Planung. Der General faßte den Entschluß, auf Berlin als Kriegsziel der westlichen Alliierten zu verzichten. Als seine Kräfte den Rhein überschritten hatten und sich bereitstellten, so schnell wie möglich weiter nach Osten vorzustoßen, verlegte er die Hauptstoßrichtung von den Briten im Norden auf die Amerikaner unter General Omar N. Bradley im Mittelabschnitt der Westfront. Bradley sollte mit seiner 12. US-Heeresgruppe auf Leipzig und Dresden vorrücken. Die Sowjets, meinte Eisenhower, würden Bradleys Heeresgruppe etwa auf halbem Wege begegnen, wodurch Deutschland in zwei Teile geteilt wäre.

Eisenhower änderte seinen Entschluß aus Gründen, die zum Teil vernünftig, zum Teil aber auch wenig fundiert waren. Er hatte recht mit der Annahme, daß Berlin als Hauptstadt eines bereits geschlagenen Landes seine strategische Bedeutung schon verloren hatte und als Angriffsziel die zu erwartenden Verluste von etwa 100 000 Mann nicht mehr wert sei. Er beabsichtigte, den Schwerpunkt von Montgomerys Vorstoß auf Bradleys Operationen zu verlegen, um die Rüstungsindustrien in Mitteldeutschland auszuschalten und einem eventuellen deutschen Widerstand in den Bergen Südostdeutschlands und Westösterreichs zu begegnen. Eisenhower hielt es mit Recht für wünschenswert, Deutschlands Industriepotential zu vernichten. Aber er irrte sich hinsichtlich der Gerüchte, die vom Bestehen einer sogenannten „Alpenfestung" sprachen – jener angeblichen Zufluchtsstätte, wo starke militärische Kräfte unverbesserlicher Nationalsozialisten bis zum bitteren Ende Widerstand leisten würden. Sie existierte nicht.

Wesentlichen Anteil an Eisenhowers Entschluß dürfte der Charakter seiner Frontbefehlshaber gehabt haben. Amerikanische Ge-

Am 15. April 1945 standen fünf sowjetische Heeresgruppen (hellrot) in Deutschland in einem 1000 Kilometer langen Bogen, der sich von Pommern im Norden bis nach Österreich im Süden erstreckte. Die Hauptkräfte der westlichen Alliierten (graues Gebiet) waren zwei amerikanische Heeresgruppen und eine britische Heeresgruppe. Die noch in deutscher Hand befindlichen Teile Europas (dunkelrot) wurden von fünf Heeresgruppen und einem isolierten Oberkommando in den Niederlanden („Festung Holland") verteidigt.

nerale wie Bradley und der Oberbefehlshaber der 3. Armee, George S. Patton jr., hatten es bisher ausgezeichnet verstanden, einen Durchbruch rasch auszunutzen; in dieser Kriegsphase schien es wahrscheinlicher zu sein, daß die Amerikaner in kürzerer Zeit zum Erfolg kommen würden als Montgomery, der seiner Veranlagung nach eher dem massierten Einsatz verhältnismäßig großer Verbände den Vorzug gab und nicht so sehr dem Bewegungskrieg, wie die vier Wochen dauernde Belagerung von Caen in der Normandie im Sommer 1944 gezeigt hatte.

Am 28. März sandte Eisenhower eine Botschaft an Generalmajor John R. Deane, den Chef der US-Militärmission in Moskau, der das Schreiben Stalin persönlich überbringen sollte. Darin erläuterte er die Gründe, warum er Berlin als Angriffsziel aufgegeben habe. Eisenhower, der einen so bedeutsamen Schritt unternahm, ohne seine Vorgesetzten zu konsultieren, war überzeugt, im Rahmen seiner Befugnisse als Oberster Alliierter Befehlshaber zu handeln. Falls es aber zu irgendeiner Auseinandersetzung kommen sollte – was er durchaus für möglich hielt –, wollte er ein Fait accompli schaffen, das von seinen Vorgesetzten nachträglich bestimmt genehmigt werden würde. Im weiteren Verlauf erwies sich Eisenhowers Vorgehen als ein außerordentlich kluger Schachzug.

Deane war über die radikale Planungsänderung so verblüfft, daß er, während die Botschaft von seinem Stab ins Russische übersetzt wurde, ein dringendes Kabel an Eisenhowers Hauptquartier schickte und ergänzende Erläuterungen anforderte. Die Briten reagierten noch heftiger, als sie von Eisenhower über die Änderung in seiner Planung aufgeklärt wurden. Churchill war wütend und zwang Eisenhower in einem Telephongespräch, seinen neuen Plan Punkt für Punkt zu begründen. Churchill wies erregt darauf hin, daß Eisenhower trotz seiner Ermächtigung, mit den Sowjets Abkommen über militärische Fragen zu treffen, nicht befugt gewesen sei, eine so bedeutsame politische Entscheidung zu fällen. Eisenhower, erklärte er, habe kein Recht, sich in einer solchen Angelegenheit direkt an die Führung der Sowjetunion zu wenden. Außerdem, empörte sich der Premierminister, habe Eisenhower eine Planung zu Fall gebracht, die er, Churchill, und seine britischen Kollegen als entscheidend für den erfolgreichen Abschluß der Verhandlungen mit den Sowjets über die Zukunft Europas ansähen.

Churchill strebte an, daß die westlichen Alliierten so viele Gebiete wie nur irgend möglich von dem Territorium in Besitz nahmen, das von der EAC als sowjetische Besatzungszone ausersehen war, und dann so lange dort stehen bleiben, bis Stalin den Wünschen Großbritanniens und der Vereinigten Staaten nachkam. Der britische Premier zeigte sich empört über die Amerikaner, weil diese seinen Standpunkt nicht teilten; nach britischer Auffassung verschlossen die Amerikaner vor den europäischen Problemen die Augen, da sie in einem Nachkriegseuropa nicht würden leben müssen. Nach dem endgültigen militärischen Sieg in Europa, fürchteten die Briten, würden die Amerikaner so viele Truppen abziehen, wie sie zur Beendigung des Krieges im Pazifik brauchten, und Westeuropa den Sowjets preisgeben.

Ein Angehöriger des Berliner Volkssturms, kenntlich an seiner weißen Armbinde, hilft einem Mitbürger, der während eines Bombenangriffs verletzt worden ist.

Das Komitee der US-Stabschefs, vorgesetzte Institution des Obersten Alliierten Befehlshabers, stellte sich vorbehaltlos hinter Eisenhower. Die Stabschefs waren einhellig der Meinung, daß nichts dagegen einzuwenden sei, wenn sich Eisenhower in seiner Eigenschaft als Oberster Alliierter Befehlshaber an Stalin, der schließlich nicht nur die politische, sondern auch die militärische Führung seines Landes in der Hand hielt, wandte, um zwei gewaltige, aufeinander zustrebende Angriffsoperationen zu koordinieren, damit ein Zusammenprall vermieden wurde.

Churchill zögerte nicht, seinen Standpunkt direkt mit Roosevelt zu besprechen. Aber dieser, der als Oberster Befehlshaber der US-Streitkräfte Eisenhowers Entscheidung hätte rückgängig machen können, entschloß sich, dies nicht zu tun. Roosevelt, von Krankheit gezeichnet, besaß nicht mehr die Kraft, sich auf eine Auseinandersetzung mit seinen militärischen Beratern einzulassen – und auch wenn er gesund gewesen wäre, hätte er wahrscheinlich darauf verzichtet, sich ihnen in einer Sache zu widersetzen, die ihnen offenbar sehr am Herzen lag.

Erst am 31. März machte sich Deane, befriedigt über die Hintergrundinformationen, die er aus Eisenhowers Hauptquartier erhalten hatte, mit einer russischen Übersetzung von Eisenhowers Botschaft mit Datum vom 28. März auf den Weg zu Stalin. Der Sowjetführer las die Botschaft auf der Stelle durch und erklärte über einen Dolmetscher, daß er natürlich eine schriftliche Antwort abfassen werde. Aber er könne jetzt schon sagen, meinte Stalin, daß er General Eisenhowers neuer Planung durchaus zustimme; Berlin habe seine frühere Bedeutung verloren, und die Rote Armee werde infolgedessen die Offensive mehr in südlicher Richtung fortsetzen, wie Eisenhower angedeutet habe.

Stalin, den Deane als einen Mann beschrieb, der „alle Eigenschaften eines guten Pokerspielers" besitzt, hatte sich bis jetzt nicht in die Karten sehen lassen. Nachdem die Delegation gegangen war, berief Stalin für den nächsten Tag, Ostersonntag, eine Besprechung mit seinen höchsten Militärberatern ein. Stalin, ein außerordentlich mißtrauischer Mann, glaubte offenbar, daß Eisenhower mit seinem Verzicht auf Berlin genau das Gegenteil davon im Sinne habe – daß nämlich die Reichshauptstadt das nächste anglo-amerikanische Angriffsziel bilde. Stalin beschloß, den Westmächten, die er im privaten Kreise die „kleinen Bundesgenossen" nannte, bei der Einnahme von Berlin zuvorzukommen.

Die Beziehungen der westlichen Alliierten zu Stalin hatten sich seit Monaten verschlechtert. Die Amerikaner und Briten hatten sich vergeblich bemüht, die Sowjets zur Einhaltung einer langen Liste von Zusagen zu bewegen, über die man sich bereits einig gewesen war. Die Russen hatten Obstruktion betrieben. Was war geschehen? War die Veränderung auf irgendeine geheimnisvolle Kursänderung in der Politik des Kreml zurückzuführen, oder glaubte Stalin, er brauche die westlichen Alliierten nicht mehr? In Jalta hatte sich Stalin umgänglich und jovial gegeben. Gewiß, der sowjetische Diktator hatte praktisch alles erhalten, was er gefordert hatte, einschließlich der Zusage deutscher Reparationsleistungen in Höhe

In der Nähe des Führerbunkers, seinem unterirdischen Quartier, betrachtet Hitler mit einem seiner Adjutanten den Bombenschaden an einem Regierungsgebäude.

von zehn Milliarden Dollar nach dem Krieg. Aber auch Stalin hatte gegenüber seinen Verbündeten Konzessionen gemacht: Er hatte ihrem Ersuchen nach Einrichtung einer französischen Besatzungszone zugestimmt (diese sollte aus Teilen der anglo-amerikanischen Zonen gebildet werden); er hatte sich – unter gewissen Bedingungen – bereit erklärt, innerhalb von drei Monaten nach dem Ende der Feindseligkeiten in Europa in den Krieg gegen Japan einzutreten; und er hatte außerdem sein Einverständnis bekundet, sich an der baldigen Gründung der Vereinten Nationen, Präsident Roosevelts Lieblingsprojekt, zu beteiligen.

Aber kaum war die Jalta-Konferenz beendet, als Stalin offenbar vorsätzlich daranging, sich nicht mehr an die Vereinbarungen von Jalta zu halten und den westlichen Alliierten in jeder nur möglichen Weise Schwierigkeiten zu machen. Stalin hatte sich zum Beispiel in Jalta einverstanden erklärt, den Amerikanern die Benutzung der Flugplätze, die von den Sowjets in Ungarn besetzt worden waren, als Basen für Bombenangriffe auf Süddeutschland zu gestatten; als aber amerikanische Luftwaffenoffiziere entsandt wurden, um diese Basen zu inspizieren, wurden sie kurzerhand abgewiesen. Ein amerikanischer Erkundungstrupp, dem der Zutritt in das fernöstliche Gebiet der Sowjetunion zur Festlegung einer Ausgangsbasis für Luftoperationen gegen Japan zugesagt worden war, mußte in Alaska auf sein Einreisevisum warten; nach 21 Tagen kehrte die Truppe schließlich verärgert wieder um.

Diese unfreundlichen Akte der Sowjets gegenüber den westlichen Alliierten waren jedoch von geringerer Bedeutung, wenn man sie mit der offensichtlich systematischen Verletzung einer anderen Verpflichtung vergleicht, die von den Sowjets in Jalta eingegangen worden war. Man war dort übereingekommen, daß die Regierungen von Polen, Bulgarien, Rumänien und Ungarn nach dem Rückzug der Deutschen von Faschisten gesäubert und demokratisiert werden sollten; zum frühestmöglichen Zeitpunkt sollten in diesen Ländern freie Wahlen abgehalten werden. Aber die Regierungen von Bulgarien, Rumänien und Ungarn wurden schon bald von einheimischen Kommunisten übernommen oder durch die Kanonen der sowjetischen Befreier zum Kommunismus gezwungen. Eine aus Vertretern der drei Alliierten bestehende Kontrollkommission wurde in jedem dieser Länder gebildet, um eine ordnungsgemäße Durchführung der Wahlen zu gewährleisten. Die sowjetischen Mitglieder dieser Kommissionen legten jedoch der Tätigkeit ihrer britischen und amerikanischen Kollegen ständig Hindernisse in den Weg – zum Beispiel dadurch, daß sie deren Bewegungsfreiheit im Lande behinderten. Die westlichen Alliierten protestierten vergebens; die Sowjets übten in den Kommissionen den entscheidenden Einfluß aus. Erst dann, wenn die sowjetischen Delegationen der Ansicht waren, daß ihr Kandidat mit Sicherheit gewählt werden würde, fanden Wahlen statt; andernfalls inszenierten sie einfach überraschend einen Staatsstreich.

Polen stellte einen bedauernswerten Fall dar. Seit September 1939 hatte eine polnische Exilregierung in London auf die Befreiung ihrer Heimat von deutscher Besetzung gewartet; dann ging die Exilregierung von der Annahme aus, in Polen wieder mit offenen Armen empfangen zu werden oder durch freie Wahlen wenigstens die Chance zu erhalten, die Macht im Staate zu übernehmen. Die Sowjets begannen jedoch noch vor Kriegsende, der Exilregierung die Rückkehr in die polnische Nachkriegspolitik zu verbauen. Im Sommer 1944 verharrten sowjetische Truppen untätig am Ostufer der Weichsel, während deutsche Besatzungstruppen den großen polnischen Aufstand demokratischer Untergrundkämpfer niederschlugen, die nicht nur für die Deutschen, sondern auch für die Sowjets potentielle Gegner darstellten. Nach der Einnahme von Warschau und dem Vormarsch durch den westlichen Teil Polens setzten die Sowjets eine provisorische Regierung ein, die aus ausgesuchten polnischen Kommunisten bestand.

Von diesem Zeitpunkt an stritten sich Stalin und sein Außenminister Wjatscheslaw M. Molotow mit den Briten und Amerikanern über die Frage, ob – und wie – die provisorische Regierung erweitert oder reorganisiert werden solle, um auch die Londoner Polen (oder andere Persönlichkeiten, die nicht Marionetten Moskaus waren) in die Regierung aufzunehmen. Im Verlauf dieser Auseinandersetzungen gelang es den Sowjets, jede wesentliche Veränderung in der Zusammensetzung der polnischen Regierung zu vereiteln. Am 7. April 1945 äußerte sich Stalin in einer aufschlußreichen Botschaft an Roosevelt befriedigt über den bestehenden Zustand: „Die mit der polnischen Frage zusammenhängenden Probleme sind in eine Sackgasse geraten." Der amerikanische Präsident, der sich oft brüstete, er verstehe sich bestens darauf, wie „Onkel Joe zu behandeln sei", hatte sich in Wirklichkeit von Stalin die Butter vom Brot nehmen lassen.

Im März hatte Stalin Präsident Roosevelt darüber informiert, daß er Molotow einfach nicht entbehren könne, um die Sowjetunion bei der bevorstehenden Gründung der Vereinten Nationen in San Francisco zu vertreten; nach drei Jahren intensiver internationaler Planungsarbeit sollten die Vereinten Nationen als Krönung der Mühe den dahinsiechenden Völkerbund ablösen. Da Roosevelt vermutete, die sowjetische Entscheidung sei eine Reaktion auf die amerikanische Haltung in der Frage der polnischen Nachkriegsregierung, hielt er sich in seinen Verhandlungen mit Stalin über dieses Problem besonders zurück. Ironischerweise ließ sich Stalin erst durch Roosevelts Tod und durch einen persönlichen Appell Averell Harrimans, des amerikanischen Botschafters in Moskau, dazu bewegen, in einer ehrenden Geste Molotow zur Gründungsversammlung der Vereinten Nationen zu entsenden.

DER PLAN ZUR AUFTEILUNG DEUTSCHLANDS

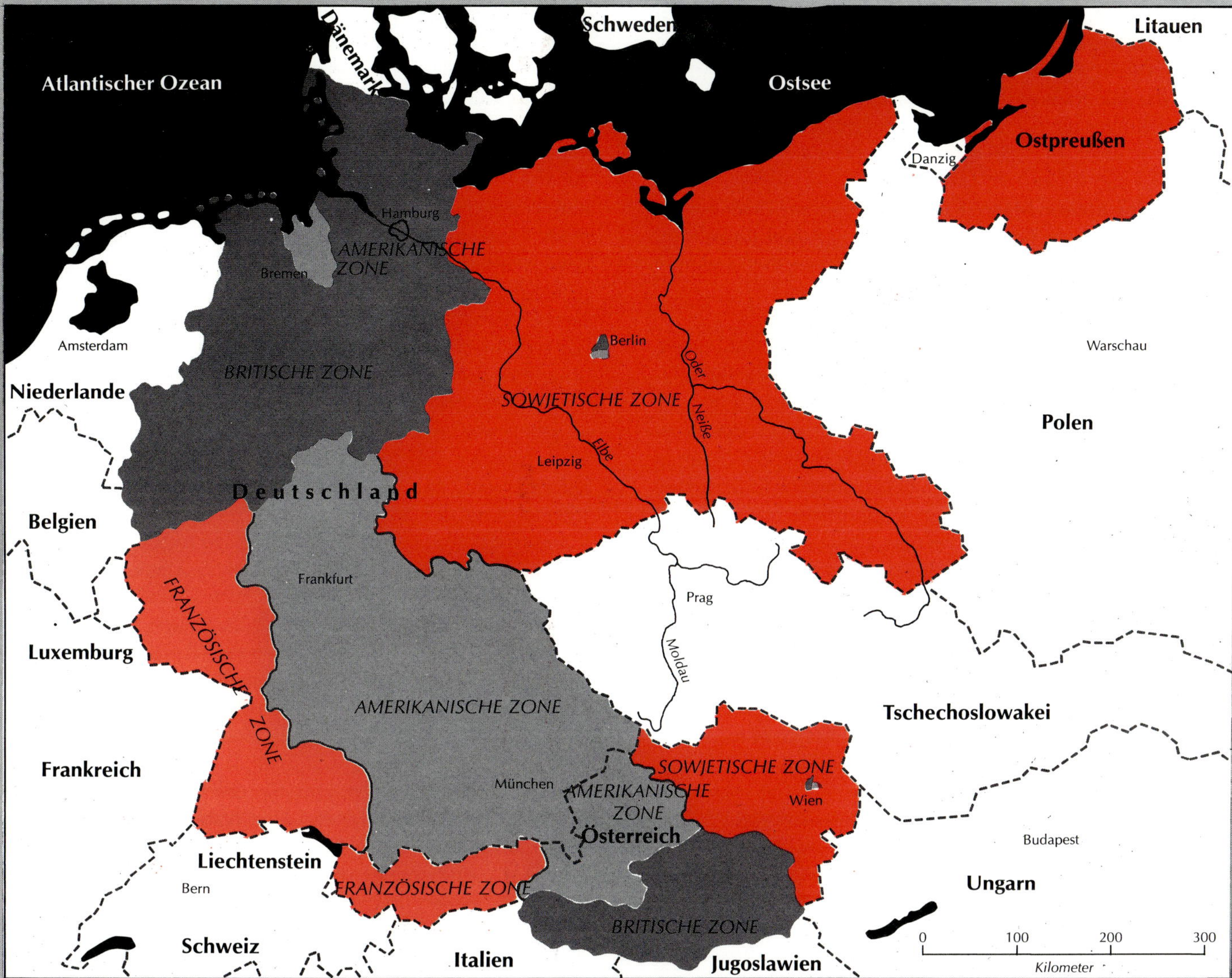

Wie bereits Ende 1944 vorgesehen, lag Berlin nach der Aufteilung Deutschlands in verschiedene Zonen mitten in der Sowjetischen Besatzungszone.

Die Kämpfe der letzten Kriegswochen in Europa wurden auf beiden Seiten von der alliierten Besatzungsplanung für die Nachkriegszeit beeinflußt. Nach dieser Planung sollte Deutschland – und die Hauptstadt Berlin – in drei Besatzungszonen aufgeteilt werden, die jeweils einem der Alliierten zugewiesen wurden. (Die französische Zone wurde später aus Teilen der britischen und amerikanischen Zonen gebildet.) Österreich und seine Hauptstadt Wien wurden in ähnlicher Weise aufgeteilt. Der Plan wirkte sich unbeabsichtigt auf die Schlacht um Berlin aus. Bis Mitte April hatten Teile der 9. US-Armee die Elbe weit innerhalb der Sowjetzone erreicht. Zu dieser Zeit lag Berlin etwa gleich weit von den schnell vorrückenden Amerikanern und den Sowjets entfernt. Aber Eisenhower befahl seinen Truppenführern, den Vormarsch zu stoppen. Ein anglo-amerikanischer Vorstoß auf Berlin würde einen hohen Preis an Truppen und Material fordern, und er war nicht bereit, amerikanische Soldaten zu opfern, um ein Gebiet zu gewinnen, das er seiner Überzeugung nach später sowieso an die Sowjets würde übergeben müssen. Nach dem Besatzungsplan sollte die Eroberung und Besetzung Berlins ausschließlich der Sowjetarmee überlassen bleiben.

Das deutsche Oberkommando der Wehrmacht kannte den Plan für die Besetzung Deutschlands auf Grund einer Kopie, die man im Januar 1945 erbeutet hatte. Die kompromißlose Haltung der Alliierten versteifte Deutschlands Widerstand und trug auf diese Weise wahrscheinlich zur Verlängerung des Krieges bei.

Zur selben Zeit mußte Harriman die Hauptlast einer besonders heftigen Auseinandersetzung mit den Sowjets über die Operation *Sunrise* tragen – ein vielschichtiges und manchmal lächerliches Vorhaben, das von Mitarbeitern des amerikanischen Office of Strategic Services (OSS) ausgeführt wurde, um die Kapitulation der deutschen Streitkräfte in Norditalien vorzubereiten. Operation *Sunrise* war eine derartige Anstrengung wert, denn Italien hatte sich als grausamer Kriegsschauplatz herausgestellt, auf dem es kaum einen Schritt voranging. Seit ihrer Landung in Süditalien im Juli 1943 hatten die Alliierten etwa 300 000 Mann verloren und waren lediglich 560 Kilometer nach Norden vorgerückt – ein Monatsdurchschnitt von weniger als 30 Kilometern. Die Deutschen, in das hügelige Gebiet südlich der Po-Ebene abgedrängt, verfügten dort noch über fast eine Million Mann. Einer der deutschen Großverbände unter dem Befehl von Generalfeldmarschall Albert Kesselring, die Heeresgruppe C, war wahrscheinlich der stärkste Verband, den Hitler jetzt noch einsetzen konnte.

Die Operation *Sunrise* begann im Februar 1945, als SS-Obergruppenführer Karl Wolff erkennen ließ, daß er eine deutsche Kapitulation mit verantwortlichen alliierten Stellen erörtern wollte. Als „Höchster SS- und Polizeiführer" und „Bevollmächtigter der Deutschen Wehrmacht in Italien" war Wolff ranghöchster SS-Offizier in Italien, der für Sicherheit und andere Besatzungsangelegenheiten im rückwärtigen deutschen Gebiet verantwortlich zeichnete; gleichzeitig fungierte er als Aufpasser über die kleine faschistische Italienische Soziale Republik, die nach dem Sturz Benito Mussolinis übriggeblieben war. Als Überbringer seiner Botschaft entsandte Wolff einen Mann von gewinnendem Wesen, den Mailänder Fabrikanten Baron Luigi Parrilli, nach Bern, wo Allen Dulles, Leiter des US-Geheimdienstes OSS in Europa, seine Zentrale eingerichtet hatte. Dulles zeigte sich zwar zunächst skeptisch, interessierte sich aber zunehmend für Wolffs Angebot und beauftragte einen seiner engsten Mitarbeiter, den Deutschamerikaner Gerhart von Schulze-Gaevernitz, mit Parrilli zu sprechen.

Arrangiert wurde das Treffen mit Parrilli von Major Max Waibel, einem Freund von Dulles im schweizerischen Nachrichtendienst. Da Schweizer Banken in Norditalien erhebliche Wirtschaftsinteressen verfolgten, die durch die Weiterführung der Kämpfe zwischen Deutschen und Alliierten aufs äußerste gefährdet waren, handelte Waibel mit stillschweigendem Einverständnis seiner Regierung. Anfang März arrangierte einer von Waibels Mitarbeitern ein Treffen mit Wolffs Abgesandtem Dr. Eugen Dollmann in Lugano, nahe der italienischen Grenze. Dollmann war SS-Standartenführer und hatte schon vor dem Krieg mehrere Jahren in Italien gelebt.

Waibels Mitarbeiter geleitete Dollmann und einen Begleiter in das Hinterzimmer eines Restaurants, wo beide Herren mehrere Stunden warten mußten, bevor ein Agent von Dulles erschien. Während der Wartezeit wurde Dollmann barsch angewiesen, Wolff mitzuteilen, nur eine bedingungslose Kapitulation käme in Frage und Wolff werde es nicht gelingen, die westlichen Alliierten gegen die Sowjetunion auszuspielen. Mit dem Eintreffen des OSS-Agenten erfuhr Dollmann außerdem, daß Dulles großen Wert auf eine Geste guten Willens lege – nämlich die Freilassung zweier gefangener italienischer Partisanenführer.

Binnen fünf Tagen hatte Wolff seine Antwort übermittelt. Er hatte nicht nur die Partisanen entlassen, sondern eilte in Zivilkleidung in die Schweiz, um persönlich mit Dulles zu sprechen. Unter Beachtung der erforderlichen Sicherheitsvorkehrungen traf Dulles mit Wolff und Schulze-Gaevernitz in einer Zürcher Wohnung vor dem Kamin zusammen. (Dulles schwor auf die wohltuende Wirkung eines Holzfeuers, das er jetzt, da Wolff seinen guten Willen bewiesen hatte, auch für angebracht hielt.)

Seit der ersten Kontaktaufnahme hatten die Amerikaner nur sehr wenig über Wolff in Erfahrung bringen können; wahrscheinlich hätten sie sich geweigert, mit ihm zu verhandeln, wenn sie mehr über ihn gewußt hätten. Ihnen war zwar bekannt, daß Wolff Verbindungsoffizier zwischen der obersten SS-Führung und Hitler gewesen war, eine rasche Beförderung erfahren hatte und zudem von Himmler liebevoll „Wölffchen" genannt wurde. Sie wußten jedoch nicht, daß Wolff erst als Himmlers Chefadjutant und ab 1936 als Chef des „Persönlichen Stabes des Reichsführers SS" an der Planung der Vernichtungslager in Polen mitgewirkt oder in einem Brief an einen „Transport"-Offizier der SS „seine besondere Freude" darüber zum Ausdruck gebracht hatte, „daß jetzt täglich 5000 Angehörige des Auserwählten Volkes nach Treblinka gebracht wurden". (Dieser Brief wurde nach dem Krieg aufgefunden und im Kriegsverbrecherprozeß als Beweismittel verwendet; Wolff wurde zu 15 Jahren Gefängnis verurteilt.) Ebensowenig berücksichtigten die Amerikaner, daß Wolffs Polizeieinheiten in Italien routinemäßig im Verdacht der Partisanentätigkeit stehende Personen folterten, Geiseln erschossen und für die Ausrottung ganzer Dörfer verantwortlich waren. Für die Amerikaner war Wolff ein anständiger, intelligenter Offizier, bei dem kein falscher Zungenschlag zu spüren war und dem es anscheinend ehrlich darauf ankam, sinnloses Blutvergießen und weitere Zerstörungen zu vermeiden.

Bei diesem Treffen mit Dulles vor dem Kaminfeuer bot Wolff ein verlockendes und konkretes Programm an, in dem die Übergabe von 200 000 Soldaten die Hauptrolle spielte. Dabei handelte es sich zum größten Teil um italienische Faschisten, die den Kampf bei der Kapitulation Italiens 1943 nicht eingestellt hatten; in der genannten Zahl waren aber auch 80 000 Angehörige der deutschen Polizei und Besatzungstruppen enthalten. Aber was das Wichtigste war: Wolff wollte Generalfeldmarschall Kesselring, dem 500 000 Mann unterstanden, dazu veranlassen, sich seiner Kapitulation anzuschließen. Aus Gesprächen mit Kesselring meinte Wolff – der als politischer Berater des Generalfeldmarschalls wirkte – den Eindruck gewonnen zu haben, daß dieser hohe Befehlshaber seine Friedensbemühungen unterstützen werde.

Während er Wolff zuhörte, wurde Dulles von optimistischen Vorstellungen über die Operation *Sunrise* überwältigt. Nach der Besprechung schickte er einen außerordentlich positiven Bericht an seine vorgesetzte Stelle nach Washington und schilderte Wolff als eine „ausgeprägte" und „dynamische" Persönlichkeit. Wolffs Vorschläge erweckten Hoffnungen auf eine Feuereinstellung auch bei dem britischen Feldmarschall Sir Harold Alexander, dem Alliierten Oberbefehlshaber in Italien, der eine Frühjahrsoffensive vorbereitete, diese aber lieber vermieden hätte. Aber Dulles' Optimismus und Alexanders frohe Erwartungen erwiesen sich als verfrüht. Wolffs Pläne wurden kurz darauf durchkreuzt, als Generalfeldmarschall Kesselring nach Berlin beordert wurde, um den Oberbefehl über die Westfront zu übernehmen.

Die Umbesetzung bedeutete, daß Wolff nun erst Kesselrings Nachfolger, General Heinrich-Gottfried von Vietinghoff, für sein Übergabe-Vorhaben gewinnen mußte. Obwohl Vietinghoff sich eifrig bestrebt zeigte, ein Ende des Krieges herbeizuführen, hegte er doch gegen derartige Pläne Bedenken. Da er sich nur als vorübergehenden Ersatz für Kesselring betrachtete (unter dem er jahrelang als dessen Stellvertreter und nachgeordneter Armeeoberbefehlshaber gedient hatte), scheute er sich, in dessen Namen Verpflichtungen für die Heeresgruppe einzugehen.

Während dieser Vorgespräche beschlossen die Stabschefs der USA und Großbritanniens gemeinsam, eigene Vertreter zu den Verhandlungen zu entsenden; auf Churchills Vorschlag zogen sie außerdem in Erwägung, die Sowjets von der Lage in Kenntnis zu setzen. Beeinflußt von den Amerikanern, begeistert über die Möglichkeit einer von den Amerikanern herbeigeführten deutschen Kapitulation in Italien, aber überzeugt, daß eine frühzeitige Teilnahme der Sowjets an den Gesprächen jegliche Erfolgschancen zunichte machen würde, faßten die anglo-amerikanischen Stabschefs schließlich folgenden Entschluß: Sie wollten die Sowjets unterrichten, sie aber von einer Teilnahme an den Gesprächen ausschließen, und zwar mit der einleuchtenden Begründung, daß es sich hier um eine örtlich begrenzte Kapitulation derselben Art handele, wie sie die Sowjetunion auch an der Ostfront entgegengenommen habe, ohne die westlichen Alliierten auch nur im geringsten darüber zu informieren.

Aber es war zu spät, um die Sowjets im unklaren zu lassen; das geheimnisvolle Kommen und Gehen von Wolff und anderen Deutschen über die Grenze zwischen der Schweiz und Italien war bereits von sowjetischen Agenten, die in dieser Gegend operierten, beobachtet worden und hatte deren ohnehin schon großes Mißtrauen noch gesteigert. Sie waren überzeugt, daß die Operation *Sunrise* ein anglo-amerikanisches Komplott sei, um einen Separatfrieden mit dem Reich auszuhandeln, der deutsche Truppen zum Kampf gegen die Sowjetunion freisetzen würde.

Offiziell erreichte die Nachricht von der Operation *Sunrise* die Sowjets am 11. März, als Harriman auf Anweisung der Kombinierten Stabschefs den Gegenstand der Gespräche in einem an Molotow gerichteten Memorandum zur Sprache brachte. Harriman erhielt unverzüglich eine Antwort von Molotow, in der dieser mitteilte, drei Sowjetoffiziere seien beauftragt worden, an den Gesprächen teilzunehmen. Die westlichen Alliierten lehnten das Ansinnen, Russen an den Zusammenkünften teilnehmen zu lassen, prompt ab – eine Reaktion, die Molotow „völlig unerwartet und unbegreiflich" fand. Derartige Zusammenkünfte sollten überhaupt nicht stattfinden, erklärte er, es sei denn, sowjetische Vertreter könnten an ihnen teilnehmen.

Die westlichen Alliierten bemühten sich, Stalins Befürchtungen auszuräumen, indem sie Berichte über jede Phase der weiteren Entwicklung von *Sunrise* nach Moskau schickten. Leider gab es nur wenig zu berichten. Wolff suchte Kesselring an der Westfront auf, und der Generalfeldmarschall erklärte sich bereit, Vietinghoff die Kapitulation zu empfehlen. (Er selbst, fügte Kesselring hinzu, werde sein neues Kommando an der Westfront jedoch nicht verlassen, solange er sich durch seinen Treueid an Hitler gebunden fühle.)

Stalin wollte nicht glauben, daß er über die tatsächlichen Fortschritte der Operation *Sunrise* auf dem laufenden gehalten werde. Am 3. April sandte Stalin eine Botschaft an Präsident Roosevelt, in der er Amerikaner und Briten beschuldigte, doppeltes Spiel mit ihm zu treiben. „Meine militärischen Mitarbeiter haben nach Auswertung der ihnen vorliegenden Berichte keinerlei Zweifel daran, daß die Verhandlungen stattgefunden haben und daß sie zu einem Abkommen mit den Deutschen geführt haben; danach ist der deutsche Oberbefehlshaber an der Westfront, Generalfeldmarschall Kesselring, einverstanden, die Front zu öffnen und den anglo-amerikanischen Truppen ein Vorrücken nach Osten zu gestatten; die Anglo-Amerikaner haben dafür den Deutschen zugesagt, die Friedensbedingungen zu mildern. Ich glaube, meine Mitarbeiter kommen der Wahrheit nahe."

Präsident Roosevelt, dessen Gesundheitszustand sich rasch verschlechterte, reagierte mit einer Protestnote, die für ihn vom Generalstabschef des Heeres, General George C. Marshall, sowie von Admiral William Leahy, Roosevelts persönlichem Stabschef und amtierendem Vorsitzenden des Komitees der US-Stabschefs, aufgesetzt worden war. „Es befremdet mich", hieß es in dem Text, „daß die Sowjetregierung anscheinend zu der Überzeugung gelangt ist, ich hätte ein Abkommen mit dem Gegner geschlossen, ohne vorher Ihr volles Einverständnis einzuholen. Es wäre eine der größten Tragödien in der Geschichte, wenn gerade in dem Augenblick, da unser Sieg greifbar nahe ist, ein solcher Argwohn und ein solcher Mangel an Vertrauen nach den gewaltigen Verlusten an Menschenleben und Material das gesamte Vorhaben gefährden sollte. Offen gestanden kann ich mich eines Gefühls bitterer Enttäuschung Ihren Informanten gegenüber, wer diese auch sein mögen, wegen solcher schändlichen Mißdeutungen meiner Handlungsweise oder derjenigen meiner Untergebenen nicht erwehren."

Diese zornige Erklärung führte zu einer maßvoll formulierten Antwort Stalins: „Wir Russen glauben, daß in der gegenwärtigen Lage an den Fronten, wo der Feind vor der unvermeidlichen Kapitulation steht, die Vertreter aller Verbündeten Gelegenheit erhalten sollten, an Verhandlungen teilzunehmen, falls die Vertreter eines bestimmten Alliierten in Kapitulationsverhandlungen eintreten sollten. Jedenfalls ist dies von absolut entscheidender Bedeutung, falls der in Frage stehende Verbündete um eine solche Teilnahme nachsucht."

Die Sowjets schienen jetzt bereit zu sein, die Sache auf sich beruhen zu lassen, und Roosevelt war nur allzu gewillt, ihnen entgegenzukommen; Feldmarschall Alexanders Frühjahrsoffensive hatte am 9. April in der Po-Ebene ihren Anfang genommen, und die Alliierten gewannen rasch an Boden. Die ganze dornenreiche Angelegenheit löste sich am 2. Mai 1945 schließlich von selbst, als die deutschen Streitkräfte in Italien nach wechselvollen Verhandlungen kapitulierten – diese Verhandlungen hatten in Gegenwart eines Sowjetvertreters stattgefunden.

Am 1. April hielt Stalin eine Besprechung ab, um auf Eisenhowers Botschaft hinsichtlich Berlins zu reagieren. Sieben Mitglieder des einflußreichen sowjetischen Staatskomitees für Verteidigung nahmen an der Besprechung teil, außerdem zwei der bekanntesten Heerführer der Sowjetunion, unter deren Befehl der Hauptangriff auf Berlin durchgeführt werden sollte: Marschall Georgi K. Schukow und Marschall Iwan S. Konjew. Beide waren Oberbefehlshaber einer Heeresgruppe – auf russisch „Front" genannt –, deren Name auf dasjenige Gebiet der Sowjetunion hinwies, das die betreffende Heeresgruppe im Jahre 1944 zu befreien beauftragt worden war. Schukow führte die 1. Weißrussische Heeresgruppe, Konjew die 1. Ukrainische.

Schukow und Konjew waren aus dem gleichen Holz geschnitzt. Beide waren Bauernsöhne. Beide waren Großrussen, ein Umstand, der für ihre Laufbahn eine nicht geringe Bedeutung besaß: Russische Offiziere besetzten als Angehörige der größten unter den über hundert Völkerschaften der Sowjetunion die überwiegende Mehrheit der Führungsposten in der Roten Armee. Und sie hielten wie ein Familienclan zusammen. Obwohl Schukow klein gewachsen, Konjew hingegen groß geraten war, wiesen beide Marschälle breite Schultern, einen hochgewölbten Brustkorb und ein kantiges Gesicht auf und waren Ende Vierzig; abgesehen von ihrer imposanten körperlichen Erscheinung, standen beide in dem Ruf, eine Härte zu besitzen, die an Gefühlsrohheit grenzte.

(Konjew prahlte einmal, als er von einer Schlacht am Dnjepr sprach: „Wir ließen die Kosaken so lange, wie sie wollten, vorwärts stürmen. Wenn dann jemand zum Zeichen, daß er sich ergab, die Hände hob, hackten sie sie ihm ab.")

Während seiner ersten neun Jahre in der Roten Armee, der er sich 1917, im Jahre ihrer Gründung, angeschlossen hatte, war Konjew Kommissar gewesen – ein Funktionär der Kommunistischen Partei, der die politische Einstellung und ideologische Zuverlässigkeit in einer Militäreinheit zu überwachen hatte. Im Jahre 1926 avancierte er zum Truppenoffizier, nachdem er die Frunse-Akademie, die Offiziersschule der Roten Armee im südlichen Teil Zentralrußlands, absolviert hatte. Konjew wurde danach in regelmäßigen Abständen befördert und stieg zu Beginn des Zweiten Weltkrieges zum Oberbefehlshaber einer Armee auf.

Schukow war hart nicht nur gegenüber dem Feind, sondern auch zu seinen eigenen Untergebenen. Einmal hatte Schukow einen General zum Leutnant degradiert und ihn bei einem selbstmörderischen Bajonettangriff in den sicheren Tod geschickt – er folgte dabei einem vorschnellen Urteil, der General habe sich als Schwächling

Ein Plakat fordert Rache für die Bewohner der ostpreußischen Ortschaft Metgethen, wo Rotarmisten Greueltaten begangen hatten. Die deutsche Propaganda nutzte Berichte über solche Scheußlichkeiten, um den Widerstand der erschöpften und zahlenmäßig unterlegenen deutschen Armee zu stärken.

erwiesen. (Dies wurde vom direkten Vorgesetzten des Generals in Zweifel gezogen.) Trotz solcher Exzesse galt Schukow allgemein als großer Kriegsheld, weil er im Winter 1941/42 den deutschen Blitzkrieg vor Moskau zum Stehen gebracht hatte. Als Truppenführer und in seiner Eigenschaft als Koordinator für das sowjetische Oberkommando hatte Schukow von Stalingrad an viele Schlachten gewonnen. Die deutschen Generale hielten ihn für den besten unter den sowjetischen Befehlshabern, wenn auch nicht für einen geschickten Taktiker. In der fortgeschrittenen Phase des Krieges machte sich Schukow energischer als andere die wachsende Überlegenheit der Sowjetunion an Truppenstärke und beim massierten Einsatz von Panzern und Artillerie zunutze.

Das Verhältnis zwischen diesen beiden Militärgiganten war – wie kaum anders zu erwarten – nicht besonders gut. Konjews Erfolge ärgerten Schukow und andere Stabsoffiziere, nach deren Meinung Kommissare Soldaten zweiter Klasse darstellten – eine Ansicht, die nicht ganz unberechtigt war, wurden sie doch hauptsächlich aus politischen Gründen und nicht wegen ihrer militärischen Fähigkeiten in ihre Stellungen berufen. Für Konjew (und eine Anzahl anderer sowjetischer Generale) hatte Schukow seine Karriere in erster Linie einer Kette von Glücksfällen und der unverhohlenen Günstlingswirtschaft Stalins zu verdanken. Konjew wollte aus der Berlin-Offensive soviel wie möglich herausholen, denn er sah in ihr die letzte Chance, mit Schukow in einem Wettstreit gleichzuziehen, den Stalin als guter Menschenkenner seit langem genährt hatte, um beide Marschälle zu höchsten Leistungen anzuspornen.

Unter Stalins Vorsitz begann die Sitzung des Komitees für Verteidigung in einer geradezu verschwörerischen Atmosphäre. Auf ein Zeichen von Stalin verlas General Sergej M. Schtemenko, Chef der Operationsabteilung im Generalstab, ein aufschlußreiches Telegramm, das von einem anonymen Spion eingegangen war. Die Meldung umriß die weitere Planung der Alliierten vor Eisenhowers Entschlußänderung; sie sah eine Offensive gegen Berlin vor. Stalin verschwieg Eisenhowers Brief vom 25. März, in dem dieser erklärt hatte, Berlin sei kein anglo-amerikanisches Angriffsziel mehr. Als Schtemenko geendet hatte, stellte Stalin die naheliegende Frage: „Also, wer wird jetzt Berlin erobern, wir oder die Alliierten?"

In seinen Memoiren legt sich Konjew selbst die nächsten Zeilen in den Mund: „Wir sind es, die Berlin erobern werden, und zwar noch vor den Alliierten." Daraufhin beauftragte Stalin Schukow und Konjew, in Zusammenarbeit mit dem Generalstab ihre Angriffspläne auszuarbeiten und ihm zur Genehmigung vorzulegen; dann sollten sie so bald wie möglich an die Front zurückkehren, um mit dem Aufmarsch ihrer Truppen zu beginnen. Damit verließ er den Raum. Die Angelegenheit war entschieden.

Schukow und Konjew gingen sofort mit hohen Offizieren des Generalstabs an die Arbeit. Schukow war offenbar die Aufgabe zugefallen, die gesamte Operation zu koordinieren – ein schwieriger Auftrag, der noch dadurch kompliziert wurde, daß Marschall Konstantin K. Rokossowski, Oberbefehlshaber der 2. Weißrussischen Heeresgruppe, die die Nordflanke bei der Berlin-Offensive decken sollte, nicht anwesend war, denn er säuberte noch die Ostseeküste vom Feind. Es lag auf der Hand, daß er daher erst gegen Ende April in der Lage sein würde, den Angriff zu unterstützen und weiter nach Westen vorzudringen.

Die Pläne, auf die man sich einigte, sahen eine massive, aber in allen wesentlichen Punkten einfache Großoffensive vor. Die drei sowjetischen Heeresgruppen sollten die beiden Armeen der deutschen Heeresgruppe Weichsel und eine Armee der Heeresgruppe Mitte, die Ostdeutschland verteidigten, vernichten. Im weiteren Verlauf sollten die sowjetischen Kräfte das gesamte Gebiet von der Oder-Neiße-Linie bis zur Elbe-Mulde-Linie und von der Ostsee bis an die tschechoslowakische Grenze überrennen. Im Norden, an der unteren Oder, sollte Rokossowskis Heeresgruppe nach Westen vorstoßen, dann in nördlicher Richtung abschwenken. In der Mitte sollten Schukows Armeen, die an der mittleren Oder östlich von Berlin standen, in westlicher Richtung die Heeresgruppe Weichsel angreifen und die Hauptstadt einschließen. Konjews Kräfte würden in westlicher und nordwestlicher Richtung vorrücken und gleichzeitig einen Nebenangriff in südwestlicher Richtung auf Dresden beginnen, woraus sich ein Vorstoß auf Prag gegen die Heeresgruppe Mitte entwickeln sollte. Schukow und Konjew setzten den 16. April als frühesten Termin für den Beginn der Offensive fest. Nach dieser Planung würden sie ihre Angriffsoperationen ein paar Tage vor dem Zeitpunkt beginnen, an dem Marschall Rokossowski nach Westen vorstoßen konnte.

Als Stalin dieser Plan vorgelegt wurde, zog er eine Trennungslinie zwischen Schukows und Konjews Heeresgruppen und verwischte die scheinbar routinemäßige Abgrenzung auf eine höchst bezeichnende Weise. Die von ihm gezogene Linie führte in westlicher Richtung bis an den Südrand von Berlin, so daß die Hauptstadt offenbar Schukow als Preis vorbehalten blieb. Aber Stalin zog die Trennungslinie nur bis Lübben – rund 70 Kilometer südöstlich von Berlin – eine Stadt, die Konjew nach dem Plan am dritten Tag der Offensive erreichen sollte. Konjew erkannte sofort, daß Stalin von ihm erwartete, er werde von Lübben nach Norden einschwenken, um noch vor seinem Rivalen Schukow in Berlin zu sein, und Konjew spürte, daß Schukow denselben Gedanken hatte. Stalin sagte später zu General Schtemenko: „Wer als erster Berlin erreicht, soll die Stadt einnehmen."

Vom Kreml fuhren die beiden Oberbefehlshaber zum Zentralflugplatz von Moskau, um in ihre Hauptquartiere zurückzukehren; ihre Maschinen starteten nacheinander im Abstand von zwei

Minuten. Konjew berichtete später und zitierte dabei eine russische Redensart: „Wir hatten kaum Zeit, uns um unsere Hüte und Handschuhe zu kümmern."

In den nächsten zwei Wochen schloß die Sowjetarmee ihren gewaltigen Aufmarsch in kürzerer Zeit ab als je zuvor im Zweiten Weltkrieg, und zwar unter Aufsicht von Marschall Schukow. Obwohl die Masse seiner Truppen seit Februar an der Oder lag, mußte Schukow zur Verstärkung seiner Nordflanke zwei Armeen verschieben, da diese Flanke nach Beginn der Offensive Angriffen ungeschützt ausgeliefert sein würde, bis die Armeen unter Rokossowski den Übergang über die Oder erzwingen und von Brückenköpfen auf dem Westufer aus weiter vorstoßen konnten.

Konjew mußte noch viel mehr Verbände umgruppieren. Seine Truppen waren gerade erst in harten Kämpfen durch Schlesien vorgedrungen, als Stalin die Berlin-Offensive bekanntgab; die deutsche Garnison von Breslau hielt noch stand (Konjew überließ sie schließlich ihrer ausweglosen Situation). Da seine Hauptangriffsrichtung auf die Tschechoslowakei zielte, mußte Konjew zahlreiche Divisionen verlegen, um mit der Masse seiner Kräfte die Ausgangsstellung für die neue Offensive zu erreichen. Außerdem sah er sich gezwungen, wegen der schweren Verluste Verstärkung anzufordern; zu diesem Zweck unterstellte ihm Stalin zwei Armeen, die im östlichen Baltikum eingesetzt waren.

Die Anforderungen, die die Offensive auf logistischem Gebiet stellte, waren enorm, und ihre Erfüllung war eine unerhörte Leistung. Die einzige direkte Eisenbahnverbindung zwischen der Sowjetunion und Deutschland stellte die Linie Moskau–Berlin dar; sie war aber von den Deutschen beim Rückzug zerstört worden und mußte von den Sowjets erst wieder instand gesetzt werden. Die meisten Nachschubgüter – einschließlich der amerikanischen Lend-Lease-Lieferungen, die über den Persischen Golf, Murmansk und den Fernen Osten in die UdSSR gelangten – mußten über die sowjetische Hauptstadt 1600 Kilometer weit in Depots nahe der Oder transportiert und von dort in nördlicher und südlicher Richtung verteilt werden. Mit seinem Sinn für anschauliche Darstellungsweisen schrieb Schukow später, die Versorgungszüge hätten aneinandergereiht eine Länge von 1200 Kilometern erreicht, und es seien 78 000 Wagenladungen nötig gewesen, um die 7 147 000 Granaten zu transportieren, die für die Anfangsphasen der Offensive zur Verfügung gestellt worden waren. Für den Nachschub waren ungezählte Tausende von Soldaten und zivile Hilfskräfte eingesetzt, die außerdem dabei halfen, in Schukows vorderer Linie Geschützstellungen (110 auf je einen Kilometer) auszuheben, Brücken zu bauen, Vorratslager einzurichten und zahllose Kilometer Fernsprechkabel zu verlegen.

Vom sowjetischen Oberkommando wurde ein besonderes Ausbildungsprogramm für die Offensive durchgeführt. Ein Modell von

HITLERS LETZTE ZUFLUCHT

Am 16. Januar 1945 verlegte Hitler sein Hauptquartier von Bad Nauheim in einen Bunker, den er unter dem Garten der Reichskanzlei in der Nähe des Stadtzentrums von Berlin, hatte errichten lassen. Überbelegt, schlecht belüftet und mit einer Fernmeldeanlage ausgestattet, die nur aus einem Funkempfänger, einem Funkfernsprecher und einer Telephonvermittlung bestand, schien der Führerbunker als oberste Befehlsstelle des Reiches höchst ungeeignet zu sein. Aber Hitler zog ihn dem 40 Kilometer entfernt gelegenen Bunker des Oberkommandos der Wehrmacht in Zossen vor – vielleicht wegen des Mißtrauens, das er seit dem Attentat vom Juli des vergangenen Jahres gegenüber der Generalität hegte.

Trotz aller seiner Mängel als Hauptquartier oder Unterkunft war der Führerbunker praktisch uneinnehmbar – er war sowohl vor alliierten Bombenangriffen als auch vor deutschen Widerstandskämpfern sicher. Die Decke bestand aus fünf Meter dickem Beton, die Wände waren zwei Meter dick, und die gesamte Anlage lag knapp zwei Meter unter der Erdoberfläche. Seine Hauptschwäche bestand in dem hohen Grundwasserspiegel von Berlin; wenn ein Bombeneinschlag die Wände eingedrückt hätte, wären möglicherweise alle Insassen ertrunken.

Im Inneren des Bunkers waren die Granateinschläge nur als ein fernes Grollen zu hören – obwohl der Bau gelegentlich, wenn eine Bombe in unmittelbarer Nähe niederging, erzitterte und die Hängelampen hin und her schwankten. Alle Besucher wurden ohne Rücksicht auf ihren Rang durchsucht, sie mußten ihre Waffen abgeben und bei SS-Kontrollen ihre Ausweise vorzeigen. Der Bunker wies 19 Zimmer auf. Außer Hitler beherbergte er einige Wachen, Adjutanten, persönliche Bedienstete und Ärzte. Ab Mitte April wohnten hier auch Eva Braun und der Propagandaminister Joseph Goebbels.

Während fast alle, einschließlich Eva Braun, der bedrückenden Bunkeratmosphäre gelegentlich zu entrinnen suchten, ging „der Chef" nur sehr selten hinaus, und auch dann nur für wenige Stunden. Die letzte offizielle Gelegenheit hierzu war der 20. April, als er in der Reichskanzlei an einer Feier aus Anlaß seines 56. Geburtstags teilnahm. Zehn Tage später, wieder im Bunker, nahm er sich das Leben – eines von über 50 Millionen Opfern des Krieges, den er fast sechs Jahre zuvor begonnen hatte.

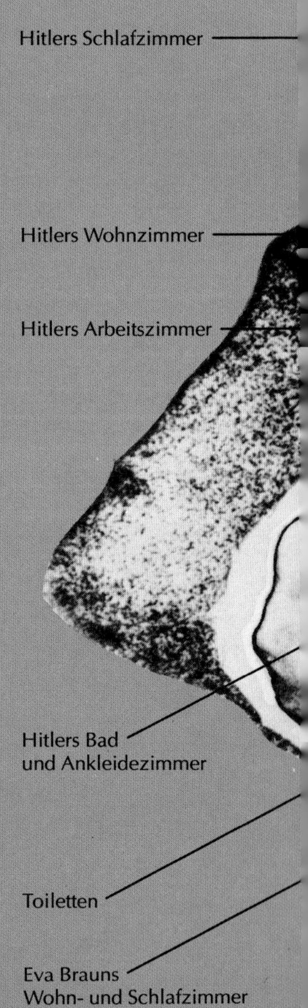

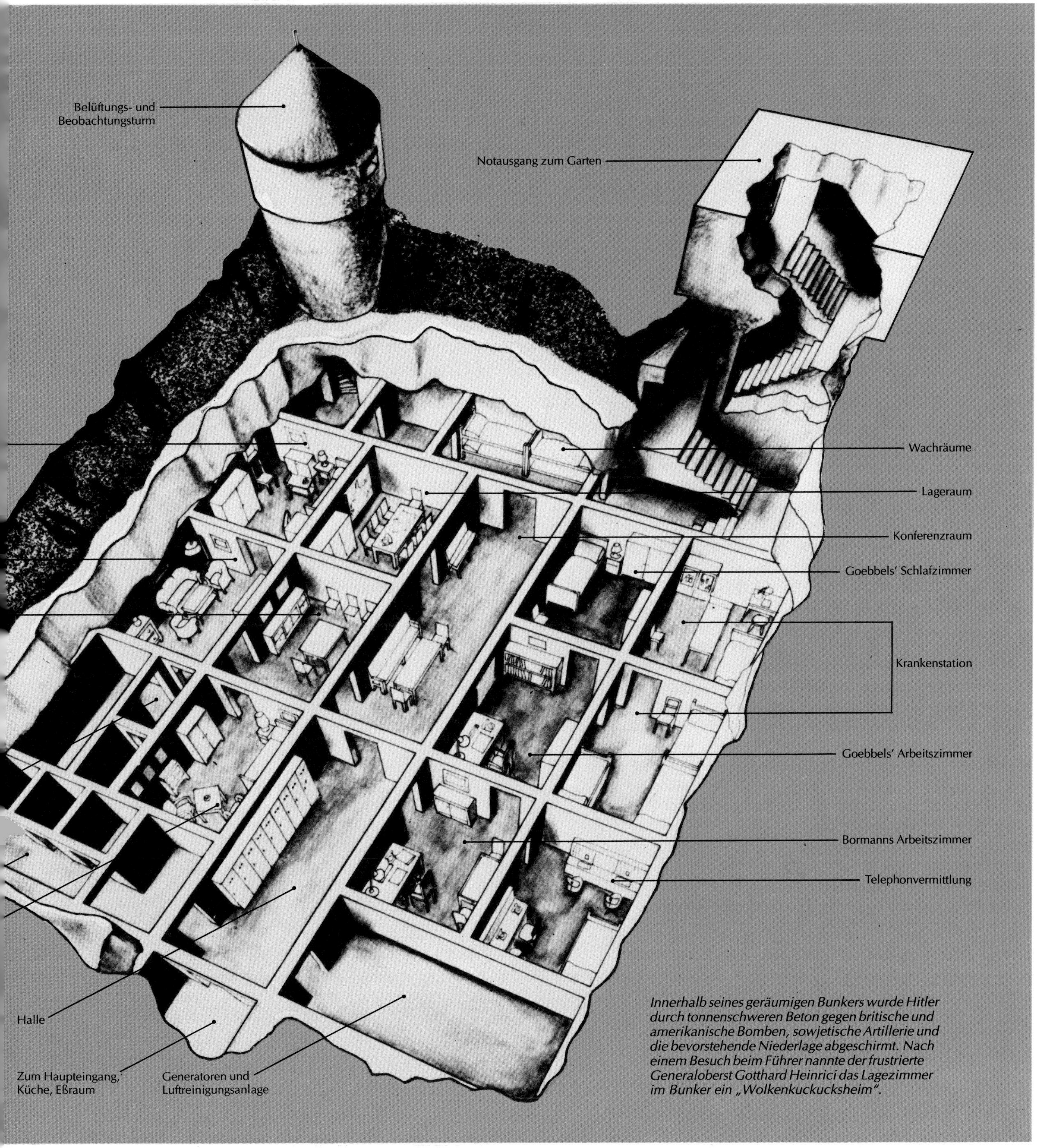

Innerhalb seines geräumigen Bunkers wurde Hitler durch tonnenschweren Beton gegen britische und amerikanische Bomben, sowjetische Artillerie und die bevorstehende Niederlage abgeschirmt. Nach einem Besuch beim Führer nannte der frustrierte Generaloberst Gotthard Heinrici das Lagezimmer im Bunker ein „Wolkenkuckucksheim".

Großberlin in gigantischem Maßstab – mit seinen insgesamt 880 Quadratkilometern – war von sowjetischen Pionieren erstellt worden, und sämtliche Armeeoberbefehlshaber, Korpskommandeure, Generalstabschefs, Artilleriekommandeure und Politoffiziere erhielten den Befehl, an dem Lehrgang teilzunehmen. Die Kampftruppe wurde über die deutsche Verteidigungstaktik, mit der sie konfrontiert werden würde, unterrichtet; gegen Mitte April begann sie, praktische Erfahrungen bei Aufklärungsvorstößen in Bataillonsstärke westlich der Oder zu sammeln, denn diese Unternehmen führten gewöhnlich zu verbissenen Kämpfen mit den deutschen Verteidigern. Schukow nutzte diese Aktionen, um seinen Brückenkopf nördlich und südlich von Küstrin zu einem bis zu 16 Kilometer tiefen Gürtel sumpfigen Geländes auszubauen; er benötigte den Raum, um Truppen und Material auf dem Westufer der Oder für den ersten großen Vorstoß am 16. April bereitzustellen.

Gegen Ende der zwei Wochen dauernden intensiven Vorbereitungen hatten die Sowjets an der Oder-Neiße-Linie ihre gewaltige Überlegenheit über die drei deutschen Armeen, die ihnen gegenüberstanden, noch wesentlich ausgebaut. Schukow hatte 77 Schützendivisionen und sieben Panzerkorps – die deutsche 9. Armee 14 Infanterie- und Panzerdivisionen; er verfügte über 3155 Panzer und Geschütze auf Selbstfahrlafette – die 9. Armee nur über 512; er konnte 16 934 Geschütze und Granatwerfer einsetzen (schwere Granatwerfer galten bei den Sowjets als Artillerie) – dagegen standen etwa 700 Geschütze bei der 9. Armee. Rokossowski hatte 33 Schützendivisionen und vier Panzerkorps – die deutsche 3. Panzerarmee elf gemischte Divisionen; es standen 951 Panzer und Geschütze auf Selbstfahrlafette gegen 242 deutsche; 6642 Geschütze und Granatwerfer gegen etwa 600 Geschütze. Konjews Überlegenheit über die 4. Panzerarmee betrug zwischen drei und fünf zu eins bei Mannschaftsstärke, Panzern und Artillerie.

Das sowjetische Gerät war von guter Qualität. Obwohl die sowjetischen Panzerfahrzeuge nur grob gearbeitet waren und gewöhnlich keinen Tarnanstrich aufwiesen, waren die schweren 52-Tonnen-Stalinpanzer, die mittleren Panzer T 34 und die weitreichenden 12,2-cm-Geschütze auf Selbstfahrlafette dem angeschlagenen und erschöpften Waffenarsenal der Deutschen durchaus ebenbürtig. Zusammen verfügten die drei sowjetischen Heeresgruppen über fast 100 000 Lastkraftwagen, praktisch fast alle aus amerikanischer Produktion, die zur Heranführung von Verstärkungen eingesetzt werden konnten; einige sowjetische Truppenteile wurden auf dem Luftweg herangeschafft. Bei der Luftwaffe sahen sich die deutschen Flugzeuge vom Typ Messerschmitt und Focke-Wulf durch Treibstoffmangel behindert und hatten auch auf technischem Gebiet ihre Überlegenheit gegenüber den neuen und verbesserten sowjetischen Kampfflugzeugen, besonders gegenüber der Jak 9 und La 7, eingebüßt. Die erfolgreichen deutschen Jagdflieger, die es zu einer Abschußzahl von 200 und mehr gebracht hatten, waren entweder gefallen oder befördert und in höheren Führungspositionen eingesetzt worden; ihre halbausgebildeten Nachfolger sollten gegenüber den drei sowjetischen Luftarmeen, die die Bodentruppen unterstützen sollten, keine Chance haben.

Infolge der Verluste an Menschen und Material und der Ausschaltung eines großen Teiles der Rüstungsindustrie konnten die Deutschen dem sowjetischen Aufmarsch nicht mit massiver Gegenwehr begegnen. Hitlers Fehleinschätzung der sowjetischen Planung sowie seine Fehlentscheidungen beim Einsatz der noch verfügbaren Kräfte hatten die Aussichten für den letzten Widerstandskampf weiterhin entscheidend beeinträchtigt.

In den drei Monaten vor der Berlin-Offensive hätte der Führer mehrere hunderttausend Mann zur Verteidigung der Oder-Neiße-Linie – oder jeder anderen Grenze – aufbieten können, wenn er dem Rat seiner Generale gefolgt wäre, Gebiete wie Norwegen und Norditalien zu räumen, die gegen einen alliierten Angriff sowieso nicht zu halten waren. Aber für Hitler stand ein Rückzug überhaupt nicht zur Diskussion. Statt die in Kurland und Ostpreußen aufgestellten Armeen über die Oder zurückzunehmen, beharrte er auf einer Verteidigung dieser Gebiete gegen Rokossowski, was ihn Zehntausende von Toten und Gefangenen kostete. In dem sinnlosen Versuch, Budapest zurückzugewinnen, das die Sowjets am 12. Februar 1945 erobert hatten, verlegte Hitler die 6. SS-Panzerarmee von der Westfront in die Gegend des Plattensees in Ungarn, wo deren vier Divisionen bei vergeblichen Angriffen auf weit überlegene Sowjetkräfte schwere Verluste erlitten.

Nachdem er schon dort nichts unternommen hatte, die Verteidigung der Oder-Neiße-Linie auszubauen, begann Hitler sogar, Truppen von der dortigen Front abzuziehen. Am 2. und 3. April verlegte er eine Panzerdivision und eine Panzergrenadierdivision zur Heeresgruppe Süd, um Wien zu verteidigen – zu spät. Vorher, gegen Ende März, hatte er der Heeresgruppe Mitte eine Panzerdivision zugeführt mit dem Auftrag, Prag gegen einen vermuteten sowjetischen Angriff zu verteidigen – zu früh.

Der Oberbefehlshaber der Heeresgruppe Mitte war über die zusätzliche Zahl von Panzern zwar erfreut, aber nicht überrascht, und er war hocherfreut, wenn auch nicht überwältigt, durch seine Beförderung zum Generalfeldmarschall, die er am selben Tag während seines Besuches in Berlin entgegennahm. Er hieß Ferdinand Schörner, war ein prominenter Ostfront-Befehlshaber und wußte sicher, daß er genau den Soldatentyp verkörperte, den sein Führer bewunderte: ein großer, zäher und lautstarker Offizier, der wußte, wie er seine Soldaten voranzutreiben hatte.

Viele hielten Schörner für unbegabt und primitiv. Ein Stabsoffizier, der viel unter ihm zu leiden hatte, schrieb, der Generalfeld-

Generaloberst Heinrici spricht während einer Kampfpause an der Ostfront mit jungen Soldaten einer Pak-Stellung. Heinrici war entsetzt über die Unerfahrenheit der in der Hauptkampflinie gegen die Russen eingesetzten Truppen.

marschall verbreitete „durch sein aufbrausendes Wesen überall Angst und Schrecken, wo immer er auftauchte. Einzelheiten der Kampfführung interessierten ihn nicht!" Ein General, der eine etwas positivere Einstellung ihm gegenüber hatte, erteilte Schörner dagegen eine gute Note wegen seiner taktischen Begabung – andere lobten seine Fürsorge für seine Männer und seinen persönlichen Mut –, räumte aber ein, daß die Zusammenarbeit mit diesem Mann in der Tat eine Plage gewesen sei.

Was immer Schörners Verdienste als Kämpfer und Taktiker oder als Denker und Stratege auch gewesen sein mögen – er verschlimmerte nur noch die Lage, die durch Hitlers Fehlentscheidungen entstanden war. Während Konjew seinen Schwerpunkt nach Norden verlegte, schickte Schörner die ihm neu zugeführte Panzerdivision, statt sie zur Verstärkung seiner schwachen 4. Panzerarmee gegen die sowjetischen Verbände an der Neiße einzusetzen, 80 Kilometer nach Südosten. Dort befanden sich die Panzer zwar in einer ausgezeichneten Position, um den Sowjets den Vorstoß auf Prag unmöglich zu machen, aber sie waren nun weit außerhalb des Gebietes, in das Konjew schon bald hineinstoßen sollte.

Die drei Panzerdivisionen, die Hitler nach Süden verlegt hatte, kamen aus der schwachen Reserve des Generalobersten Gotthard Heinrici, Oberbefehlshaber der Heeresgruppe Weichsel, an Schörners linker Flanke gegenüber Schukow. Es ist keineswegs erstaunlich, daß Heinrici genau den Soldatentyp darstellte, den Hitler zuinnerst verabscheute. Er stammte aus einer alten, traditionsreichen Offiziersfamilie – einer Kaste, die Hitler verhaßt war, weil sie Deutschland seiner Meinung nach im Ersten Weltkrieg in den Untergang geführt hatte – und hatte 40 seiner 58 Lebensjahre in der Armee zugebracht, wo er als tüchtiger Berufsoffizier, aber nahezu unbekannt im Hintergrund wirkend, seinen Dienst versehen hatte. Er war klein und unscheinbar, wortkarg, aber geradeheraus, wenn er sprach, und – was in den Augen der Nationalsozialisten das Schlimmste war – er ging regelmäßig zur Kirche; er tat es trotz aller Warnungen, daß die praktische Religionsausübung, von den staatlichen Stellen schon lange gebrandmarkt, bei einem so hohen Offizier nicht geduldet werden könne.

Zu seinem eigenen Leidwesen hatte sich Heinrici bisher ausschließlich in Abwehrkämpfen oder Nachhutgefechten auszeichnen können. Am denkwürdigsten war seine Leistung als Oberbefehlshaber der 4. Armee vor Moskau in dem strengen Winter 1941/42. Seine nur für einen kurzen Sommerfeldzug ausgerüsteten Soldaten erforen zu Hunderten, aber es gelang Heinrici, durch seine ausgeprägten Führereigenschaften die Armee zusammenzuhalten. Während der schweren Rückzugsgefechte 1943 nach der Niederlage von Stalingrad hielt sich seine Truppe gut, denn sie wußte, daß Heinrici niemals nutzlose Opfer von ihr verlangen würde, wie es Hitler nur zu oft tat. Seine Männer nannten ihn respektvoll „unser zäher, kleiner Kerl".

Heinricis Rückmarsch mit seiner Armee war 1943 in Smolensk unterbrochen worden. Reichsmarschall Hermann Göring warf ihm vor, auf verbrecherische Weise die von Hitler angeordnete Politik der verbrannten Erde nicht ausgeführt zu haben; insbesondere hielt man ihm vor, das Wahrzeichen von Smolensk, die Kathedrale,

unversehrt gelassen zu haben, und verdächtigte ihn unausgesprochen, aus religiösen Skrupeln dem Befehl zur Zerstörung nicht gefolgt zu sein. Heinrici entging dem Kriegsgericht, aber er wurde für erholungsbedürftig erklärt und in ein Sanatorium geschickt.

Acht Monate vergingen, bevor Heinrici wieder ein Kommando erhielt, und zwar als Oberbefehlshaber der 1. Panzerarmee in Ungarn. Im März 1945 verlangte dann Generaloberst Heinz Guderian, der berühmte Panzerführer, der mit der Führung der Geschäfte des Generalstabschefs beauftragt war, daß Heinrici den Oberbefehl über die Heeresgruppe Weichsel übernehmen solle.

Wie viele Generale vor ihm erfuhr Heinrici schon bald, daß die Welt des Führerbunkers irgendwie unwirklich war. Während einer bizarren Lagebesprechung Anfang April wandte sich Heinrici mit der dringenden Bitte an Hitler, die Panzerdivisionen, die dieser der Heeresgruppe Weichsel weggenommen hatte, ihr wieder zuzuführen. Hitler erklärte sich im Prinzip sofort dazu bereit, und seine Paladine Göring und Himmler sowie Großadmiral Dönitz wetteiferten miteinander, Hitler mit ihrem Angebot, Offiziere und Mannschaften abzustellen, zu beeindrucken. Heinrici erkannte mit Erstaunen, daß jeder von ihnen wie ein Feudalherr über unberührte Reserven in einer Größenordnung verfügte, die selbst Hitler und seinen engsten militärischen Beratern, Generalfeldmarschall Wilhelm Keitel, Chef des Oberkommandos der Wehrmacht, und Alfred Jodl, Chef des Wehrmachtführungsstabes, unbekannt war.

„Mein Führer", sagte Göring als erster, „ich stelle Ihnen 100 000 Mann der Luftwaffe zur Verfügung. Sie werden in wenigen Tagen an der Oderfront sein."

„Mein Führer", sagte Himmler mit seiner hohen Stimme, „die SS stellt 25 000 Kämpfer für die Oderfront bereit."

Großadmiral Karl Dönitz gab eine bescheidenere Spende: „Mein Führer, die Marine ist in der Lage, weitere 12 000 Mann an die Oder zu schicken. Sie werden innerhalb von ein, zwei Tagen auf dem Weg dorthin sein."

„Da haben Sie, was Sie wollen", wandte sich Hitler an Heinrici. „Das sind zwölf Divisionen."

Um Selbstbeherrschung ringend, wagte Heinrici zu bemerken, daß diese Männer im Erdkampf nicht ausgebildet seien und keine Überlebenschance hätten. Göring deutete diese Äußerung sofort als Kritik an der kämpferischen Qualität seiner Leute, worauf Hitler erklärte, daß diese Neuzugänge erst einmal im rückwärtigen Gebiet eingesetzt werden sollten, wo sie allmählich als Reserven einen Erfahrungsschatz ansammeln könnten und zu gegebener Zeit dann ausgezeichnete Soldaten sein würden – in einer Zeitspanne, die Heinrici natürlich nicht mehr zur Verfügung stand.

Von den 137 000 Mann, die Heinrici von Hitler zugesagt worden waren, trafen rund 35 000 drei Tage nach der Besprechung im Führerbunker bei der Heeresgruppe Weichsel in der Nähe von Prenzlau, knapp 100 Kilometer nordöstlich von Berlin, ein. Die Mehrzahl war erst vor kurzem eingezogen worden und war entweder sehr jung oder sehr alt. Nur wenige besaßen irgendeine Ausbildung. Die meisten trugen keine Waffen oder Uniformen; zwei Männer, die offenbar von einer gesellschaftlichen Veranstaltung weggeholt worden waren, trugen noch ihren Smoking. Heinrici schickte eine Meldung an den Führerbunker und erklärte, daß

diese Männer nur als Arbeitstrupps eingesetzt werden könnten. Als Antwort erhielt er den Befehl, sich nicht länger zu beklagen, sondern die Leute zu bewaffnen. Es gelang Heinrici, durch genaue Überprüfung 1000 Gewehre verschiedenen Alters und Kalibers aufzutreiben; unter ihnen befanden sich einige antiquierte Modelle, für die kaum noch Munition zu beschaffen war.

Heinrici und die Oberbefehlshaber seiner beiden Armeen – General Hasso von Manteuffel von der 3. Panzerarmee und General Theodor Busse von der 9. Armee – mußten mit der geringen Ausrüstung auskommen, die Heinrici irgendwie ausfindig machen oder requirieren konnte: Sie erhielten aus Berliner Instandsetzungswerkstätten eine Anzahl reparierter Panzer, und Heinrici ließ mit Hitlers Genehmigung 8,8-cm-Kanonen von der Berliner Luftverteidigung abziehen, wo sie wenig Erfolg gezeitigt hatten, und setzte sie als Panzerabwehrwaffen in seiner Hauptkampflinie ein – der zweiten von drei Verteidigungslinien, die er mehrere Kilometer hinter der vordersten Linie eingerichtet hatte.

Heinrici wurde zu den Lagebesprechungen im Führerbunker über die Verteidigung von Berlin hinzugezogen, für die seine Heeresgruppe am 15. April die Gesamtleitung erhielt. Der Gedanke, innerhalb der Stadt zu kämpfen, war ihm und den meisten Befehlshabern zuwider. Die einzige, wenn auch geringe Chance zur Abwendung der Niederlage bestand darin, den Gegner an der Spree aufzuhalten, während verlustreiche Straßenkämpfe das Ende höchstens um ein paar Tage verzögern konnten.

Trotzdem beharrte der Führer auf seinem Standpunkt, niemand dürfe daran zweifeln, daß Berlin Häuserblock für Häuserblock verteidigt werde. Am 9. März gab der Kampfkommandant von Berlin, Generalleutnant Hellmuth Reymann, auf Hitlers Anordnung eine Weisung heraus, den *Grundsätzlichen Befehl für die Vorbereitungen zur Verteidigung (der Reichshauptstadt).* Dieser Weisung gemäß sollte die Schlacht um Berlin mit „Fanatismus, Phantasie, mit allen Mitteln der Täuschung, der List und Hinterlist" von „jedem Häuserblock, jedem Haus, jedem Stockwerk, jeder Hecke, jedem Granattrichter" aus geschlagen werden. Worauf in diesem Befehl jedoch der größte Wert gelegt wurde, war der „fanatische Wille zum Kämpfen-Wollen".

Bis zum letzten Augenblick wurde nur wenig getan, um die Hauptstadt auf die Abwehr eines Großangriffs vorzubereiten. Erst im März gingen Truppenteile und Zivilisten im Stadtinneren ernsthaft daran, Gräben auszuheben und Barrikaden in Straßen und Parks zu errichten. Diese Tätigkeit ließ so manchen zynischen Witz aufkommen. Ein Berliner, der einem Arbeitstrupp bei der Errichtung einer Straßensperre zusah, meinte, die Russen würden zwei Stunden und fünf Minuten brauchen, um sie zu zerstören. Als er gefragt wurde, wie er auf diese krumme Zeitangabe käme, antwortete er, daß die Russen zwei Stunden über die Barrikade lachen und sie dann in fünf Minuten niederreißen würden. In ihren Berichten über die Kämpfe spotteten die sowjetischen Generale jedoch nicht; vermutlich, um ihre eigenen Heldentaten aufzubauschen, behaupteten sie, daß 400 000 Berliner bei der Errichtung der Verteidigungsanlagen eingesetzt gewesen seien – wahrscheinlich aber war es nur ein Zehntel der genannten Zahl.

Die Deutschen spürten, daß der Angriff dicht bevorstand. Einwohner der östlichen Vororte von Berlin meldeten, sie hätten Kanonendonner von der Oder her gehört, als Schukow in den Nächten des 12., 13. und 14. April seine Aufklärungsvorstöße in Bataillonsstärke unternahm. Am 16. April verfaßte Hitler noch kurz vor dem Endkampf einen Aufruf an die Truppen an der Ostfront; der Text, der von Goebbels stark überarbeitet worden war, sollte den Soldaten von ihren Zugführern vorgelesen werden, wenn die Sowjetarmee zum Angriff antrat. Der Aufruf enthielt dieselben abgedroschenen Parolen und Phrasen, die schon so oft lauthals verkündet worden waren. Die Russen seien der „jüdisch-bolschewistische Todfeind", der es sich zum Ziel gesetzt habe, „Deutschland zu zertrümmern und unser Volk auszurotten". Jeder Soldat, der nicht seine Pflicht erfülle, sei ein „Verräter an unserem Volk", aber „durch eure Standhaftigkeit, euren Fanatismus" werde der gegnerische Angriff „in einem Blutbad erstickt" und zum Stehen gebracht werden. Als einzigen neuen Gedanken fügte Hitler am Schluß einen Satz über den Tod des „größten Kriegsverbrechers aller Zeiten" hinzu – Roosevelt.

Der Tod lag in der Luft. Anwälte wurden von Berlinern belagert, die ihre Testamente machen wollten. Viele Deutsche beabsichtigten, Selbstmord zu begehen, falls die Sowjets in die Stadt eindringen sollten, und versuchten, sich bei Regierungsbeamten, Ärzten, Zahnärzten und Laboranten Pistolen, Rattengift und Kapseln mit Zyankali zu beschaffen. Ärzte klärten die Hilfesuchenden über die relativen Vorzüge der einen oder anderen Selbstmordmethode auf. Als Hitlers Geliebte, Eva Braun, trotz seiner strikten Weisung, im sicheren Bayern zu bleiben, im Führerbunker erschien, ahnten die Bunkerbewohner, daß sie gekommen war, um sein Schicksal zu teilen, und in ihren Augen wurde sie zum „Todesengel".

Ein deutscher Offizier besichtigt Ende März 1945 eine leichte Maschinengewehrstellung westlich der Oder. Die Heeresgruppe Weichsel hatte den Auftrag, den Flußlauf zu verteidigen. Es fehlte ihr an schweren Waffen, besonders an Artillerie, um der bevorstehenden sowjetischen Offensive begegnen zu können.

FESTUNG BERLIN

In den letzten Kriegswochen schreitet Hitler mit Reichsjugendführer Axmann die Front blutjunger Ostfrontkämpfer ab – letztes Aufgebot für die Verteidigung Berlins.

EIN AUSSICHTSLOSER ABWEHRKAMPF

Ein Volkssturmmann übt mit der Panzerfaust; obwohl als „primitive Waffe" belächelt, erwies sie sich bei Straßenkämpfen in Berlin als höchst wirkungsvoll.

In den Jahren des Sieges und sogar noch während des Rückzugs hatte niemand im deutschen Oberkommando der Wehrmacht ernsthaft an einen Angriff auf Berlin geglaubt. Erst im März 1945 – als sowjetische Truppen bereits 80 Kilometer östlich von Berlin standen – nahm ein allgemeiner Verteidigungsplan konkrete Formen an. Hitler erklärte Berlin zur „Festung" – was soviel hieß wie: Die Stadt wird bis zum letzten Mann verteidigt. Die Reichshauptstadt war die letzte in einer ganzen Reihe solcher „Festungen", angefangen von Stalingrad im Jahre 1942.

Propagandaminister Joseph Goebbels, der gleichzeitig auch Gauleiter von Berlin war, gab dem Militär die Schuld an den mangelnden Verteidigungsvorbereitungen. Als Hitlers Repräsentant führte er wöchentliche Besprechungen mit den Kommandeuren ein, um den Verteidigungsmaßnahmen größeren Nachdruck zu verleihen; zur selben Zeit aber untergrub er die Verteidigungsplanung, indem er sie auf gar nicht existierende Truppen und Nachschubgüter stützte. Die größtenteils alten Männer des Volkssturms wurden, zusammen mit Frauen und Kindern, zur Errichtung von Barrikaden und zum Ausheben von Panzergräben eingesetzt. Aber Berufssoldaten wie der Kampfkommandant von Berlin, Generalleutnant Hellmuth Reymann, hielten diese Maßnahmen angesichts der russischen Übermacht für vollkommen sinnlos.

Reymann schätzte, daß mindestens 200 000 kampferprobte Soldaten nötig sein würden, um in Berlin einen wirksamen Verteidigungsring aufzubauen, und die meisten Männer, die dafür in Frage gekommen wären, standen bereits einer zahlenmäßig weit überlegenen Sowjetmacht an der Oder-Neiße-Front gegenüber. Worauf Reymann in der Reichshauptstadt rechnen konnte, waren die Hitlerjugend – beim letzten Appell hatte man auch Fünfzehnjährige einberufen – und der Volkssturm; von diesen waren 60 000 Mann von Parteifunktionären in zusammengewürfelte Infanterieeinheiten gegliedert worden. Viele besaßen keine Uniform, ein Drittel war unbewaffnet, und der Rest war entweder mit Panzerfäusten ausgerüstet oder mit Gewehren, für die häufig die Munition fehlte. In Berlin gab es keine Panzer, keine Kampfflugzeuge und nur wenig Artillerie; Betriebsstoff für die Lastkraftwagen und Stacheldraht zum Bau von Straßensperren waren besonders knapp.

Nach einer der wöchentlichen Besprechungen mit Goebbels sagte Reymann zu seinem Chef des Stabes, Oberst Hans Refior: „Ich hoffe nur, daß irgendein Wunder geschieht und uns die Wende bringt oder daß der Krieg zu Ende geht, bevor Berlin belagert wird. Sonst – Gott helfe den Berlinern!"

Goebbels leitet eine Besprechung über die Verteidigung Berlins. Er entließ den Kampfkommandanten Hellmuth Reymann, weil er ihn nicht für fähig hielt.

Im Herzen von Berlin errichten Bauarbeiter Panzerhindernisse aus Stahlträgern (links) im Schatten des Brandenburger Tores, des Wahrzeichens der Stadt. Auf dem Photo rechts sind Arbeiter in einer Vorstadt damit beschäftigt, einen Bunker auszuheben, der zum äußeren Verteidigungsring von Berlin gehörte.

BARRIKADEN, SCHÜTZENGRÄBEN UND ERDLÖCHER

In ganz Berlin, schrieb Joseph Goebbels begeistert in sein Tagebuch, arbeite jedermann „fieberhaft", und „Barrikaden schießen wie Pilze aus der Erde", obwohl auch er zugeben mußte, daß eine Fahrt durch die von Bombenangriffen zerstörte Stadt „mich ziemlich erschüttert".

Der in aller Eile aufgestellte Plan, auf den sich Goebbels und die militärische Führung geeinigt hatten, sah eine Reihe von Auffangstellungen vor: zunächst eine Ringstellung entlang der Autobahn, die etwa 30 Kilometer vom Zentrum um die Stadt herumführte, und dahinter einen zweiten Ring entlang der S-Bahn, 15 Kilometer vom Zentrum entfernt. Als letzte Verteidigungslinie wurde ein kleiner, innerer Ring gezogen, der den größten Teil der Regierungsgebäude und den Tiergarten einschloß. Dieses Gebiet erhielt den Namen „Zitadelle".

In diesem ganzen Verteidigungssystem sollten Männer an „befestigten Plätzen" eingesetzt werden. Umgestürzte Lastkraftwagen, Straßenbahnen und mit Bombenschutt beschwerte Eisenbahnwaggons sollten behelfsmäßig errichtete Betonmauern, ausgebombte Gebäude, Gräben und die natürlichen Hindernisse der Berliner Flüsse, Seen und Kanäle miteinander verbinden.

Die Arbeit an diesen Befestigungsanlagen gab den Verteidigern vorübergehend neuen Auftrieb; als aber Infanterie und Artillerie, die zum Verteidigen dieser Anlagen erforderlich waren, ausblieben, sanken die Hoffnungen, und die Betroffenen wurden von düsteren Vorahnungen heimgesucht. In einem Bericht der Armee, der in der ersten Aprilwoche intern zirkulierte, hieß es: „Die Bevölkerung hat alle Hoffnung aufgegeben. Presseveröffentlichungen und die Propaganda begegnen zunehmendem Mißtrauen. ‚Wo sind denn die neuen Waffen, die neue Luftverteidigung?' fragen die Leute. Die Kampfmoral ist auf den Nullpunkt gesunken."

Unter strenger Aufsicht häufen Berlins Verteidiger – darunter solche, die bisher als untauglich galten – Schrott und Schutt zum letzten Widerstand in die Barrikaden.

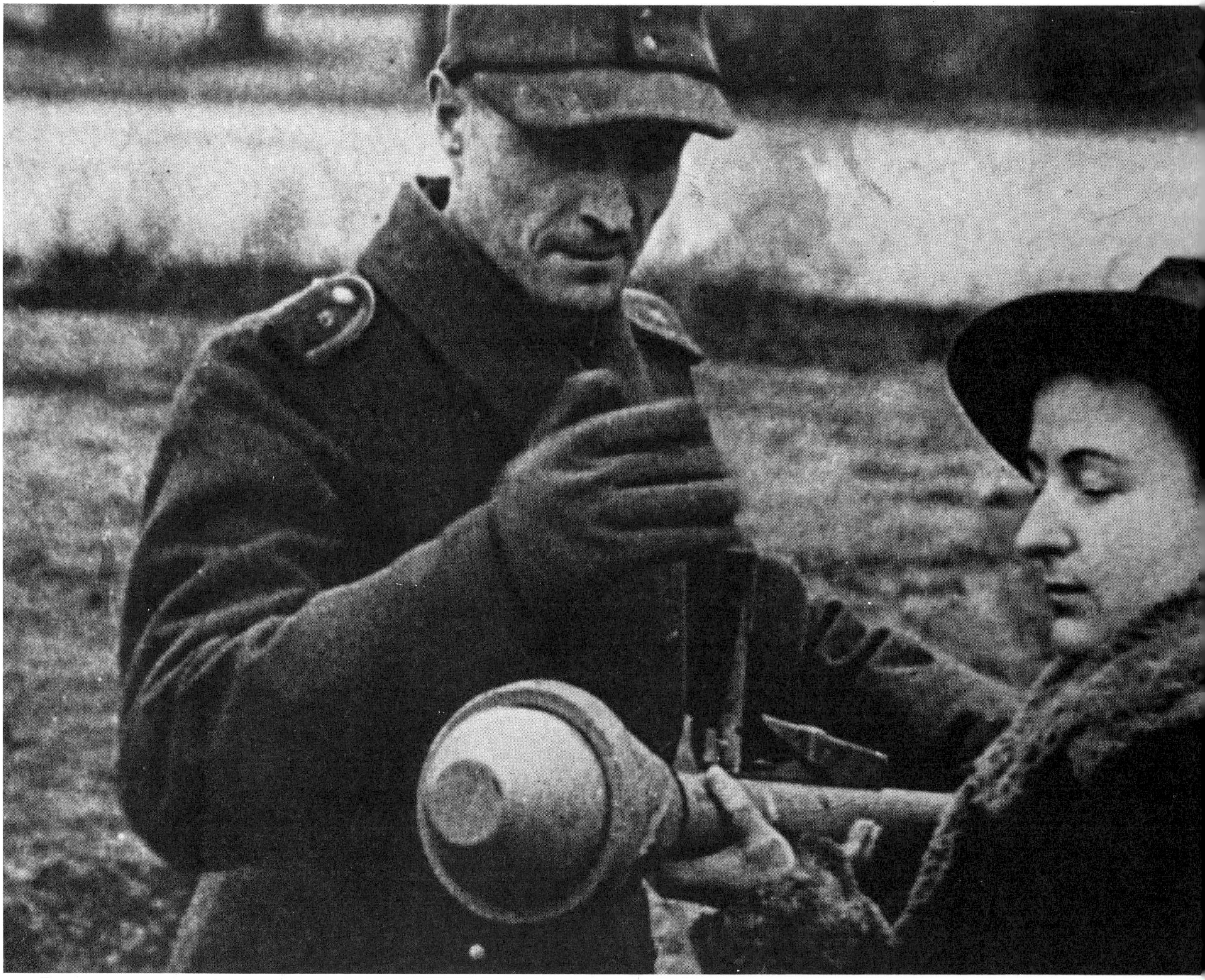

Einer Frau, die Hitlers letztem Aufruf, zu den Waffen zu eilen, gefolgt ist, wird die Handhabung der Panzerfaust gezeigt. Besondere Fraueneinheiten wurden nie aufgestellt.

MOBILISIERUNG DER LETZTEN RESERVEN

Nach dem Beispiel der Sowjets bei der Verteidigung von Moskau beschloß jetzt auch Hitler, zusätzlich zu alten Männern und Kindern auch Frauen im Endkampf einzusetzen. „Der Führer ist auch der Meinung", bemerkte Goebbels, „daß diese, soweit sie freiwillig kommen, zweifellos fanatisch kämpfen werden. Man müßte sie in der zweiten Linie einsetzen; dann würde den Männern schon die Lust vergehen, in der ersten Linie zu retirieren."

Was die Waffen betraf, mit denen die Frauen – und die Männer – kämpfen sollten, so war kein Wunder in Sicht, außer jahrelangem Gerede von Geheimwaffen, die den Verlauf des Krieges dramatisch verändern würden. Ein-Mann-U-Boote befanden sich noch im Entwicklungsstadium, als die Invasion in der Normandie begann; und der Plan, alliierte Bomber durch Rammjäger zu vernichten, blieb im Versuchsstadium stecken. Die einzige Abwehrwaffe, die den Berlinern in größeren Stückzahlen zur Verfügung stand, war die Panzerfaust, mit der man allerdings nur einen einzigen Schuß abfeuern konnte und die dann weggeworfen wurde.

„Das ist doch heller Wahnsinn!" rief ein Berufsoffizier aus. „Wie sollen diese Leute denn weiterkämpfen, wenn sie ihren einzigen Schuß abgefeuert haben? Was erwartet die Führung von ihnen – daß sie die leere Hülse etwa als Knüppel verwenden?"

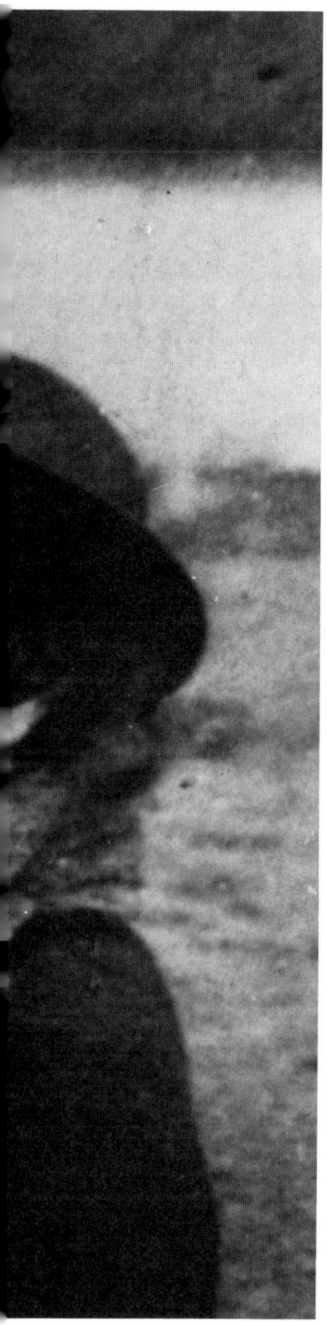

Wahrend seine Kameraden warten, erhält ein uniformierter Hitlerjunge Unterricht an der nur einmal verwendbaren Panzerabwehrwaffe.

EIN VERLORENER WETTLAUF MIT DER ZEIT

Abwehrstellungen in Berlin zu errichten war ein Kinderspiel gegenüber der Aufgabe, die wenigen verfügbaren Waffen sinnvoll zu verteilen und einzusetzen. In dieser Kriegsphase stellten, wie sich Generalleutnant Hellmuth Reymann später erinnerte, die Waffen ein buntes Gemisch „aus allen Ländern dar, die mit oder gegen Deutschland gekämpft hatten. Abgesehen von unseren eigenen Erzeugnissen, gab es italienische, russische, französische, tschechoslowakische, belgische, holländische, norwegische und britische Schußwaffen."

Die passende Munition für 15 verschiedene Gewehrmodelle und zehn verschiedene MG-Typen zu finden war oft unmöglich. Obwohl aus bestimmten belgischen Gewehren tschechische Munition verschossen werden konnte, paßte die belgische Munition zum Beispiel nicht in die tschechischen Gewehre.

Der Mangel an einsatzfähigen Truppen und brauchbaren Waffen wurde noch dadurch verschlimmert, daß sich nur eine enttäuschend geringe Zahl ziviler Arbeitskräfte freiwillig meldete. Der Verteidigungsplan ging von der Annahme aus, daß 100 000 Arbeitskräfte zur Verfügung stehen würden, aber es meldeten sich nur 30 000 Berliner freiwillig.

In früheren Kriegsphasen hatten starke Befestigungsanlagen – der Atlantikwall an der französischen Küste, die Gustav-Linie in Italien und die Siegfried-Linie an der deutschen Westgrenze – feindliche Angriffe wirkungsvoll gebremst, wenn nicht gar zum Stehen gebracht. Die Berliner Bollwerke ähnelten diesen Anlagen nur wenig. General Max Pemsel, der am Invasionstag in der Normandie gewesen war, besichtigte die Vorbereitungen in Berlin und erklärte sie für „völlig sinnlos und lächerlich!"

Eine Lieferung von Handfeuerwaffen trifft in Berlin ein. Die wenigen Verteidiger, an die Gewehre ausgegeben wurden, erhielten durchschnittlich nur fünf Patronen.

Ein deutsches Propagandabild zeigt Zivilisten, unter ihnen viele junge Frauen, die sich auf den Weg machen, Panzergräben auszuheben.

Eine Grabenlinie zur Panzerabwehr führt im Zickzack über Ackerland, dicht bei den Außenbezirken von Berlin.

Verteidiger von Berlin erwarten mit einsatzbereiten Panzerfäusten das Anrücken sowjetischer Panzer. Als das Bild gemacht wurde, erklärte Hitler noch immer, daß die

Sowjets bei dem Versuch, die Reichshauptstadt zu erobern, „verbluten" würden. Das Photo wurde für die Veröffentlichung in deutschen Zeitungen stark retuschiert.

DER ANSTURM DER RUSSEN

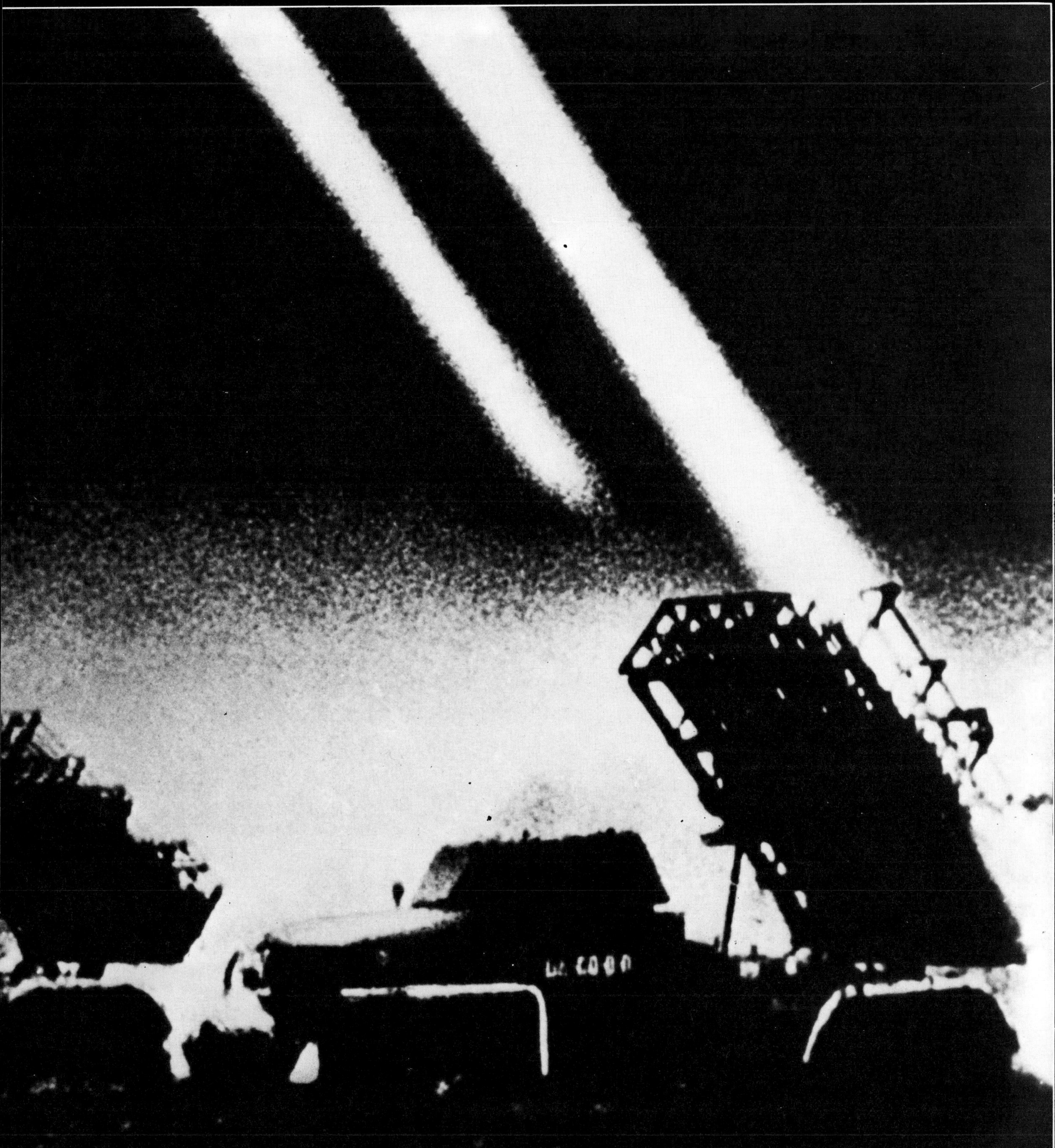

Raketen der sowjetischen „Stalinorgeln" leuchten vor Tagesanbruch in der Finsternis auf. Ihr Licht zeigte den Berlinern an, daß die sowjetische Endoffensive eröffnet wurde.

ANGRIFF AUF DIE HÖHLE DER „FASCHISTISCHEN BESTIE“

Vor den Augen seiner Kameraden küßt ein Sowjetsoldat sein Gewehr beim Schwur, Stalingrad zu rächen und bis zum Tod fürs Vaterland zu kämpfen.

Die Nacht vom 15. auf den 16. April 1945 schien für die 1,3 Millionen an Oder und Neiße wartenden Soldaten der Roten Armee kein Ende nehmen zu wollen. Sie standen bereit für den großen Angriff auf Berlin – für die „Stunde der Rache“, wie Marschall Georgi K. Schukow sich ausdrückte. Jetzt war die Gelegenheit gekommen, die verhaßten Deutschen für die Besetzung und Ausbeutung der russischen Heimat, für Leningrad und Stalingrad, für den Tod so vieler Freunde und Verwandten büßen zu lassen. Ein Spruch, der auf einen der wartenden Panzer gekritzelt war, lautete: ‚50 Kilometer bis zur Höhle der faschistischen Bestie.“ Der Sieg schien zum Greifen nahe.

In einem Befehlsbunker mit Blick auf den Küstriner Brückenkopf in der Mitte des Oderabschnitts tranken Schukow und sein Stab starken, heißen Tee und beobachteten die langsam vorrückenden Zeiger der Uhr. Weiter südlich, an der Neiße, wo Marschall Iwan S. Konjew stand, herrschte die gleiche Spannung. Am 16. April, vor Tagesanbruch, begann der Angriff.

Entlang der Oder stiegen Hunderte von Leuchtkugeln in die Höhe, wurde die neblige Dunkelheit vom Aufblitzen Tausender schwerer Geschütze zerrissen. Über eine halbe Stunde dauerte der Feuerüberfall, dann stürzten sich die sowjetischen Soldaten in den Angriff. Der Übergang über die Neiße vollzog sich unter einem dichten Rauchvorhang.

Die Deutschen waren abwehrbereit. In Erwartung des schweren Artilleriebeschusses hatte der deutsche Oberbefehlshaber an der Oderfront, Generaloberst Gotthard Heinrici, während der Nacht seine Truppen aus den vorderen Stellungen herausgezogen und auf die Seelower Höhen zurückgenommen – einen gewaltigen, halbkreisförmigen Höhenzug mehrere Kilometer hinter dem Westufer der Oder. (Als einer seiner Offiziere Einwände gegen diese Zurücknahme erhob, antwortete Heinrici: „Man legt seinen Kopf nicht unter einen Schmiedehammer – man zieht ihn rechtzeitig zurück.“) Jetzt, wo die Sowjets über das sumpfige Gelände unterhalb der Hügelkette heranrückten, nahm er sie mit allem, was ihm an Material zur Verfügung stand, unter Beschuß.

Als der Angriff im Schlamm steckenzubleiben drohte, setzte Schukow voller Zorn vorzeitig seine beiden Panzerarmeen ein, um den Durchbruch durch die bloße Überlegenheit an Material zu erzwingen – aber was er damit erreichte, war lediglich ein gigantisches Verkehrschaos. Am Ende des ersten und des zweiten Tages blieb sein Hammerschlag gegen die deutsche Hauptstadt noch immer in den Odersümpfen stecken.

Durch ein Tarnnetz nach oben abgeschirmt, feuert eine auf einem Kettenfahrzeug montierte sowjetische 20,3-cm-Haubitze auf ein Ziel westlich der Oder.

Die Bedienungen von 7,6-cm-Geschützen auf Selbstfahrlafette – die leichtesten ihrer Art in der Sowjetarmee – warten auf den Angriffsbefehl. Insgesamt zog die Sowjetarmee

Ein verwundeter deutscher Soldat liegt in einem flachen Splittergraben auf den Seelower Höhen westlich der Oder.

Östlich von Berlin legen sowjetische Panzer- und LKW-Besatzungen eine Rast ein. Im Graben neben der Straße liegt auf zerstörtem Kriegsgerät ein toter Soldat

SOLDATEN MIT DEM MUT VON HIMMELSSTÜRMERN

Während Schukow die Seelower Höhen angriff, erzielte Konjews 1. Ukrainische Front weiter südlich erheblich größere Geländegewinne. Im Schutz eines 40 Minuten dauernden Artilleriefeuers und eines durch Jagdflugzeuge über das Neißetal gelegten Rauchvorhangs errichteten Konjews Truppen Brückenköpfe auf dem Westufer des Flusses; kurz darauf fuhren sowjetische Panzer durch Fichtenwälder, die durch den Artilleriebeschuß in Brand geraten waren und nun in hellen Flammen standen, und kämpften sich gegen verbissenen Widerstand auf einer Front von 25 Kilometer Breite weiter vor.

Während Jagdbomber Ziele vor der Bodentruppe angriffen, stießen die 3. und 4. Garde-Panzerarmee auf Lübben vor, wo Konjews und Schukows Kampfabschnitte zusammentrafen. Konjew wußte, daß derjenige, der Lübben als erster erreichte, eine gute Ausgangsposition zum Vorstoß auf Berlin haben würde, und er war entschlossen, seinem Rivalen dort zuvorzukommen – seine Entschlossenheit wurde noch dadurch verstärkt, daß sich seine Truppe „in bester Kampfstimmung" befand und die meisten Einheiten auf eine dreijährige Kriegserfahrung zurückblicken konnten. „Mit solchen Soldaten", bemerkte er später, „hätten wir sogar den Himmel erstürmen können."

Das rasch und oft unter Beschuß ausgeführte Werk sowjetischer Pioniere ermöglichte den Übergang über zwei größere Flüsse, die zwischen Marschall Konjews Armeen und ihrem Endziel – Berlin – lagen. Oben überqueren sowjetische Panzer mit aufgesessener Infanterie die Neiße auf einer Pontonbrücke; sie war eine von 133 Übergängen, die im Schwerpunkt des Südabschnitts angelegt wurden. In der darauffolgenden Nacht rollen Konjews Panzer (unten) über eine Brücke an der Spree, etwa 16 Kilometer westlich der Neiße.

EIN LANG ERSEHNTER BEFEHL AUS MOSKAU

Marschall Konjew erreichte die Spree am Morgen des 17. April. Er stand am Ufer, beobachtete anerkennend das Übersetzen seiner Panzereinheiten und überprüfte die Operationspläne seiner Kommandeure für den Weitermarsch nach dem 40 Kilometer entfernten Lübben. Zunächst hatten die Deutschen starke Gegenstöße durchgeführt, aber dann war ihr Widerstand erlahmt. Falls Konjew Lübben schnell erreichen konnte, würde Stalin ihn nach Berlin vorrücken lassen.

An jenem Abend, den er auf seinem neue Gefechtsstand, einem Herrensitz bei Cottbus an Ufer der Spree, verbrachte, erhielt Konjew wei tere gute Nachrichten: Seine Panzerspitze drangen ohne großen Widerstand weiter nac Westen vor. Er ließ sich mit Josef Stalin i Moskau verbinden, um seine Erfolge persönlic zu melden. Vor dem Hintergrund fernen Artille riefeuers vernahm Konjew den Befehl, auf den e sehnsüchtig gewartet hatte: Auf nach Berlin!

Eine sowjetische Kolonne rollt auf einer Landstraße südwestlich von Berlin au Potsdam zu, wo sie sich mit anderen aus dem Norden anrückenden Verbänder vereinigte. Die Rote Armee schloß in einer Zangenbewegung Berlin ein

Infanteristen von Konjews Heeresgruppe bahnen sich den Weg über ein staubiges Feld. Vor ihnen, in der deutschen Befehlszentrale von Zossen, gab ein Funker, bevor er abschaltete, noch durch: „Der Iwan steht fast vor der Tür.“

Beschuß zu nehmen. Anders als die Amerikaner, die eine exakte Feuerleitung zu erzielen versuchten, verließen sich die Sowjets auf den Masseneinsatz von Artillerie

2

Hoher Blutzoll für eine übereilte Offensive
Marschall Schukow macht die Nacht zum Tag
Panzerarmeen gehen über die Neiße
Foltertod für gefangene Russen
„Sie kommen in Horden auf uns zu"
Eine unerfüllbare Aufgabe für Oberleutnant Kränkel
Hitlers wirklichkeitsfremder Plan zum Gegenangriff
Ein General ohne Truppe
Der Fall Hermann Görings
Hitlerjungen halten einen Fluchtweg offen
Historische Begegnung auf einer zerstörten Brücke

In den frühen Morgenstunden des 16. April, als es noch dunkel war, stellten sich die elf Armeen der 1. Weißrussischen Front von Marschall Schukow und die sieben Armeen der 1. Ukrainischen Front von Marschall Konjew an Oder und Neiße zum Beginn ihrer Berlin-Offensive bereit, die um 5.00 Uhr losbrechen sollte. Während die letzten sowjetischen Verbände in die ihnen zugewiesenen Ausgangspositionen rückten, meldeten die Kommandeure die Einsatzbereitschaft ihrer Truppe.

Die Soldaten – über 1,25 Millionen Mann – erhielten psychologische Unterstützung durch kommunistische Kommissare, die sich unter ihnen aufhielten, sie auf ihre Pflichten hinwiesen und die Ehre des persönlichen Opfers aus patriotischen Gründen hervorhoben. Auf Befehl von Moskau mußte jeder Mann einen Eid auf die sowjetische Flagge schwören, mit höchstem Einsatz für das Vaterland, die Kommunistische Partei und den Endsieg zu kämpfen. Viele Soldaten traten bei dieser Gelegenheit spontan in die Partei ein, um eines Vorteils teilhaftig zu werden, den die Armee nicht bot: Ihre Familienangehörigen würden durch die Partei benachrichtigt werden, falls sie im Kampf fallen sollten.

Auf der anderen Seite der Oder-Neiße-Linie *(Karte S. 64)* erwarteten zwei deutsche Armeen mit annähernd 400 000 Mann voller Spannung den sowjetischen Angriff. Er sollte bei Tagesanbruch beginnen – so lautete die Lagebeurteilung von Generaloberst Heinrici, Oberbefehlshaber der Heeresgruppe Weichsel, zu der die 9. Armee und die 3. Panzerarmee gehörten. Heinrici, ein ergrauter, entschlossener kleiner Mann, flößte allen Vertrauen ein, denen es nicht um Prahlerei ging. Er hatte bereits das Leben von Hunderten, vielleicht Tausenden deutscher Soldaten gerettet, indem er seine vorgeschobenen Einheiten zurücknahm, als der starke sowjetische Artilleriebeschuß einsetzte.

Aber Heinricis Chef der Operationsabteilung, Oberst Hans-Georg Eismann, hielt nicht viel von einem Widerstand in dieser Phase des Krieges. „Die Heeresgruppe", schrieb er, „konnte mit einem Kaninchen verglichen werden, das wie gebannt auf die Schlange starrt, die es verschlingen will." Die 4. Panzerarmee, die im Rahmen von Generalfeldmarschall Schörners Heeresgruppe Mitte 120 Kilometer südöstlich von Berlin eingesetzt war, befand sich in einer ähnlich prekären Lage.

Die Sowjets konnten die Schlacht um Berlin kaum noch verlieren, so groß war ihre Überlegenheit gegenüber den Deutschen an Mannschaften (5 zu 1), Geschützen (15 zu 1), Panzern (5 zu 1) und Flugzeugen (3 zu 1). Doch die Rivalitäten, Fehler und Mißverständnisse der führenden Persönlichkeiten auf beiden Seiten machten den Verlauf der Schlacht wiederum unvorhersehbar.

Die Mißverständnisse begannen bereits in der Führungsspitze. Weil Stalin – fälschlicherweise – glaubte, daß die westlichen Alliierten versuchen würden, ihm in Berlin zuvorzukommen, war

AUSHOLEN ZUM LETZTEN SCHLAG

seine Offensive auf Höchsttempo angelegt. Die drei beteiligten Heeresgruppen – Marschall Rokossowskis 2. Weißrussische Front, die auf dem rechten Flügel eingesetzt war, sollte am 20. April als dritter Großverband in die Kämpfe eingreifen – erhielten Befehl, innerhalb von zwölf Tagen jeden Widerstand zwischen der Oder-Neiße-Linie und der Elbe-Mulde-Linie zu brechen, in jedem Falle aber binnen 15 Tagen. Die übertriebene Hast dieser Planung, die bei den Truppenführern zu blindwütigen Angriffsaktionen führte, sollte unnötig viele Menschenleben fordern. Bei der Roten Armee sollten sich die während des ganzen Krieges üblichen Verlustziffern von vier sowjetischen Gefallenen gegenüber einem Deutschen bestätigen, obwohl die Wehrmacht jetzt nur noch einen matten Abglanz ihrer ehemaligen Stärke bot.

Hitler, der immer schon einem unangebrachten Optimismus gehuldigt hatte, klammerte sich an die Illusion, Sowjets, Briten und Amerikaner würden sich, falls er noch etwas länger durchhielte, gegenseitig die Kehle durchschneiden. In zunehmendem Maße verfiel Hitler seinen hitzigen Wunschträumen; er verschob gar nicht mehr existierende Divisionen und setzte noch bestehende Verbände ohne erkennbaren Grund in selbstmörderischen Angriffen ein. Weit davon entfernt, die deutschen Verluste zu bedauern, wollte er sie noch vergrößern als Strafe für das deutsche Volk, weil es ihn im Stich gelassen hatte, und er verachtete die Überlebenden. „Nur die Minderwertigen werden den Kampf überleben", erklärte Hitler, „denn die Guten werden alle gefallen sein."

Der Kampf um Berlin sollte zu Hitlers größter Schlacht werden – gewaltig, blutig und sinnlos. In ihr kamen eine halbe Million Menschen um, und ein Viertel des deutschen Territoriums wurde dabei schrecklich verwüstet.

Zu Beginn seiner Offensive, bei der 750 000 Mann und 1800 Panzer eingesetzt wurden, begab sich Marschall Schukow noch bei Dunkelheit im Morgennebel zum Gefechtsstand der 8. Garde-Armee. Der Gefechtsstand war auf dem Westufer der Oder nahe Küstrin eingerichtet worden und lag mit seinen Unterständen nicht weit vom Dorf Reitwein entfernt. Er stellte Schukows Zentrale für den eigentlichen Angriff dar und gab den Blick auf den kürzesten Weg nach Berlin frei. Nicht weit nördlich dieses Gefechtsstandes durchschnitt die Landstraße Küstrin–Berlin das breite Odertal, das durch Regenfälle halb überflutet und von zahlreichen Kanälen und Wasserläufen durchzogen war.

Bei der Ortschaft Seelow auf der anderen Seite des Tales führte die Hauptstraße zu den Seelower Höhen, einer 45 Kilometer langen Linie befestigter Hügel und Steilhänge, hinauf. Die Höhen bildeten den stärksten Abschnitt des 144 Kilometer langen deutschen Verteidigungssystems, dem sich Schukow gegenübersah; dieser aber plante, die gesamten Seelower Höhen bereits am ersten Tag der Offensive einzunehmen, dann mit dem linken Flügel seiner Streitmacht in die östlichen Bezirke Berlins vorzustoßen und die Stadt mit seinem rechten Flügel von Norden her in den darauffolgenden Tagen einzuschließen. Hierzu hatte Schukow den Brückenkopf mit zwei Panzerarmeen und drei gemischten Armeen (sogenannten Schützenarmeen) dicht besetzt; letztere bestanden hauptsächlich aus Infanterieeinheiten, denen einzelne Panzer beigegeben waren. Zusätzlich zur 8. Garde-Armee verfügte er über die 1. und 2. Garde-Panzerarmee sowie über die 3. und 5. Stoßarmee.

Der Oberbefehlshaber der 8. Garde-Armee, General Wassili I. Tschuikow, ärgerte sich über den unerwarteten Besuch seines so gefeierten Vorgesetzten. Er hielt Schukow für arrogant und besserwisserisch, und Tschuikow wollte sich in seine eigenen Entschlüsse und Befehle nicht dreinreden lassen. Seiner Meinung nach hatte er mit seiner Armee schon so viel geleistet, daß er nicht den politischen Ambitionen Schukows, der eine Position in nächster Nähe Stalins anstrebte, dienen wollte.

Tschuikow hatte seine Laufbahn als sowjetischer General in seiner Eigenschaft als Oberbefehlshaber der bis dahin wenig bekannten 62. Armee begonnen; unter seiner Führung hatte die Armee die ehrenvolle Bezeichnung einer Garde-Armee erhalten, weil sie in den Ruinen von Stalingrad den Deutschen fünf Monate lang getrotzt hatte. Später war die Armee an der Befreiung von Odessa beteiligt gewesen und hatte dann Schukows Streitkräfte quer durch Weißrußland und Polen bis zu diesem Sumpfnest angeführt. Jetzt bot sich seiner Armee die allerletzte Chance, Ruhm zu ernten, und Tschuikow wollte seinen entscheidenden Auftrag allein und ohne Einmischung von außen durchführen – das hieß, die Ortschaft Seelow zu nehmen, für die ihm folgende 1. Garde-Panzerarmee eine Bresche in die deutsche Verteidigungslinie zu schlagen und schließlich das Tor nach Berlin zu öffnen.

Um genau 5 Uhr an diesem 16. April gab Schukow den Befehl, die Leuchtraketen abzufeuern, die den Beginn des Artilleriebeschusses ankündigen sollten. Fast 17 000 Feldgeschütze, Granatwerfer und „Stalinorgeln" begannen einen Feuerüberfall, dessen Donner noch im Ostteil des 70 Kilometer entfernten Berlin zu hören war. Das Gedröhn der dicht beieinanderstehenden Geschütze war buchstäblich ohrenbetäubend; einigen der Kanoniere tropfte Blut aus den Ohren, obwohl sie sich Watte in die Ohren gestopft hatten, um die Wirkung des Luftdrucks abzumildern.

Eine halbe Stunde dauerte der Feuerüberfall, der Grabenstellungen umpflügte, ganze Dörfer dem Erdboden gleichmachte und auf den Seelower Höhen Erdreich und Schutt durcheinanderwirbelte. Und dies war erst der Anfang des Artilleriebeschusses an diesem Tag; die Kanoniere der beiden Fronten sollten bis zum Abend insgesamt noch 1 236 000 Granaten verfeuern und den Gegner mit 89 000 Tonnen Stahl überschütten.

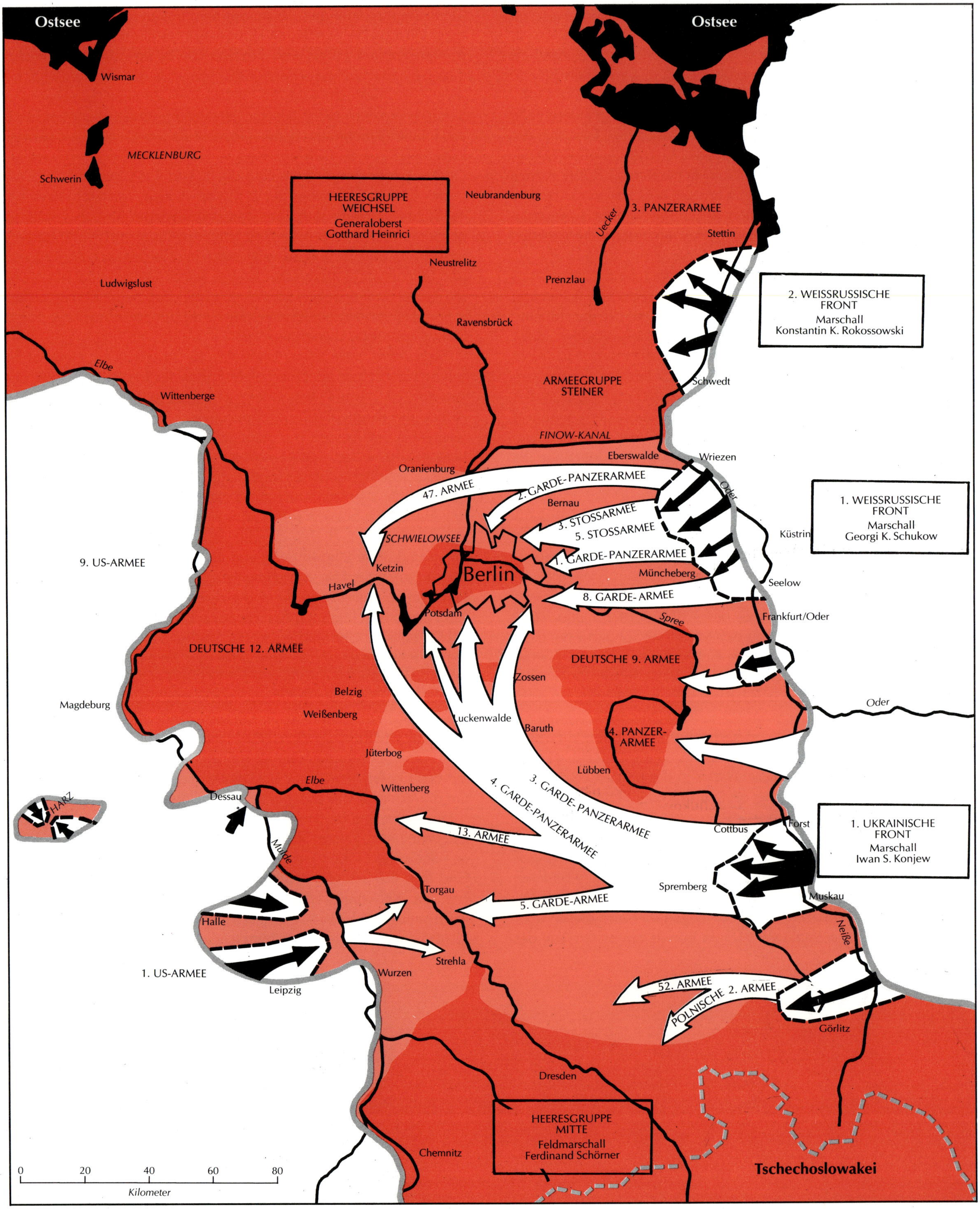
Ostsee
Ostsee
Wismar
MECKLENBURG
Schwerin
HEERESGRUPPE
WEICHSEL
Generaloberst
Gotthard Heinrici
Neubrandenburg
Uecker
3. PANZERARMEE
Stettin
Neustrelitz
Prenzlau
Ludwigslust
2. WEISSRUSSISCHE
FRONT
Marschall
Konstantin K. Rokossowski
Ravensbrück
Elbe
Wittenberge
ARMEEGRUPPE
STEINER
Schwedt
FINOW-KANAL
Eberswalde
Wriezen
Oranienburg
47. ARMEE
2. GARDE-PANZERARMEE
Oder
Bernau
3. STOSSARMEE
5. STOSSARMEE
Küstrin
1. WEISSRUSSISCHE
FRONT
Marschall
Georgi K. Schukow
SCHWIELOWSEE
1. GARDE-PANZERARMEE
9. US-ARMEE
Ketzin
Berlin
Müncheberg
Seelow
Havel
8. GARDE-ARMEE
Potsdam
Spree
Frankfurt/Oder
DEUTSCHE 12. ARMEE
DEUTSCHE 9. ARMEE
Zossen
Oder
Belzig
Magdeburg
Weißenberg
Luckenwalde
Baruth
4. PANZER-
ARMEE
Jüterbog
Lübben
Elbe
Wittenberg
3. GARDE-PANZERARMEE
4. GARDE-PANZERARMEE
Dessau
HARZ
13. ARMEE
Cottbus
Forst
1. UKRAINISCHE
FRONT
Marschall
Iwan S. Konjew
Mulde
Spremberg
Torgau
5. GARDE-ARMEE
Muskau
Halle
Neiße
Strehla
1. US-ARMEE
Wurzen
Leipzig
52. ARMEE
POLNISCHE 2. ARMEE
Görlitz
Dresden
HEERESGRUPPE
MITTE
Feldmarschall
Ferdinand Schörner
Chemnitz
Tschechoslowakei
0
20
40
60
80
Kilometer

Um 5.30 Uhr traten die drei Armeen – die 8. Garde-Armee und die 3. und 5. Stoßarmee – nebeneinander zum Angriff an, und Schukow griff zu einer ganz neuartigen taktischen Maßnahme. Er hatte 140 starke Flakscheinwerfer zusammenholen lassen und schaltete sie jetzt zusammen mit den Scheinwerfern Hunderter von Lastkraftwagen und Panzern ein. Schukow verfolgte damit einen doppelten Zweck: seinen eigenen Truppen den Weg zu beleuchten und den Gegner auf den gegenüberliegenden Höhen zu blenden. Er schrieb später mit naiver Begeisterung, dadurch habe er mit der Intensität von Milliarden Watt die Nacht zum Tag gemacht. In Wirklichkeit stellten seine Scheinwerfer mehr eine Behinderung denn eine Hilfe dar: Die Lichtstrahlen wurden von Staub- und Rauchwolken zurückgeworfen und machten seinen eigenen Einheiten die Orientierung unmöglich. Nach Tschuikows Meinung stellte diese Maßnahme ein größeres Handikap dar, als es völlige Dunkelheit gewesen wäre. „In vielen Abschnitten", schrieb er später, „hielten die Truppen vor Wasserläufen und Kanälen an, um das erste Tageslicht abzuwarten, damit sie das Hindernis besser erkennen konnten, das ihnen den Weg versperrte."

Langsam und voller Mißtrauen schritten die Infanteristen über die vom Gegner geräumten Stellungen voran. Die Tatsache, daß man in Abschnitten, die unter schwerem Beschuß gelegen hatten, keine deutschen Gefallenen fand, ließ bei der Truppe den Verdacht aufkommen, in eine Falle geraten zu sein, und dieser Eindruck verstärkte sich noch durch das Schweigen der feindlichen Artillerie. Die Sowjets rückten weiter vor; ihre Panzer folgten den Straßen, da das Durchfahren der sumpfigen Niederungen weitaus schwieriger gewesen wäre.

Vor und auf den Seelower Höhen warteten die Deutschen geduldig und schonten ihren knappen Munitionsvorrat. Der Höhenzug, der den gesamten, 55 Kilometer breiten Mittelabschnitt der Abwehrstellungen östlich von Berlin bildete, wurde von der stärksten der drei deutschen Armeen, der 9. Armee unter dem General der Infanterie Theodor Busse, gehalten. Trotz seiner relativen Stärke wies das Verteidigungssystem jedoch mehrere schwache Stellen auf; eine davon war die 9. Fallschirmjägerdivision; diese war zwar früher ein Eliteverband gewesen, bestand aber jetzt weitgehend aus eilig zusammengeholten Soldaten, die bei der Luftwaffe überflüssig geworden waren – aus arbeitslos gewordenen Flugzeugmechanikern und Piloten ohne Flugzeuge als Offizieren. Die nur unzureichend ausgebildete und noch nicht im Kampf bewährte Division war vernünftigerweise zunächst in zweiter Linie eingesetzt worden. Als aber Heinrici seine vorgeschobenen Stellungen räumte, um die Truppe aus der Reichweite der sowjetischen Artillerie herauszunehmen, befand sich die 9. Fallschirmjägerdivision plötzlich in vorderster Front und sah sich unversehens Marschall Tschuikows 67. Elitedivision gegenüber.

Die jungen Deutschen, die sich in der Niederung nahe der Ortschaft Seelow eingegraben hatten, waren klug genug gewesen, so tief in die Erde zu gehen, daß sie das anfängliche Trommelfeuer gut überstanden. Und sie waren zum Kampf entschlossen, als sie im trüben Dämmerlicht des anbrechenden Tages feindliche Infanterie und Panzer in Wellen auf sich zukommen sahen.

Als die Sowjets nahe genug herangekommen waren, eröffnete die deutsche Artillerie auf den Hügeln das Feuer. Dutzende sowjetischer Panzer explodierten, und die auf ihnen mitfahrenden Infanteristen wurden wie geknickte Streichhölzer in die Luft geschleudert. Die 9. Fallschirmjägerdivision begann das Feuer mit Maschinengewehren, Karabinern und Maschinenpistolen; sie mähte die Sowjets nieder und jagte weitere Panzer mit ihren Panzerfäusten in die Luft. Eine Zeitlang liefen die sowjetischen Schützen in immer neuen Versuchen, Welle auf Welle, in das deutsche Abwehrfeuer hinein. Aber dann kam ihr Angriff zum Stehen.

Von ihrem Erfolg überrascht und in Hochstimmung versetzt, genossen die Deutschen ihren neuen Status als erfahrene Erdkämpfer. Obwohl sie wußten, daß die Sowjets ihren Vorstoß fortsetzen würden, glaubten sie, sich keine übertriebenen Sorgen machen zu müssen – sie hatten einen Moment lang das Gefühl, die ganze Welt in die Schranken fordern zu können.

Etwa zur selben Zeit, als die Männer der 9. Fallschirmjägerdivision in dem kurzen Gefecht Sieger blieben, begann Marschall Konjew den Artilleriebeschuß auf einem Frontabschnitt, der sich vom Zusammenfluß von Neiße und Oder 390 Kilometer nach Süden erstreckte. Mit dem Einsatz von sieben Armeen – 500 000 Mann und 1400 Panzern – wollte Konjew in zwei Richtungen vorgehen. Der erste Angriff, angeführt von den Panzer- und Infanterieeinheiten der 5. Garde-Armee und der 13. Armee, gefolgt von der 3. und 4. Garde-Panzerarmee, sollte bis zur Elbe vorstoßen und die Verbindung zu den Amerikanern herstellen; als Nebenauftrag sollten die Panzerarmeen Schukow südlich von Berlin unterstützen. Mit dem zweiten Angriffskeil, der 52. Armee und der polnischen 2. Armee, wollte er in Richtung auf Dresden einschwenken. (Dieser polnische Verband war aus Kriegsgefangenen aufgestellt worden, die von den Sowjets seit der Aufteilung Polens zwischen Deutschland und der Sowjetunion im Jahre 1939 festgehalten worden waren, und aus Einwohnern jener polnischen Gebiete, die von den Sowjets im Jahr 1944 zusätzlich besetzt worden waren.)

Im Gegensatz zu Schukows Armeen besaß die 1. Ukrainische Front keinen Brückenkopf, und die Neiße war ein schnell fließendes, breites Gewässer – stellenweise bis zu 150 Meter breit; Konjew mußte dieses Hindernis im Angriff überwinden. Für den gefährlichen Übergang über die Neiße wollte Konjew das Tageslicht abwarten. Um den Gegner über seine Hauptstoßrichtung zu täu-

Der sowjetische Angriff auf Berlin ging in zwei Phasen vonstatten. Die erste, durch schwarze Pfeile gekennzeichnet, dauerte vom 16. bis zum 18. April und fiel zeitlich mit amerikanischen Operationen gegen versprengte deutsche Truppen in Leipzig, Dessau und dem Harz zusammen. Zur zweiten Phase vom 18. bis zum 25. April gehörte die Einschließung Berlins und das Eindringen in die Stadt (weiße Pfeile). (Dunkelrote Flächen bedeuten große deutsche Truppenkonzentrationen.) Sowjets und Amerikaner trafen an der Elbe zusammen.

schen, hatte Konjew den ihn unterstützenden Fliegerverbänden befohlen, einen dichten Rauchvorhang über das ganze Neißetal zu legen. Granateinschläge und Bomben lösten Feuersbrünste in dem dichten Fichtenwald aus, der das Westufer bedeckte, und diese Brände verstärkten noch die Rauchschwaden.

Nach 40 Minuten vorbereitendem Artilleriefeuer begannen Konjews Pioniere mit dem Übergang über die Neiße. Mit Hilfe von Motorbooten schleppten Pioniertrupps vorgefertigte Brückenteile auf die andere Seite. Sobald die ersten Brücken fest verankert waren, stürmten Infanteristen in großer Zahl über den Fluß und griffen den Gegner am jenseitigen Ufer an. Diese Operationen konzentrierten sich auf zwei Ziele: den 30 Kilometer breiten Abschnitt zwischen Forst und Muskau, wo die Pioniere 133 verschiedene Brückenköpfe für den Hauptangriff einrichteten, und das Gebiet etwa 50 Kilometer weiter südlich um Görlitz herum, wo der auf Dresden gerichtete Nebenstoß beginnen sollte.

Panzerfahrzeuge, die für die ersten Behelfsbrücken zu schwer waren, wurden auf Pontons übergesetzt; an einigen Stellen wurden 8,5-cm-Panzerabwehrkanonen mit Stahltrossen durch das Wasser geschleppt. Mit diesen Waffen ausgerüstet und im Schutz einer Feuerwalze, die vor ihnen herrollte, drangen die Angreifer zügig vom Flußufer aus nach Westen vor. Bis um 8.35 Uhr hatten die Pioniere über 20 Brücken gebaut, die auch die 30 und 60 Tonnen schweren Panzerfahrzeuge tragen konnten, und die beiden Panzerarmeen begannen jetzt mit ihrem Übergang, der einen ganzen Tag in Anspruch nehmen sollte.

Die 4. Panzerarmee, die Konjew auf der deutschen Seite der Neiße gegenüberstand, wurde von dem Angriff überrascht; nach deutscher Nachrichtenauswertung hatte man einen sowjetischen Vorstoß weiter südlich, in Richtung auf Prag, erwartet. Die 4. Panzerarmee und ihre Reserveverbände stießen schon bald weit westlich der Neiße und an ihren Flanken mit den Sowjets zusam-

STALINS MILITÄRISCHE ELITE

Marschall Georgi K. Schukow
Stalin erteilte Schukow den begehrtesten Auftrag in der Schlacht um Berlin, indem er Schukows 1. Weißrussische Front auf dem kürzesten Weg zur Reichshauptstadt einsetzte. Als ehemaliger Kavallerist verfolgte Schukow eine ausgesprochene Angriffsstrategie, die wesentlich dazu beigetragen hatte, dem Vordringen der deutschen Truppen in der Sowjetunion Einhalt zu gebieten, und die ihm den Ehrennamen „Retter von Moskau" eintrug. Man hielt Schukow in weiten Kreisen sogar für Stalins Nachfolger.

Marschall Iwan S. Konjew
Bekannt als „der General, der nie zurückwich", weil er beim deutschen Einfall im Jahre 1941 weniger Boden als andere preisgab, wurde Konjew als Oberbefehlshaber der 1. Ukrainischen Front an Schukows Südflanke eingesetzt – eine Gelegenheit, um noch vor Schukow in Berlin einzudringen, wie er meinte. Anspruchsvoll, enthaltsam und gebildet – er führte sogar im Felde eine Bibliothek mit Klassikern mit sich – war Konjew ein fürsorglicher Vorgesetzter für seine Offiziere und Mannschaften.

Marschall Konstantin K. Rokossowski
Der Schutz von Schukows Nordflanke wurde der 2. Weißrussischen Front unter Rokossowski übertragen. Rokossowski haßte es, auf Befehle zu warten, und stritt sich – sogar mit Stalin – über taktische Grundsätze. Er trug Metallzähne, weil er seine eigenen während der Säuberungen 1937/38 unter Stalin bei Verhören durch den NKWD eingebüßt hatte. Rechtzeitig rehabilitiert, um seine unorthodoxe Art rechtfertigen zu können, errang er bei der Verteidigung Moskaus nach Schukow die meisten Lorbeeren.

men. An einigen Stellen gingen die Verteidiger zum Gegenangriff über; an anderen Abschnitten bildeten sie Widerstandsnester, die den Vorstoß des Gegners nach Westen aufzuhalten schienen.

Die erste Meldung der 4. Panzerarmee an den Stab der Heeresgruppe lautete: „Wir haben unsere Stellungen im wesentlichen gehalten." Während die Meldung noch auf dem Funkwege abgesetzt wurde, hatten Konjews Truppen jedoch im Norden schon eine 30 Kilometer breite Bresche in die deutschen Abwehrstellungen geschlagen und näherten sich der Stadt Spremberg an der Spree, 120 Kilometer südöstlich von Berlin; der Ort lag bereits hinter der deutschen Hauptkampflinie.

Von den Seelower Höhen unmittelbar nördlich der 4. Panzerarmee klang die erste Meldung der 9. Armee über den Verlauf der Kämpfe zwar auch ermutigend, aber sie enthielt einen ernsten Unterton: „Der Angriff ist zurückgeschlagen worden; die Kämpfe um einige Stellungen dauern noch an. Die Verluste sind sehr schwer." Aus deutscher Sicht hätte die Lage tatsächlich noch viel schlimmer sein können. Zwar war es den Sowjets gelungen, einige Einbrüche zu erzielen, aber sie hatten hauptsächlich nicht verteidigtes Sumpfgelände bei ihrem Vorstoß erobert.

Schukow war wütend. Mit einem Wortschwall, den Generalleutnant Nikolai Popel, der zum Stabe des Marschalls gehörte, als „Schimpfkanonade" bezeichnete, kanzelte der Marschall General Tschuikow ab, weil diesem die Eroberung von Seelow nicht gelungen war. Ebenso wie Popel war auch Tschuikow längst an die Zornesausbrüche Schukows gewöhnt, und er versuchte ihn mit den Worten zu beruhigen: „Genosse Marschall, die Offensive wird mit Sicherheit erfolgreich beendet werden." Aber der Marschall ließ sich dadurch nicht besänftigen.

Als seine Angriffsarmeen den Auftrag, die deutschen Verteidigungsstellungen zu durchbrechen, am 16. April um 14.00 Uhr nicht zeitgerecht nach Plan erfüllt hatten, beschloß Schukow, nicht

General Wassili I. Tschuikow
Die 8. Garde-Armee unter Tschuikow stellte die Angriffsspitze von Schukows 1. Weißrussischen Front dar. Dieser Armee war schon 1943 nach ihren kämpferischen Leistungen in Stalingrad der ehrenvolle Auftrag zugedacht worden, Berlin im Sturm zu nehmen. Die 8. Garde-Armee führte Großangriffe „wie ein Boxer durch", prahlte Tschuikow, „der von einem Ring in den anderen steigt". Tschuikow war ein Haudegen, der nie weit von der vordersten Linie entfernt war, und er war berühmt für seine Panzervorstöße.

General Pawel S. Rybalko
Als Oberbefehlshaber der 3. Garde-Panzerarmee unter Konjew führte Rybalko, der in der sowjetischen Panzerwaffe einen guten Ruf genoß, den entscheidenden Vorstoß westlich der Spree durch, der Schukow den Weg nach Berlin öffnete. Konjew wußte Rybalkos Sorgfalt in Fragen der Logistik und Instandsetzung zu schätzen, die bei der Panzerkriegführung von entscheidender Bedeutung waren, und lobte besonders dessen Fähigkeit, im Gefecht das Wichtige vom Unwichtigen zu unterscheiden.

General Dmitri D. Leljuschenko
Als Oberbefehlshaber der 4. Garde-Panzerarmee führte Leljuschenko Konjews zweite Panzerspitze gegen Berlin. 1945 war er erst 41 Jahre alt und ein begeisterter Soldat, der den amerikanischen Präsidentschaftskandidaten Wendell Willkie bei dessen Besuch im Jahr 1942 durch seine ehrliche, unverblümte Art für sich eingenommen hatte. Auf die Frage, einen wie großen Teil der 3000 Kilometer langen Front er verteidigen müsse, antwortete der General: „Sir, ich verteidige nicht. Ich greife an."

länger zu warten, sondern auch seine beiden Panzerarmeen einzusetzen. Er ließ die Panzerfahrzeuge anrollen – und zwar auf Straßen und Wegen, die bereits durch Lastkraftwagen und Panzer der 8. Garde-Armee auf dem linken Flügel völlig verstopft waren.

Die beiden Panzerarmeen stießen vor – und steigerten nur noch das völlige Durcheinander. Das gesamte Odertal vor den Seelower Höhen bot bald ein wirres Bild liegengebliebener Fahrzeuge und umhereilender Soldaten. Nur die Vorhut befand sich schon jenseits der Staus und konnte kämpfen, aber ihre Angriffe wurden von den Deutschen zurückgeschlagen.

General Busse war sogar überzeugt, daß er die Höhen auf unbegrenzte Zeit werde halten können, falls er Verstärkungen erhielte. Vom Gefechtsstand der 9. Armee setzte er später am Tag die Meldung ab: „Die Front hält noch; tiefere Feindeinbrüche sind abgeriegelt worden. Schickt uns Soldaten, schickt uns Munition." Sein Optimismus und sein Gefühl, eine große Leistung vollbracht zu haben, wurden von vielen Offizieren geteilt. Generaloberst Heinrici, der während des ganzen Tages von einem Befehlsstand zum anderen gefahren war und die Abwehrstellungen besichtigt hatte, äußerte sich zurückhaltender. Als man ihm auf einem Gefechtsstand wegen des tapferen Durchhaltens der 9. Armee gratulierte, erwiderte er vorsichtig: ,,Ich habe gelernt, den Tag nie vor dem Abend zu loben."

Bei Einbruch der Dunkelheit schien sich die Zurückhaltung des Generals zu bestätigen. Die halb ausgeblutete 9. Fallschirmjägerdivision drohte überrannt zu werden. Nach ihrem ersten Einsatz waren die jungen Soldaten zurückgenommen und auf die Hügel beiderseits der Landstraße verlegt worden; hier wiesen sie in frisch gegrabenen Löchern, Gräben und Maschinengewehrstellungen vier Stunden hintereinander einen schweren Angriff nach dem anderen ab. Dennoch faßten die Sowjets im Norden der Ortschaft Seelow und im Umkreis des Seelower Bahnhofs Fuß; als die Kämpfe in der Nacht abflauten, waren ein Drittel der Männer von der 9. Fallschirmjägerdivision gefallen.

In jener Nacht hatte Schukow ein sehr unangenehmes Funktelephongespräch mit Stalin durchzustehen. Schukow mußte melden, daß er keines der Angriffsziele dieses Tages erreicht hatte, und die Nachricht, daß Konjew westlich der Neiße Erfolge verbuchen konnte, wirkte erst recht demütigend. Stalin machte dem Marschall zum Vorwurf, die 1. Garde-Panzerarmee in Tschuikows Angriffsabschnitt eingesetzt zu haben, und stellte Schukow dann die kränkende Frage: „Sind Sie denn sicher, daß Sie die Seelower Höhen wenigstens morgen nehmen werden?"

Schukow gab später zu, er habe in diesem Moment fast seine Selbstbeherrschung verloren, aber er gab Stalin die verlangte Zusage. Dann meinte Stalin stichelnd, Konjews Panzerarmeen könnten eigentlich nach Norden zum Angriff auf Berlin vorrücken. Schukow erklärte zustimmend, die Richtungsänderung sei durchführbar, aber er schlug dann eine andere Taktik vor in der Hoffnung, dadurch Stalins Interesse am Vorgehen von Konjews Streitkräften zu verringern. Stalin schnitt ihm jedoch mit einem kurzen „Auf Wiedersehen" das Wort ab und legte auf.

Am zweiten Tag der Schlacht hielten Deutsche und Russen mit ihrem gegenseitigen Haß nicht länger zurück. Die Sowjets erschossen eine Anzahl von Deutschen – Zivilisten wie auch kriegsgefangene Soldaten – in kalter Wut, und trotz erst kürzlich erlassener strenger Befehle kam es zu einer wahren Vergewaltigungswelle in den besetzten Ortschaften. Auch Deutsche begingen Grausamkeiten. Nahe der Stadt Zechin, östlich der Seelower Höhen, nahm eine SS-Einheit 16 Sowjetsoldaten eines Bataillons der 3. Stoßarmee gefangen; die SS-Leute schnitten den Gefangenen die Geschlechtsteile ab und erdrosselten sie dann langsam und qualvoll mit Klaviersaiten. Hierfür sollte sich das Sowjetbataillon bald in entsprechender Weise rächen.

Am 17. April, im weiteren Verlauf der Kämpfe, wirkte sich die Überlegenheit der Sowjets an Menschen und Material auf den Seelower Höhen allmählich aus. Schukow schickte eine Armee, die er bisher in Reserve gehalten hatte, die 47. Schützenarmee, in den Kampf und setzte den Oberbefehlshabern seiner stehengebliebenen Armeen so lange zu, bis diese ihre Truppen wieder in Bewegung brachten. Er konzentrierte die Masse seiner Panzer um die Ortschaft Seelow und bei Wriezen am Nordausläufer der Seelower Höhen; in beiden Abschnitten mußte das LVI. Panzerkorps, eine aus sechs Divisionen bestehende Reserve der 9. Armee und der 3. Panzerarmee, schnellstens Einheiten verlegen, um einen sowjetischen Durchbruch zu verhindern. Bei Seelow war nämlich die Landstraße nach Berlin eine Weile völlig ungeschützt, nachdem sich die 9. Fallschirmjägerdivision abgesetzt hatte, weil ihre Artillerie keine Munition mehr besaß.

Aus deutscher Sicht schienen die Russen jetzt von allen Seiten anzurücken. „Sie kommen in Horden auf uns zu, eine Welle nach der anderen, ohne Rücksicht auf Verluste", meldete ein Divisionskommandeur fernmündlich an den Gefechtsstand der 9. Armee. „Meine Männer halten durch, bis ihnen die Munition ausgeht. Dann werden sie entweder ausradiert oder völlig überrannt. Wie lange dies noch so weitergehen kann, weiß ich nicht."

Bei Auswertung der Lagemeldungen wurde Heinrici klar, daß er zum Gegenangriff übergehen mußte. Andernfalls konnte er die ohnehin schon durchbrochenen Abwehrstellungen nicht mehr halten und war außerstande, Verstärkungen zum Abriegeln der Lücken zu finden. In diesem Augenblick sah er eine Möglichkeit vor sich, die Lage taktisch zu stabilisieren und gleichzeitig die dringend benötigten Reserven aus dem Boden zu stampfen. Ungefähr 30

Kilometer südlich der Seelower Höhen, bei Frankfurt an der Oder, hatten Verbände der sowjetischen 69. Armee nördlich und südlich der Stadt die Oder überquert. Früher oder später würden die Sowjets die Stadt völlig einschließen. In Frankfurt lag eine zusammengewürfelte Garnison mit etwa 30 000 Mann unter Oberst Ernst Bieler; falls Heinrici diese Truppe abziehen konnte, würde er nicht nur Menschenleben retten, sondern auch in der Lage sein, diese Truppe bei einem Gegenangriff einzusetzen, der Deutschland die Initiative zurückgeben und seine Abwehrkräfte stärken konnte.

Heinricis Idee war vernünftig – aber sie wies einen entscheidenden Fehler auf: Frankfurt war vom Führer persönlich zur „Festung" erklärt worden. Die Bezeichnung bedeutete, daß die Stadt „bis zum letzten Mann" verteidigt werden sollte – ein Ausdruck, der es Hitler besonders angetan hatte. In der Überzeugung, daß eine Verteidigung bis zum letzten Mann eine unverhältnismäßig große Zahl gegnerischer Truppen binden würde, hatte der Führer Zehntausende deutscher Soldaten in den Tod geschickt, um Dutzende von Städten und Ortschaften und Tausende von Hektar Land zu halten. Diese Theorie hatte nur selten den erwünschten Erfolg gezeitigt, dennoch hatte sich Hitler kaum je bereit gefunden, einer Stadt die Bezeichnung „Festung" wieder zu nehmen, um die Besatzung vor einem sinnlosen Tod zu retten.

Trotzdem rief Heinrici im Führerbunker an und ersuchte Hitler dringend, Bielers Truppen für einen Gegenangriff an seinem Frontabschnitt freizugeben. Hitler lehnte das Ersuchen sofort kategorisch ab. Frankfurt zu halten, sei äußerst wichtig, erklärte er; Heinrici müsse sich Truppen an anderer Stelle suchen.

Der Punkt, an dem Heinrici seinen Gegenangriff hatte ansetzen wollen, lag im Süden, wo Konjew jetzt ein Durchbruch auf breiter Front gelungen war; die 1. Ukrainische Front hatte die Verbindung zwischen der Heeresgruppe Weichsel und der Heeresgruppe Mitte unter Generalfeldmarschall Schörner in der Tschechoslowakei unterbrochen. Diese Tatsache stellte für die Deutschen jetzt eine größere Bedrohung dar als Schukows Einbrüche im Norden, denn wenn Konjews Panzerarmeen den Übergang über die Spree schafften, würden sie zwischen sich und Berlin nur auf einige Handvoll von Verteidigern stoßen.

Konjew war zu seinem Leidwesen noch immer die Elbe und nicht Berlin als nächstes Ziel gesetzt worden, aber er kam auch am 17. April weiterhin rasch voran. Am Vormittag hatten seine beiden Panzerarmeen den Übergang über die Neiße beendet und rückten hinter der 13. und 5. Garde-Armee gegen die Spree vor.

Die Vorhut von Konjews Panzerarmeen erreichte die Spree noch vor Mittag; bis zu diesem Zeitpunkt hatte er vier deutsche Divisionen praktisch vernichtet. Der Oberbefehlshaber der 3. Garde-Panzerarmee, General Pawel S. Rybalko, entschloß sich, den Fluß an einer Furt zu überschreiten und nicht auf die Errichtung von Pontonbrücken zu warten. Ein Spähtrupp entdeckte eine flache Stelle südlich von Spremberg, und die Panzer begannen sofort mit der Fahrt durch das Wasser. Die 4. Garde-Panzerarmee unter General Dmitri D. Leljuschenko stieß weiter südlich auf die Spree und begann ebenfalls, den Fluß an einer Furt zu überqueren. Innerhalb von drei Stunden standen bereits größere Vorausabteilungen beider Armeen auf dem anderen Ufer.

Konjew meldete Stalin diese günstige Lageentwicklung mit Genugtuung noch am selben Abend. Gegen Ende seines Berichts unterbrach ihn Stalin und sagte: „Schukow hat es ziemlich schwer. Er rennt immer noch gegen die Abwehrstellungen an." Dann forderte er Konjew heraus: Ob es denn nicht möglich wäre, Schukows Panzer von dessen Frontabschnitt abzuziehen und sie Konjew zu unterstellen, damit dieser mit ihnen von Süden her in Berlin eindringen könne?

Der Vorschlag war ziemlich unsinnig: Zwei Panzerarmeen aus dem Kampfgeschehen herauszulösen und in einen mindestens 80 Kilometer entfernten Abschnitt zu verlegen würde die Offensive um Tage verzögern. Hinzu kam folgendes: Wenn Konjew Schukows Panzerverbände einsetzte, würde Konjew seinem Rivalen erheblichen Einfluß auf seine Truppenführung einräumen müssen. Konjew antwortete eiligst: „Genosse Stalin, das würde viel Zeit in Anspruch nehmen und die Situation erheblich erschweren. Es besteht keine Notwendigkeit, Panzerverbände von der 1. Weißrussischen Front abzuziehen. Bei uns läuft alles gut. Wir sind stark genug und in der Lage, unsere beiden Panzerarmeen nach Berlin in Marsch zu setzen." Konjew fuhr fort, seine Armeen könnten auf der Straße durch Zossen, das Hauptquartier des deutschen Generalstabs etwa 30 Kilometer südlich von Berlin, auf die Hauptstadt vorstoßen. Dann sagte Stalin, was Konjew hören wollte: „Also gut. Ich bin einverstanden. Setzen Sie Ihre Panzer gegen Berlin ein."

Jetzt begann zwischen Konjew und Schukow ein Wettlauf um die Reichshauptstadt. In Hochstimmung gab Marschall Konjew den Oberbefehlshabern seiner beiden Panzerarmeen den Befehl, Berlin als nächstes Ziel ins Auge zu fassen und dafür zu sorgen, die Stadt auch von Westen her einzuschließen, um sie wirksam von allen Lebensadern abzuschneiden. Konjews Weisungen für diese Angriffsbewegung, wie er sie in seinen Memoiren schildert, waren typisch für eine „Blitzkrieg"-Aktion: „Immer nur vorwärts, nicht zurückschauen; greift den Gegner nicht an seinen Verteidigungsschwerpunkten an; unter gar keinen Umständen wünsche ich Frontalangriffe; umgeht den Gegner, täuscht ihn, achtet auf euer Material und denkt stets daran, daß ihr genügend Reserven für den Endkampf um Berlin haben müßt."

In Ausführung dieser Befehle sollten die Panzer eine Anzahl kampfkräftiger Feinddivisionen und Stützpunkte umgehen, die dann später von den Schützenarmeen ausgeschaltet werden würden. Nachdem Rybalko und Leljuschenko ihr Gerät über die Spree transportiert hatten, waren sie die ganze Nacht damit beschäftigt, jeden Panzer und jeden Lastkraftwagen in Richtung Berlin einzuschwenken. Beide Panzerarmeen begannen beim ersten Tageslicht den Vorstoß nach Norden. Am 18. April erzielte Rybalkos Armee gegen leichten Widerstand einen Geländegewinn von 30 Kilometern, und Leljuschenkos Armee überwand 45 Kilometer, ohne auf nennenswerten Widerstand zu stoßen.

Während Konjew auf dem linken Flügel weiter vorstieß, mühte sich Schukow immer noch, die Seelower Höhen in Besitz zu nehmen. Seine Panzer brachen südwestlich von Seelow und westlich von Wriezen etwa 15 bis 20 Kilometer durch, aber in beiden Abschnitten blieben die deutschen Abwehrstellungen intakt, und den Panzern gelang kein entscheidender Durchbruch. Schukow faßte wutentbrannt übereilte Entschlüsse; er warf Versorgungseinheiten aus dem rückwärtigen Gebiet in den Kampf und gab Befehl, jeden Soldaten zu erschießen, der nicht vorging. „Wir haben es mit einem Löwen zu tun", äußerte General Popel.

Schukows wildes Manövrieren überraschte einige deutsche Offiziere, die erwartet hatten, seine Tausende von Panzern würden die Abwehrstellungen in diesem Gebiet in allerkürzester Zeit überrollen. Hitler und die übrigen Bewohner des Führerbunkers atmeten erleichtert auf, und „man schöpfte neue Hoffnung", wie ein Verbindungsoffizier der Marine bemerkte.

Das war die Lage am 18. April. Am nächsten Tag schwanden die deutschen Hoffnungen dahin: Schukow brach durch. Seine im Raum Seelow eingesetzten Einheiten, einschließlich Tschuikows 8. Garde-Armee und der 1. Garde-Panzerarmee, stießen bis Müncheberg vor, 30 Kilometer östlich der Stadtgrenze von Berlin.

Es war deutlich zu erkennen, daß der Untergang des Dritten Reiches besiegelt war: Schukows Nordflügel war jetzt in der Lage, Berlin westlich zu umfassen und die Verbindung zu Konjews Panzereinheiten herzustellen, die aus Südosten in dieselbe Richtung vorstießen; falls dies geschah, würde die Hauptstadt eingeschlossen und vom Nachschub abgeschnitten sein.

Konjews Panzer rückten schnell näher. Die Verbände von General Leljuschenko legten am 19. April mehr als 50 Kilometer zurück, General Rybalkos Armee brachte es auf etwa 35 Kilometer. (Konjew war aber damit noch nicht zufrieden, denn er hatte erfahren, daß Schukow jetzt sein Tempo steigerte. „Genosse Rybalko", funkte er, „Sie gehen im Schneckentempo voran.")

Von allen Seiten bedroht, versuchte Heinrici erneut, auf Hitler einzuwirken, damit er Bielers Truppe aus der Festung Frankfurt an der Oder freigab. Heinricis Telephonanruf im Führerbunker wurde vom General der Infanterie Hans Krebs, der die Funktion des Generalstabschefs des Heeres ausübte, beantwortet. Krebs, der wenig Erfahrung als Truppenführer besaß, war drei Wochen zuvor an die Stelle von Generaloberst Guderian getreten. Heinz Guderian, ein erprobter Panzerfachmann, war seines Postens enthoben worden, weil er Hitler widersprochen hatte. Bei Krebs war ein solches Vergehen nicht zu erwarten; Kritikern in den eigenen Reihen galt er als Ja-Sager.

Als Heinrici erklärte, er verlange die Freigabe der Garnison von Frankfurt an der Oder, war Krebs über dieses Ersuchen so entsetzt, daß er mit dem Führer nicht einmal darüber sprechen wollte. „Hitler würde nie seine Zustimmung geben!" rief er aus. „Halten Sie alle Stellungen!" Dann legte er den Hörer auf.

Am 20. April kam Leljuschenkos 4. Garde-Panzerarmee gegen stärker werdenden Widerstand 45 Kilometer voran. Seine Armee schwenkte nach Westen ein, besetzte das große deutsche Munitionslager und den Truppenübungsplatz in Jüterbog und erreichte die 35 Kilometer südlich von Berlin gelegene Stadt Luckenwalde. Rybalkos 3. Garde-Panzerarmee hatte es weiter östlich etwas leichter und erzielte an diesem Tag sogar einen Geländegewinn von etwa 60 Kilometern.

Als Rybalko an der Stadt Baruth vorbei in nördlicher Richtung vorstieß, gab es nur noch eine einzige deutsche Einheit, die in der Lage war, sich ihm auf dem Weg nach Zossen entgegenzustellen. Es handelte sich um eine 250 Mann starke motorisierte Kompanie, die in Zossen zum Schutz des deutschen Generalstabs stationiert war. Ihr Führer war ein Oberleutnant namens Kränkel. General Krebs hielt es für besser, selbst anzugreifen als angegriffen zu werden; also entsandte er Kränkel mit dem Auftrag nach Süden, Rybalkos Panzerarmee entgegenzutreten.

Eine Zeitlang schien Kränkels Kompanie spurlos verschwunden zu sein. Aber am 21. April, frühmorgens, wurde Hauptmann Gerhardt Boldt, der dem deutschen Generalstab in Berlin zugeteilt war, durch das Klingeln des Telephons geweckt. Es war Kränkel, der von einem Ort südlich der Hauptstadt anrief. „Ungefähr 40 sowjetische Panzer sind an uns vorbeigerollt", sagte er und meldete, motorisierte Infanterie habe die Panzer begleitet. „Um 7.00 Uhr greife ich an." Zwei Stunden später rief Kränkel mit der zu erwartenden Nachricht wieder an: „Eigener Angriff unter starken eigenen Verlusten gescheitert. Eigene Panzeraufklärung meldet weiteres Vordringen feindlicher Panzer nach Norden."

Dies veranlaßte sogar Krebs, Hitler um die Erlaubnis zur Aufgabe von Zossen zu bitten und alles Wichtige vernichten zu dürfen, bevor es zu spät sei. Die Genehmigung wurde schließlich erteilt, aber viel zu spät. Als sich nämlich das Büropersonal in Zossen vor den heranrückenden Feindpanzern endlich absetzte, blieben die Fernmeldeverbindungen betriebsbereit zurück, und die Lagekarten hingen noch an den Wänden. Oberleutnant Kränkel erschien im Führerbunker in Berlin; er war völlig erschöpft und von Dreck

Deutsche Soldaten setzen ein Flakgeschütz als Panzerabwehrwaffe gegen sowjetische Brückenköpfe an der Oder ein. Solche Kanonen, die den zusammengeschrumpften Bestand an schweren Waffen im deutschen Heer ergänzen sollten, erwiesen sich als höchst wirkungsvoll. Da den Deutschen aber nur wenige stark motorisierte Zugmaschinen zur Verfügung standen, mußten viele der Flakgeschütze bei Absetzbewegungen zurückgelassen werden.

verkrustet. Er meldete, daß seine Kompanie nur noch über etwa 35 Mann und einige wenige Fahrzeuge verfüge.

Während Rybalko Zossen einnahm und sich bis auf 30 Kilometer Berlin näherte, gelangte Schukow am 20. April sogar noch näher an den Stadtkern heran. Seine 2. Garde-Panzerarmee eroberte das gut 15 Kilometer nordöstlich von Berlin gelegene Bernau und rückte von dort auf Oranienburg, 30 Kilometer nördlich der Hauptstadt, vor. In der Zwischenzeit gelang es dem linken Flügel von Schukows Truppen, eine Panzerkolonne in südwestlicher Richtung bis nach Fürstenwalde voranzutreiben, 36 Kilometer östlich von Berlin, im Rücken der deutschen 9. Armee gelegen.

Dieser Vorstoß, zusammen mit Rybalkos zügigem Vorrücken nach Norden, drohte einen wesentlichen Teil von Busses Armee einzuschließen. Heinrici bat Krebs, Hitlers Genehmigung zum Ausweichen der 9. Armee in Stellungen näher bei Berlin einzuholen. Diesmal gab Krebs das Ersuchen an den Führer weiter. Dieser dachte den größten Teil des Tages darüber nach und wies Heinrici schließlich an, Busse zu befehlen, alle Stellungen zu halten, aber irgendwie für seinen Flankenschutz zu sorgen. Obwohl General Busse erkannte, daß seine Armee zurückweichen mußte, wenn sie nicht völlig abgeschnitten werden wollte, begrüßte er den Durchhaltebefehl Hitlers aus einem Grund, der ihm alle Ehre machte: Er wollte sich nicht absetzen und Bielers Garnison sich selbst überlassen, da diese in der Festung Frankfurt an der Oder mit Sicherheit dem Untergang geweiht gewesen wäre.

Heinrici erhielt außerdem schlechte Nachrichten von der 100 000 Mann starken 3. Panzerarmee. Weiter im Norden, jenseits von Schukows Durchbruch, hatte sich die 2. Weißrussische Front unter Marschall Rokossowski der Offensive angeschlossen und zwischen Stettin und Schwedt zahlreiche Brückenköpfe auf dem Westufer der Oder errichtet. Hierdurch wollte Rokossowski seinen Beitrag zur Einschließung von Berlin leisten und die norddeutsche Tiefebene besetzen. Rokossowski gegenüber stand die 3. Panzerarmee unter General von Manteuffel.

Manteuffels Armee bildete einen traurigen Haufen angeschlagener oder kampfunerfahrener Divisionen; eine stattliche Anzahl ihrer Verbände war von Heinrici abgezogen worden, um Schukow entgegenzutreten. Rokossowski würde noch zwei oder drei Tage benötigen, um seine Brückenköpfe zu konsolidieren und sich für den weiteren Vormarsch bereit zu machen, aber nach dieser Pause würde Manteuffel die deutschen Abwehrstellungen kaum länger als ein paar Tage halten können.

Während sich die Katastrophe anbahnte, feierte Adolf Hitler seinen 56. Geburtstag. Die alliierten Luftwaffen feierten diesen Tag auf ihre Weise, indem sie über tausend Bombenflugzeuge entsandten, um Berlin in Schutt und Asche zu legen. An diesem Tag der Selbstdarstellung erschienen Hitlers Vasallen, um ihrem Herrn und Meister den schuldigen Respekt zu erweisen. Hitler begrüßte alle Gratulanten herzlich, sogar Albert Speer, der vor kurzem bei ihm in Ungnade gefallen war, weil er sich gegen die Politik der verbrannten Erde aufgelehnt hatte.

Reichsmarschall Hermann Göring gab sich jovial und herzlich, aber er erschien nicht in der üblichen maßgeschneiderten Tracht. Anstelle der auffallenden Uniformen aus weißem Leinen, pastellblauer Seide oder silbergrauem Tuch, die Göring in den großen

Tagen des Dritten Reiches zur Schau gestellt hatte, trug er jetzt eine schlichte olivfarbene Uniform – und glich darin fast einem amerikanischen General, wie ein Gast auf der Geburtstagsfeier Speer zuflüsterte und damit andeutete, daß Göring bereits im Begriff war, Hitler den Rücken zu kehren und beim Feind Zuflucht zu suchen. Göring war von Karinhall, seinem Besitz 80 Kilometer nordwestlich von Berlin, wo er 24 Lastwagen mit gestohlenen Kunstschätzen und Wertsachen beladen hatte und dann das Gutshaus gesprengt hatte, zu der Feier nach Berlin gekommen. Göring stand beim Führer seit längerer Zeit wegen des Versagens der Luftwaffe in Ungnade, aber an diesem Tag schien Hitler gegen niemanden Groll zu hegen.

Auch ein weiterer Gast, Reichsführer SS Heinrich Himmler, war in Hitlers Achtung gesunken – das Ergebnis von dessen kurzer, unrühmlicher Zeit als Oberbefehlshaber der Heeresgruppe Weichsel während des sowjetischen Vorstoßes durch Polen im Januar. Der Reichsführer SS knüpfte jetzt Fäden, um Verrat in großem Stil zu begehen. Im Einverständnis mit dem SS-Führer Walter Schellenberg, seinem jungen Geheimdienstchef, hatte Himmler nach einem Gespräch mit einem schwedischen Vertreter des Jüdischen Weltkongresses gesagt, er würde eine gewisse Anzahl von Juden aus dem Konzentrationslager Ravensbrück entlassen und dafür sorgen, daß diese ins neutrale Ausland gelangten. Himmlers Vorhaben diente dem Zweck, seinen schlimmen Ruf im Westen aufzubessern, damit er mit den Vereinigten Staaten und Großbritannien einen Separatfrieden aushandeln konnte.

Himmler und Schellenberg zeigten ein bemerkenswertes Maß an Selbsttäuschung. Sie glaubten, daß sich die westlichen Alliierten, die stets auf der bedingungslosen Kapitulation bestanden hatten und jetzt vor dem endgültigen Sieg standen, mit Himmler an einen Tisch setzen würden, einem Mann, der Millionen Menschenleben auf dem Gewissen hatte, um hinter dem Rücken der mit ihnen verbündeten Sowjetunion über eine Kapitulation zu verhandeln.

Großadmiral Dönitz kam von seinem Hauptquartier in Plön, nahe der Ostseeküste, herbei, um Hitler zum Geburtstag zu gratulieren. Dönitz war eine Führungspersönlichkeit, dessen Stern seit kurzem im Steigen begriffen war. Er hatte sich seine Stellung als Oberbefehlshaber der Kriegsmarine durch seine hervorragenden Leistungen als Befehlshaber der U-Boote verdient. Hitler hatte dem Bau von Flugzeugen und Panzern gegenüber den U-Booten Priorität eingeräumt; deshalb machte er Dönitz keinen Vorwurf, als erkennbar wurde, daß die deutschen U-Boote nicht die technischen Einrichtungen besaßen, um gegen das Radarsystem, die Flugzeugträger und Konvois der Alliierten etwas auszurichten.

Dönitz war ein brillanter Offizier – ein Mann nach Hitlers Herzen, und das um so mehr, als er nicht der Führer des erfolglos agierenden Heeres oder der versagenden Luftwaffe war. In Würdigung seiner Verdienste bestätigte Hitler am 20. April noch einmal die Ernennung von Dönitz zum Oberbefehlshaber in allen norddeutschen Gebieten, falls sich die Amerikaner und Sowjets vereinigen und dadurch Deutschland in eine nördliche und eine südliche Hälfte aufspalten sollten. Generalfeldmarschall Kesselring war für die Übernahme der südlichen Teile vorgesehen.

Hinsichtlich der Kommandostruktur war Hitler von der Parteispitze zu wiederholten Malen gedrängt worden, die Reichshauptstadt zu verlassen und den Krieg vom Berghof bei Berchtesgaden aus zu führen. Dort befand sich, tief im Inneren des Obersalzbergs, ein Fernmeldezentrum, das an Größe und Leistungsfähigkeit nur von dem in Zossen übertroffen wurde. Ein großer Teil des Regierungsapparats hatte sich bereits zum Obersalzberg in Marsch gesetzt, und die Parteiführung war der Meinung gewesen, der Führer würde folgen. Aber Hitler zauderte. „Es fehlt mir nicht an Entschlußkraft", erklärte er seinen Vertrauten. „Wie Sie wissen, schiebe ich manchmal eine Entscheidung hinaus; wenn ich sie aber einmal getroffen habe, kann mich nichts mehr umstimmen. Ich werde später entscheiden, was ich tun werde."

Einen Aufschub werde er sich vielleicht nicht mehr leisten können, äußerte Göring; nur ein einziger Fluchtweg über Land stehe noch offen, und auch dieser könne jeden Augenblick dichtgemacht werden. Hitler antwortete hochtrabend: „Wie soll ich die Truppe zum entscheidenden Kampf um Berlin bewegen, wenn ich mich im gleichen Augenblick in Sicherheit bringe! Ich überlasse es dem Schicksal, ob ich in der Hauptstadt sterbe oder ob ich noch im letzten Augenblick nach dem Obersalzberg fliege!"

Die Lagebesprechung fand, wie üblich, am Nachmittag statt. Dann gingen die Geburtstagsgratulanten wieder auseinander. Göring gab Hitler die Hand und murmelte, er müsse dringend auf den Obersalzberg zurück, um dort nach dem Rechten zu sehen. Hitler starrte ihn geistesabwesend an und antwortete mit ein paar belanglosen Worten. „Ich stand wenige Schritte von beiden entfernt", schrieb Speer, „und hatte das Gefühl eines historischen Augenblicks: Die Führung des Reiches ging auseinander."

Dönitz begab sich nach Norddeutschland, um nahe der dänischen Grenze bei Flensburg sein Hauptquartier für den Nordabschnitt einzurichten. Himmler fuhr zu seinem Hauptquartier bei Ziethen in der Nähe von Berlin und setzte die Fahrt noch vor Sonnenaufgang fort, um rechtzeitig bei zwei geheimen Zusammenkünften zu erscheinen, die Schellenberg für ihn vereinbart hatte. Das erste Treffen fand auf dem Hof von Felix Kersten, Himmlers Masseur, mit Norbert Masur, einem Schweden, statt, der den Jüdischen Weltkongreß vertrat. Himmler versprach, tausend Jüdinnen aus Ravensbrück herauszuschmuggeln – erklärte aber, er würde diese als Polinnen und nicht als Jüdinnen bezeichnen müssen, um es Masur zu erleichtern, ihre Ankunft in Schweden geheimzuhalten. Masur machte keine Einwendungen.

Später frühstückte Himmler mit dem schwedischen Diplomaten Graf Folke Bernadotte, der, wie er hoffte, einverstanden sein würde, als Mittelsmann zwischen ihm und den amerikanischen Stellen zu fungieren. Sie trafen sich im Sanatorium von Dr. Karl Gebhardt, Himmlers Hausarzt, der in seiner Freizeit medizinische Versuche an KZ-Insassen durchführte. Um Bernadotte seinen guten Willen zu beweisen, erwähnte Himmler auch sein Gespräch mit Masur und erhöhte noch vor dem Frühstück sein Angebot mit der Erklärung, er sei bereit, *alle* Frauen aus Ravensbrück freizulassen. Trotzdem ließ sich Bernadotte nicht dazu überreden, als Vermittler gegenüber den Amerikanern aufzutreten.

Als einer der letzten verließ Albert Speer die Geburtstagsgesellschaft Adolf Hitlers; er war noch länger dageblieben, um Goebbels ins Gewissen zu reden. Als Gauleiter von Berlin war Goebbels in gewissem Maße auch für die Verteidigung der Hauptstadt mitverantwortlich, und Speer hatte gehört, daß Goebbels die über hundert Brücken der Hauptstadt in die Luft sprengen lassen wollte, um den Vorstoß der Sowjets zu verlangsamen. Speer bat Goebbels dringend, diesen Plan nicht zu verwirklichen; die Zerstörung der Brücken, so beschwor er ihn, würde die Lebensmittelzufuhr in die Stadt unterbrechen und nahezu jeden, der die Kämpfe überlebte, dem Hungertod preisgeben.

Nach einer längeren Debatte erklärte sich Goebbels einverstanden, Brücken nur dann zu sprengen, wenn sie im Verlauf der Kämpfe einen strategischen Wert erhielten – ein Zugeständnis, das General Krebs dann an Hitler weiterleitete. Vermutlich aus Achtung vor Goebbels akzeptierte Hitler diese Entscheidung. In dieser Situation schätzte Hitler Goebbels als treuen und langjährigen Gefolgsmann seiner Bewegung so hoch ein, daß er Goebbels aufforderte, mit seiner Familie für die bevorstehende schwere Prüfung ebenfalls in den Bunker zu ziehen.

Am 21. April konnten Sowjetsoldaten von Erhebungen oder höheren Gebäuden aus ihr Ziel Berlin in der Ferne erkennen; die Stadt lag seit dem letzten amerikanischen Bombenangriff in einen Rauchschleier gehüllt. Später rühmten sich mehrere Einheiten zugleich, Berlin zuerst gesehen, den ersten Schuß auf die Stadt abgegeben und sie als erste betreten zu haben. Wer diese Behauptungen zu Recht erhob, wurde nie endgültig geklärt.

Zu den Truppeneinheiten, die Berlin zuerst erblickten, gehörte das Bataillon der 3. Stoßarmee, das bei Zechin 16 Mann verloren hatte, die dort umgebracht worden waren. Das Bataillon sah die Stadt zum ersten Mal von einem etwa 15 Kilometer nordöstlich gelegenen Hügel aus, als es sich der äußeren Verteidigungslinie Berlins näherte, die etwa der 120 Kilometer langen Autobahnstrekke entsprach, die um Berlin herumführte. Hier wurde dem Bataillonskommandeur, Hauptmann Stepan Neustrojew, die sowjetische Fahne, die die Division mit sich führte, anvertraut: Jede Division würde beim Einmarsch in Berlin mit den anderen wetteifern, ihre Fahne als erste auf dem Reichstag als Symbol für den Endsieg der Sowjetunion zu hissen, obwohl das Reichstagsgebäude seit dem Brand im Jahre 1933 nicht mehr benutzt worden war. Der Divisionskommandeur sagte: „Ich wünsche keine andere Fahne auf dem Reichstag zu sehen, Stepan." Neustrojew antwortete grinsend: „Ich verstehe, Genosse General. Ich werde mein Bestes tun, um nicht vor ein Kriegsgericht gestellt zu werden."

Nicht weit entfernt eröffnete eine Batterie der 266. Division der 5. Stoßarmee als eine der ersten den Artilleriebeschuß auf Berlin. „Vor uns lag eine riesige Stadt", schrieb Feldwebel Nikolai Wassiljew. „Wir wurden von einem Gefühl unbändiger Freude übermannt. Dies war die letzte Stellung des Gegners, und die Stunde der Vergeltung war schließlich doch noch gekommen. Wir merkten nicht einmal, daß ein Wagen neben uns hielt. Unser Armeeoberbefehlshaber, General Bersarin, stieg aus und gab unserem Kommandeur den Befehl: ‚Ziel: Der Feind in Berlin. Feuer frei!'" Die Batterie feuerte Granaten ab, die Aufschriften trugen: „Für Stalingrad", „Für die Ukraine", „Für die Witwen und Waisen" und „Für die von Müttern vergossenen Tränen".

Diese Granaten waren vermutlich die ersten, die im Stadtzentrum von Berlin einschlugen. Genau um 11.30 Uhr hörte man am Hermannplatz den Beschuß. Käufer, die sich bei Karstadt angestellt hatten, bemerkten den Feuerüberfall zu spät. Kurz darauf war der Platz von Toten und Verwundeten übersät.

Der Artilleriedonner so dicht bei der Reichskanzlei schockierte Hitler. Zuerst dachte er, die Sowjets hätten eine Eisenbahnbrücke über die Oder gebaut und setzten jetzt ein Eisenbahngeschütz mit einer Reichweite von vielleicht 80 Kilometern ein. Ein Luftwaffenoffizier klärte ihn darüber auf, daß es eine solche Eisenbahnbrücke gar nicht gebe, worauf Hitler verstummte.

In seiner wirklichkeitsfremden Art übernahm Hitler jetzt wieder eine seiner Lieblingsrollen – die Rolle des Mannes, der militärische Wunder wirkt. Er entwickelte seinen erstaunten Befehlshabern einen Drei-Phasen-Plan, durch den die zusammengebrochene Front wieder aufgebaut und die Rettung des Dritten Reiches gewährleistet werden sollte.

Die erste Phase sei bereits eingeleitet, erläuterte Hitler. 190 Kilometer südöstlich von Berlin befänden sich Verbände der 4. Panzerarmee von Generalfeldmarschall Schörners Heeresgruppe bei Görlitz im Gegenangriff und kämen schon einigermaßen voran. Obwohl Schörner selbst keine derartige Behauptung aufgestellt hatte, erklärte Hitler mit Bestimmtheit, daß der Gegenangriff dieser Panzerverbände das Loch, das Konjews Truppen in die deutsche Front gerissen hatte, schließen würde – ein Loch, das inzwischen etwa 60 Kilometer breit war.

Als zweite Phase befahl Hitler der 9. Armee, mit Front nach Westen umzudrehen, Schukow den Rücken zu kehren und sich darauf vorzubereiten, den Armeen, mit denen Konjew in nördlicher Richtung auf Berlin vorrückte, in die Flanke zu fallen und sie zurückzuschlagen. Hitler äußerte sich nicht darüber, wie diese Kehrtwendung im einzelnen durchgeführt werden sollte. (Diese Operation wurde nie eingeleitet.)

Schließlich kam das Kernstück von Hitlers Plan zur Sprache – ein Gegenangriff, den er SS-Obergruppenführer Felix Steiner zugedacht hatte. Steiner gehörte zu den energischen Führungspersönlichkeiten, denen nach Hitlers Ansicht alles gelingen mußte. Als ehemaliger Heeresoffizier hatte er sich vor dem Krieg freiwillig zur Waffen-SS gemeldet und an der Ost- und Westfront große Erfolge errungen – seit kurzem als Oberbefehlshaber der 11. SS-Panzerarmee in Pommern. Als Steiner sich mit den Überresten seiner Armee aus Pommern absetzte, gehörte er zu General von Manteuffels 3. Panzerarmee im Rahmen der nördlich von Berlin eingesetzten Heeresgruppe Weichsel.

Aber der Oberbefehlshaber der Heeresgruppe, Heinrici, dessen im Abwehrkampf stehende Truppen angesichts der sowjetischen Offensive schon stark geschwächt waren, konnte Steiners Verbände innerhalb der 3. Panzerarmee nicht unangetastet lassen, während die Frontverbände vor Berlin in zunehmendem Maße dezimiert wurden. Deshalb entsandte Heinrici schon am 16. April die 18. Panzergrenadierdivision von Steiners Armee zur Verstärkung an die Seelower Höhen. Zwei Tage darauf erhielt Steiner von Heinrici die Weisung, die 11. SS-Panzergrenadierdivision nach Süden zur Verteidigung Berlins in Marsch zu setzen und die erprobte SS-Brigade ,,Nederland'', die ebenfalls Steiner unterstand, noch weiter nach Süden zu dirigieren, um Konjews Durchbruch abzuriegeln. Steiner sagte später und übertrieb dabei nur geringfügig: „Am 21. April war ich ein General ohne Truppe."

Zu diesem Zeitpunkt erhielt Steiner von Hitler den Auftrag, durch die Nordflanke von Schukows rasch vorstoßenden Verbänden durchzubrechen, um die deutsche Front an der Oder zu konsolidieren. Der Führer war erstaunt, als er erfuhr, daß Steiner praktisch über keinerlei Kampftruppen mehr verfügte, aber Hitler fand schnell einen Ausweg – jedenfalls zu seiner eigenen Befriedigung. Für die Armee-Abteilung Steiner zweigte er drei Divisionen und einige zusammengewürfelte Verbände ab, einschließlich Hitlerjugend und Bodenpersonal der Luftwaffe. Hitler war mit diesen Maßnahmen so zufrieden, daß er Steiner erklärte: „Sie werden sehen, die Russen werden noch die größte und blutigste Niederlage ihrer Geschichte vor den Toren Berlins erleben."

Hitler erwartete, daß Steiner auf der Stelle zum Angriff übergehen würde, aber die Steiner soeben unterstellten Divisionen waren über ganz Großberlin verstreut. Sie mußten erst gesammelt, wahrscheinlich neu bewaffnet und bereitgestellt werden; und Steiner mußte diese schwierige und langwierige Aufgabe ohne die ihm versprochenen Transportmittel und Versorgungsgüter lösen. Er hatte lediglich eine Führerweisung in der Hand, die unkooperative Amtsträger einschüchtern sollte: „Offiziere, die diesen Befehl nicht vorbehaltlos ausführen, sind festzunehmen und sofort zu erschießen." Die Weisung erhielt außerdem für Steiner einen Satz mit drohendem Unterton: „Ich mache Sie persönlich für die Ausführung dieses Befehls verantwortlich."

Um sich selbst abzusichern, rief Steiner fernmündlich Heinrici an und meldete, daß der Angriff nicht wie befohlen durchgeführt werden könne. Heinrici war erbittert über das, was er hörte, aber er konnte Steiner nur wenig helfen. Heinrici hatte selbst genügend Sorgen. Trotz aller Lösungen, auf die Hitler am grünen Tisch verfallen war, verschlechterte sich die Lage für die 9. Armee sehr schnell, und Heinrici hatte noch immer nicht die Genehmigung erhalten, mit der Armee zurückweichen zu dürfen. Heinrici war überzeugt, daß die 9. Armee eingekesselt und vernichtet werden würde, wenn sie nicht noch in derselben Nacht zurückgenommen würde; am 21. April rief er General Krebs an, um seiner Besorgnis Ausdruck zu verleihen.

Heinrici erklärte ferner, es seien einfach nicht genug Truppen verfügbar, um eine widerstandsfähige Abwehrfront an der Oder aufzubauen, und aus diesem Grunde sei es entscheidend wichtig, die 9. Armee näher an die Hauptstadt heranzuführen, wo sie einen schmaleren Verteidigungsabschnitt besetzen könne. Er schloß seine Ausführungen mit den Worten: „Eigentlich sollte ich zum Führer gehen und sagen: ‚Mein Führer, ich bitte Sie, mich meines Postens zu entheben. Dann kann ich als Volkssturmmann meine Pflicht tun und gegen den Feind kämpfen!'"

Krebs antwortete zweifelnd: „Wollen Sie wirklich, daß ich dies an den Führer weitergebe?"

„Ich verlange es", sagte Heinrici. „Mein Chef des Stabes und mein Ia sind meine Zeugen."

Wenige Minuten später rief Krebs zurück. Der Führer befehle, sagte er, daß die 9. Armee ihre jetzigen Stellungen zu halten habe.

Am nächsten Vormittag, dem 22. April, sah Hitler an seinem Arbeitstisch Stapel von Meldungen durch und fragte, wie Steiner mit seinem Angriff vorankomme. Er erfuhr, daß Schukow 50 Kilometer über Oranienburg hinaus vorgestoßen sei, Berlin nördlich umgangen habe und jetzt dabei sei, nach Süden einzuschwenken. Konjew sei mit vorgeschobenen Einheiten bis auf acht Kilometer an die Reichshauptstadt herangekommen, wurde Hitler gemeldet, und seine sowie Schukows Artillerie hätten das Feuer auf Berlin eröffnet. Aber Hitler konnte nicht feststellen, wie es um die Armee-Abteilung von Steiner stand. General Krebs erklärte mehrfach, es lägen keine konkreten Meldungen vor.

Hitler versuchte, vom Verbindungsoffizier der Luftwaffe, General Eckardt Christian, mehr zu erfahren, denn dieser hätte wissen müssen, wo Steiner jetzt stand, da er den Auftrag erhalten hatte, überzähliges Bodenpersonal der Luftwaffe Steiner zuzuführen. Der General konnte jedoch keinerlei Informationen geben und rief den Generalstabschef der Luftwaffe, General Karl Koller, an, der zwar ebenfalls nichts Genaues wußte, aber sich zu erkundigen versprach. Fast als ob er geahnt hätte, was Hitler hören wollte, meldete Koller, Steiner stehe praktisch zum Angriff bereit. Dann schienen andere das Stichwort zu übernehmen. Das Heer meldete, Steiner sei zum Angriff angetreten, und als Himmler nach seinem Lagebild gefragt wurde, erklärte dieser, er sei davon überzeugt, daß Steiner schon angegriffen habe.

In Wirklichkeit sah die Lage jedoch anders aus. Steiner hatte knapp 10 000 Mann, zum größten Teil unbewaffnet, zusammengebracht, die er jetzt entlang dem Finow-Kanal nordöstlich von Berlin einsetzte. Dort, in Reichweite der Artillerie – wenn Steiner nur über Geschütze verfügt hätte! – strömte Schukows Infanterie in südwestlicher Richtung auf die Stadt zu, und Schukows Panzer stießen nach Westen vor, um Berlin von Norden her zu umgehen. Steiner hatte keine Ahnung, wann er – wenn überhaupt – in der Lage sein würde, zum Angriff überzugehen.

Hitler, der sich mit den eingehenden Meldungen nicht zufrieden zeigte und tiefes Mißtrauen hegte, eröffnete die nachmittägliche Lagebesprechung, ohne etwas Konkretes über Steiners Angriffsoperation zu wissen. Generalfeldmarschall Keitel und Generaloberst Jodl trugen in ihren Lagevorträgen praktisch alles andere vor – insbesondere die Tatsache, daß Schukows Nordflügel hinter Oranienburg nach Südwesten einschwenke und sich wahrscheinlich innerhalb einer Woche bei Potsdam mit Konjews Spitze vereinigen würde. Bebend vor Zorn verlangte Hitler nähere Aufklärung über Steiners Angriffsoperation. Krebs gab schließlich zu, daß der Angriff noch nicht begonnen habe und Steiner seine Bereitstellung noch nicht abgeschlossen habe.

Hitler bekam einen Wutanfall. Diesmal war es nicht nur einer jener Ausbrüche, die seine Mitarbeiter in regelmäßigen Abständen bei ihm erlebten; der Anfall war so heftig, daß er auch die erfahrensten Kenner von Hitlers Zornesanwandlungen entsetzte. Hitler verlor die Selbstbeherrschung, seine Augen traten hervor, das Gesicht lief dunkelrot an, und er schrie, daß die ganze Welt ihn belogen und verraten und verlassen habe, daß das Dritte Reich am Ende sei. „Der Krieg ist verloren!" rief er aus – das erste Mal, daß er offen ein solches Eingeständnis machte. Alles sei zu Ende, rief der Führer; er werde in Berlin bleiben und sich erschießen, wenn die Russen kämen. Und dann sackte er mit offenem Mund und glasigen Augen stumm in sich zusammen – es war ein noch entsetzlicherer Anblick, als es vorher sein Wutausbruch gewesen war.

Die Offiziere umringten Hitler, sprachen beruhigend auf ihn ein, spendeten ihm Trost und redeten ihm gut zu. Sie erklärten ihm, es sei noch nicht alles verloren. Schörners Heeresgruppe stehe noch mit voller Kampfkraft in der Tschechoslowakei, ebenso verhalte es sich mit Generalfeldmarschall Kesselrings Truppen in Österreich und Süddeutschland. Sie beschworen Hitler, sich auf den Obersalzberg zu begeben und den Krieg von dort aus weiterzuführen. Hitler erwachte aus seinem Trancezustand. Er sagte den Generalen, daß

Erschöpfte deutsche Kriegsgefangene, Teil der halben Million, die während der letzten Schlachten zwischen Oder und Berlin in sowjetische Hand fielen, legen auf ihrem langen Marsch in sowjetische Gefangenenlager eine Rast ein. Das oberste Schild weist auf das 40 Kilometer hinter ihnen liegende Berlin. Die Soldaten sahen einer düsteren Zukunft entgegen: Von den fast 3,5 Millionen Deutschen in sowjetischen Lagern starb fast die Hälfte in der Gefangenschaft, und ungefähr 50 000 wurden als „Kriegsverbrecher" bis 1956 festgehalten.

sie Berlin verlassen könnten, ja sogar verlassen sollten, und fügte hinzu: „Ich werde die Stadt bis zuletzt verteidigen. Entweder gewinne ich diese Schlacht um die Reichshauptstadt, oder ich falle als Symbol des Reiches."

Drei Stunden dauerte die hitzige Lagebesprechung. Einer nach dem anderen meldeten sich die Offiziere ab, um ihren Stäben die Nachricht von Hitlers Zusammenbruch durchzutelephonieren. Der Verbindungsoffizier der Marine, Konteradmiral Hans-Erich Voss, informierte Admiral Dönitz in Plön. SS-Generalmajor Hermann Fegelein, Himmlers Verbindungsoffizier und Schwager von Eva Braun, berichtete dem Reichsführer SS den Vorfall. Himmler war so entsetzt, daß er Hitler zweimal anrief und versprach, zusätzliche SS-Truppen zur Verteidigung der Hauptstadt abzustellen. Dann fühlte sich Himmler durch Hitlers Zusammenbruch veranlaßt, für die Nachfolge Sorge zu tragen, und fuhr zu einem weiteren Treffen mit dem Grafen Bernadotte. Sie trafen sich am 23. April abends im schwedischen Konsulat von Lübeck, und diesmal erklärte sich Bernadotte – ohne Himmler allzu große Hoffnungen zu machen – bereit, Himmlers schriftliche Petition seiner Regierung zur Weiterleitung an die Alliierten zu übermitteln.

Bei der Lagebesprechung mit Hitler kamen auch andere Fragen neben der aktuellen Lage um Berlin zur Sprache – und allen diesen Themen kam historische Bedeutung zu. Als die Generale im Laufe der Unterredung erkannt hatten, daß sich Hitler offenbar nur noch um militärische Entscheidungen kümmerte, die Berlin betrafen, beschworen sie Hitler, die Verantwortung nicht einfach so von sich zu schieben. „Sie können die Wehrmacht nicht im Stich lassen", erklärte Keitel eindringlich. „Es ist doch völlig unmöglich, daß Sie jetzt plötzlich, nachdem Sie uns so lange geleitet und geführt haben, Ihre Mitarbeiter wegschicken und von ihnen erwarten, daß sie sich selber führen."

Wer würde ihnen dann die Befehle geben, fragte jemand. „Ich nicht", erwiderte Hitler; sie sollten sich an Reichsmarschall Göring wenden. Niemand würde für Göring kämpfen, bemerkte Keitel, worauf Hitler, der in diesem Moment jede Hoffnung aufgegeben zu haben schien, meinte: „Die Kämpfe sind sowieso bald zu Ende. Wenn's aufs Verhandeln ankommt, das kann der Reichsmarschall besser als ich."

Diese Bemerkung bildete ein höchst bedeutsames Stichwort für die Ereignisse, die jetzt folgen sollten – eine melodramatische Folge von Geschehnissen, die schließlich zum Untergang von Hermann Göring führten. In der Hitze der Auseinandersetzung kam der Luftwaffengeneral Christian zu dem Schluß, Hitler sei als Führer des Reiches abgetreten, so daß Göring Friedensverhandlungen aufnehmen könne. Als Görings Untergebener in der Luftwaffe hielt es Christian für seine Pflicht, diese Entwicklung mit seinem unmittelbaren Vorgesetzten, General Koller, zu besprechen; aber Christian wollte diese wichtige Nachricht nicht dem Fernsprecher anvertrauen. Er fuhr, so schnell er konnte, quer durch Berlin zum Hauptquartier der Luftwaffe bei Krampnitz in der Nähe von Potsdam und unterrichtete dort Koller persönlich.

Koller beschloß, diese Nachricht Göring selbst zu überbringen, und ließ sich zu diesem Zweck ein Jagdflugzeug bereitstellen; er flog nach München und fuhr von dort mit dem Auto weiter zum Obersalzberg. Göring geriet durch die Aussicht, die Rolle des Führers zu übernehmen, in Hochstimmung. Er wußte, daß Hitler im Juni 1941 ein Dokument unterzeichnet hatte, das den Reichsmarschall zu seinem Nachfolger bestimmte. Trotzdem holte Göring, um ganz sicherzugehen, juristischen Rat beim Reichsminister und Chef der Reichskanzlei, Hans Heinrich Lammers, ein. Hat der Führer, fragte Göring den Juristen, irgendeinen Erlaß herausgegeben, der die Weisung vom Juni 1941 außer Kraft setzt? Lammers antwortete mit Nein. Ob Göring von Rechts wegen die Nachfolge antreten könne, während Hitler noch am Leben sei? Dem stehe eigentlich nichts im Wege, meinte Lammers.

Mit Hilfe von Lammers und anderen entwarf Göring ein Telegramm an Hitler, das dazu dienen sollte, seine neue Position zu bestätigen und rechtskräftig zu machen.

> „Mein Führer,
> Sind Sie einverstanden, daß ich nach Ihrem Entschluß, in der Festung Berlin auszuharren, auf Grund des Gesetzes vom 29. 6. 41 nunmehr die Gesamtführung des Reiches mit allen Vollmachten nach innen und außen übernehme? Wenn ich bis 22 Uhr keine Antwort erhalte, nehme ich an, daß Sie Ihrer Handlungsfreiheit beraubt sind, und werde ich die Bedingungen Ihres Gesetzes als gegeben betrachten und nach eigenem Ermessen aufs beste für die Interessen unseres Landes und Volkes handeln. Was ich in dieser schwersten Stunde meines Lebens empfinde, kann ich nicht aussprechen. Der Herrgott schütze Sie, und ich hoffe, daß Sie doch noch aus Berlin hierherkommen.
> Ihr getreuer
> Hermann Göring."

Als das Telegramm im Führerbunker eintraf, fiel es Martin Bormann, dem Leiter der Parteikanzlei, in die Hände. Bormann war mit Göring verfeindet und in weiten Kreisen verhaßt. Generaloberst Guderian nannte ihn den „finsteren Gassenjungen". Bormann überzeugte Hitler schnell, daß Göring ihm ein Ultimatum gestellt habe, als er 10 Uhr abends als letzten Termin für eine Antwort festsetzte. Bormann redete Hitler ein, Göring versuche, ihn aus der Position des Führers zu verdrängen. Hitler akzeptierte Bormanns

Interpretation ohne weiteres und diktierte ein Telegramm an die SS-Dienststelle auf dem Obersalzberg mit dem Befehl, Göring, Lammers und Koller wegen Hochverrats festzunehmen. In Anbetracht ihrer früheren Verdienste schonte er ihr Leben; Hitler wies Goebbels lediglich an, in der Presse bekanntzugeben, daß sich Göring aus gesundheitlichen Gründen gezwungen sähe, alle seine Ämter niederzulegen – einschließlich seines Postens als Reichsjägermeister, ein Amt, das er seit den dreißiger Jahren innegehabt hatte.

Die entscheidende Lagebesprechung im Führerbunker vom 22. April hatte eine noch viel weitreichendere Auswirkung als Görings tragikomischer Versuch, die Führung des Reiches an sich zu reißen. Wichtigster Punkt war ein kühner Plan des Generalobersten Jodl, der darauf abzielte, den Führer erneut für die Kriegführung zu interessieren: Gegen Ende der Besprechung an diesem Tag schlug Jodl vor, der 12. Armee, die einen etwa 200 Kilometer breiten Elbeabschnitt südwestlich von Berlin gegen die Amerikaner verteidigte, den Befehl zu geben, kehrtzumachen, Konjew in den Rücken zu fallen, durch die sowjetischen Linien vorzustoßen und in die Reichshauptstadt einzudringen.

Dieser Plan hätte natürlich den Amerikanern ihrerseits den Weg zum Vormarsch auf Berlin frei gemacht, aber Jodl hatte guten Grund zu der Annahme, daß dieses Risiko in der gegenwärtigen Situation nicht ins Gewicht fiel. Unter geheimnisvollen Umständen hatte das deutsche Oberkommando der Wehrmacht Kenntnis von dem alliierten Plan für die Besetzung Deutschlands erhalten. Aus diesem Plan, der aus 70 Schreibmaschinenseiten einschließlich Kartenbeilagen bestand, ging hervor, daß das gesamte Gebiet zwischen Oder und Elbe (außer einer Dreimächteverwaltung für Berlin) zur sowjetischen Besatzungszone gehören sollte. Jodl folgerte daraus, daß die Briten und Amerikaner wahrscheinlich keine neue Offensive beginnen würden, um ein Territorium in Besitz zu nehmen, das sie anschließend ohnehin an die Sowjets würden abtreten müssen. Diese Lagebeurteilung wurde zusätzlich durch die Tatsache gestützt, daß die 9. US-Armee die Elbe zwar seit elf Tagen erreicht, seit diesem Zeitpunkt aber keinen Versuch zum Überschreiten des Flusses unternommen hatte.

Ob die 12. Armee jedoch dazu beitragen konnte, die Lage in Berlin zu bereinigen, war eine andere Frage. Die Anfang April neu aufgestellte Armee war schlecht ausgebildet und ausgerüstet; sie verfügte nur über schwache Panzerverbände. Ihre Hauptstärke beruhte auf außerordentlich tüchtigen und befähigten Offizieren und Mannschaften, zu denen auch zahlreiche Offiziersanwärter gehörten, sowie auf ihrem Oberbefehlshaber, dem General der Panzertruppen Walter Wenck, dessen Erfolge an der Ostfront ihn drei Jahre zuvor im Alter von 42 Jahren zum jüngsten General des deutschen Heeres hatten aufsteigen lassen.

In besseren Zeiten hätte Jodl nie eine so schwache Armee wie die Armee Wenck für einen so kritischen Einsatz ausersehen. Aber jetzt bildete die 12. Armee die einzige, wenn auch schwache, noch bestehende Hoffnung. Keitel unterstützte den Vorschlag; er war in der Tat so begierig darauf, etwas Konstruktives beizutragen, daß er Wenck die neuen Befehle unbedingt persönlich überbringen wollte. Hitler genehmigte den Plan und lebte bei der Erörterung der Einzelheiten förmlich auf; zusätzlich zu seiner früheren Idee, die 9. Armee kehrtmachen und nach Westen vorstoßen zu lassen, ordnete Hitler einen gemeinsamen Angriff der 9. und 12. Armee mit dem Ziel der Entsetzung Berlins an, wie Jodl vorgeschlagen hatte. Außerdem zeigte sich Hitler um Keitels Wohlergehen während der Fahrt rührend besorgt. Er ließ einen aus belegten Broten, Schokolade und Weinbrand bestehende Picknickmahlzeit zubereiten und bestand darauf, daß der Generalfeldmarschall vor seiner Abreise eine ganze Schüssel heißer Erbsensuppe verzehrte.

Es war schon nach Mitternacht, als Keitel zu Wencks Gefechtsstand in einem Jagdhaus im Wiesenberger Forst, etwa 90 Kilometer südwestlich von Berlin, gelangte. Bei seiner Ankunft erklärte Keitel: „Wir müssen den Führer befreien!" Dann erläuterte er den Plan für den Entsatz von Berlin. Die 12. und die 9. Armee sollten aufeinander zu vorstoßen, sich südlich von Berlin vereinigen und dann den Weg in die Reichshauptstadt freikämpfen. Mangels irgendwelcher Befehle hatte Wenck die ersten Schritte für dieses Vorhaben bereits eingeleitet: In Anbetracht der verhältnismäßigen Ruhe auf amerikanischer Seite hatte er die Armee von der Elbe zurückgezogen, um den vorrückenden Sowjets entgegenzutreten; er hatte am 21. April sogar einen sowjetischen Panzerangriff bei Belzig abgeschlagen. Aber Wenck war der Auffassung, ein Vordringen nach Berlin würde die Kräfte seiner Armee übersteigen; deshalb setzte er sich, nachdem sich Keitel auf den Rückweg in die Reichshauptstadt gemacht hatte, mit seinem Chef, Oberst im Generalstab Günther Reichhelm, zusammen und entwarf einen eigenen Operationsplan.

Seine Armee, entschied Wenck, müsse noch eine letzte Anstrengung unternehmen, und das Beste, was die Soldaten der 12. Armee zum gegenwärtigen Zeitpunkt tun könnten, sei, ihre eingeschlossenen Kameraden von der 9. Armee zu retten. So bald wie möglich würde die 12. Armee in südöstlicher Richtung angreifen und einen Korridor durch die sowjetischen Linien freikämpfen. Busses Verbände würden sich dann durch den Korridor absetzen, die Elbe erreichen und sich dort zusammen mit den Überlebenden der 12. Armee und allen Flüchtlingen, die sie retten konnten, den amerikanischen Truppen ergeben.

Wenck und Reichhelm machten sich über den Angriff keinerlei Illusionen: Allein die Bereitstellung würde mehrere Tage in Anspruch nehmen, denn sie waren gegen die Sowjets in schwere Abwehrkämpfe verwickelt; der Angriff würde hohe Verluste kosten und vielleicht nicht einmal gelingen. In der Zwischenzeit sahen die Generale in Berlin die geplante Offensive in den rosigsten Farben. Krebs rief Heinrici an und sagte ihm, Wencks Vorstoß werde die Hauptstadt vom sowjetischen Druck befreien. Heinrici wies darauf hin, daß Wenck mit seinen beiden Korps westlich von Berlin stehe und nicht über Nacht so große Geländegewinne erzielen könne. Aber das Ganze klang nicht völlig aussichtslos; Heinrici machte sich sogar gewisse Hoffnungen, daß die geplante Operation den gewünschten Erfolg haben würde.

Im Verlauf dieser Nacht rief Krebs noch einmal Heinrici an, um Wencks Offensive mit der von Busse zu koordinieren. Er teilte Heinrici mit, daß Hitler in plötzlich erwachter neuer Zuversicht Busse schließlich doch ermächtigt habe, die 9. Armee auf eine Linie zurückzunehmen, die von der Gegend um Cottbus, wo Konjew durchgebrochen war, in nördlicher Richtung verlief. Der Führer habe außerdem erklärt, General Bieler dürfe die Festung Frankfurt an der Oder aufgeben. Während der Absetzbewegung solle Busse eine Division herauslösen und unverzüglich den Angriff nach Westen einleiten, um sich mit der 12. Armee zu vereinigen.

Als erfahrener Truppenführer hatte Marschall Konjew bereits die Möglichkeit einkalkuliert, die deutsche 12. Armee könnte versuchen, seine Stellungen in Richtung auf die 9. Armee zu durchbrechen. Um einem solchen Vorhaben einen Riegel vorzuschieben, setzte er ein Korps in einer starken Verteidigungsstellung bei Baruth ein, und zwar an einer Straße, die entweder von der 12. oder der 9. Armee überschritten werden mußte, wenn sie Anschluß aneinander finden wollten. Zwei Armeen von Konjew rückten westlich in Richtung auf die Elbe vor, um entweder Wenck mit seinen Verbänden oder die Amerikaner zu finden. Sie stießen auf „wütende Angriffe", wie Konjew sich ausdrückte; es schien daher höchst wahrscheinlich zu sein, daß Wenck eine Art von Gegenoffensive in Gang zu setzen versuchte.

Im Augenblick jedoch war für Konjew die 9. Armee viel wichtiger als die 12. Armee. Er und Schukow hatten Befehle aus Moskau erhalten, die Einschließung der 9. Armee bis spätestens zum 24. April zu vollenden, und sechs Sowjetarmeen – je drei von den Heeresgruppen der beiden Marschälle – gingen von allen Seiten gegen Busses Armee vor. Sobald die 9. Armee von Berlin abgeschnitten und gezwungen war, ohne Versorgung, Nachschub oder Verstärkungen den Kampf fortzusetzen, würde sie rasch am Ende sein – dessen waren sich die beiden Marschälle sicher.

Hitler machte es den Sowjets noch etwas leichter. Am Nachmittag des 23. April gab er dem LVI. Panzerkorps, das zum Schutz von Busses Nordflanke eingesetzt war, den Befehl, sich nach Berlin zurückzuziehen und die Zufahrtsstraßen in die Stadt von Osten und Südosten zu verteidigen.

Die 9. Armee wurde schließlich am 24. April durch das erste einer Reihe strategischer Koppelungsmanöver von ihren Verbindungslinien abgeschnitten. Um 6.00 Uhr früh trafen Einheiten von Tschuikows 8. Garde-Armee von Osten her beim Flugplatz Schönefeld am Südostrand der Reichshauptstadt auf eine nach Norden vorrückende Einheit von Rybalkos 3. Garde-Panzerarmee. Tschui-

kow meldete den Zusammenschluß mit Konjews Front an Schukows Gefechtsstand und erhielt kurz darauf einen überraschenden Rückruf von Schukow persönlich. Der Marschall verlangte eine exakte Auskunft über die genaue Bezeichnung jener Einheit von Konjews Verbänden, der seine Männer begegnet waren, sowie den genauen Zeitpunkt, zu dem diese Einheit die äußere Stadtgrenze von Berlin überschritten hatte – und bestand darauf, daß Tschuikow zu diesem Zweck höhere Offiziere entsandte. Tschuikow vermutete, Schukow richte sich darauf ein, jeden Anspruch von seiten Konjews zurückzuweisen, daß die 1. Ukrainische Front der 1. Weißrussischen Front in Berlin zuvorgekommen sei.

Acht Sowjetarmeen schlossen jetzt den Ring um Berlin und drangen an mehreren Punkten der 90 Kilometer langen Stadtgrenze in die Reichshauptstadt ein. Die Kämpfe wurden jetzt verbissener; die leichten Geländegewinne der letzten Tage waren zu Ende. „Je näher wir an Berlin herankamen", schrieb Konjew später, „desto mehr verstärkte sich die feindliche Abwehr, und die gegnerische Infanterie wurde durch immer mehr Artillerie, Panzer und Panzerabwehrwaffen unterstützt." Während dieser Abwehrkampf im Gange war, suchte die Zivilbevölkerung in Kellern und Unterständen Zuflucht, nicht immer mit Erfolg.

Während Konjew auf breiter Front von Süden her gegen Berlin vorstieß, gelangte er an ein besonderes Hindernis: den Teltowkanal, der den Südteil der Stadt durchschneidet. Er ist etwa 50 Meter breit und drei Meter tief; seine Brücken waren entweder gesprengt oder vermint, die hohen Uferböschungen mit Bunkern und festen Unterständen befestigt – alles in allem bildete der Kanal eine beachtliche Verteidigungsstellung.

Auf einer Länge von zwölf Kilometern wurde der Kanal von 15 000 Mann, 250 Geschützen und Granatwerfern, 130 Panzern und anderen gepanzerten Fahrzeugen, von über 500 Maschinengewehren und vielen Panzerfäusten verteidigt. Konjews Truppen hatten keine andere Möglichkeit, als den Kanal im Sturm zu nehmen; sobald sie ihn aber überquert hatten, würden sie nur noch auf eine einzige weitere geschlossene Abwehrstellung stoßen.

General Rybalko hatte den Auftrag, den Übergang über den Kanal zu erzwingen. Er verbrachte den ganzen 23. April mit den Angriffsvorbereitungen, ließ fast 3000 Geschütze, schwere Granatwerfer und Geschütze auf Selbstfahrlafette in Stellung bringen und war in der Lage, deren Feuerkraft auf einem Abschnitt von weniger als fünf Kilometer Breite zusammenzufassen. Etwa tausend Rohre waren jeweils auf einer Breite von nur anderthalb Kilometern in Stellung gebracht worden.

Rybalkos Artillerie eröffnete das Feuer am 24. April um 6.20 Uhr, und kurz darauf begannen die ersten Kommandogruppen, in Schlauchbooten über den Kanal zu setzen. Einige wurden vernichtet oder durch deutsche Gegenstöße zurückgeworfen, aber um 13.00 Uhr hatten sowjetische Pioniere die erste Pontonbrücke errichtet, und Panzer rollten ans andere Ufer. In diesem Augenblick war die Schlacht gewonnen, obwohl die Kämpfe die ganze Nacht hindurch weitertobten und stellenweise noch tagelang anhielten.

Rechts von Rybalko rückte die Masse der 8. Garde-Armee von Osten her vor, ohne den Teltowkanal überqueren zu müssen. In der Nähe des Flugplatzes Tempelhof stießen Tschuikows Truppen auf einen Feind, der ihnen von den Seelower Höhen an seit sieben Tagen fast ununterbrochen Widerstand geleistet hatte: die Panzerdivision Müncheberg. Dieser aus Männern und Fahrzeugen des Panzerausbildungslagers Müncheberg bestehende Verband gehörte zu den eiligst aufgestellten, behelfsmäßigen Truppenteilen, von denen es jetzt in der Wehrmacht viele gab; sie erhielten keine richtige Divisionsnummer, geschweige denn einen ausreichenden Bestand an Offizieren, Mannschaften und Bewaffnung. Die Müncheberger hatten immer wieder schwere Verluste erlitten, aber am 24. April hielten sie dennoch dem sowjetischen Ansturm stand. Einer ihrer Offiziere trug in sein Tagebuch ein:

„Die russische Artillerie feuert ohne Pause. Die Russen bahnen sich den Weg in die Häuser mit Flammenwerfern. Das Geschrei von Frauen und Kindern ist schrecklich. Es ist 3 Uhr nachmittags, und wir haben noch knapp ein Dutzend Panzer und etwa 30 gepanzerte Mannschaftstransportwagen. Wir erhalten ständig Befehle aus der Reichskanzlei, Panzer an einen anderen Gefahrenpunkt in der Stadt abzustellen, und sie kommen nie zurück."

Im Laufe des Nachmittags brachen die deutschen Verteidigungsstellungen in diesem Gebiet zusammen. In den Tagebucheintragungen des Offiziers heißt es weiter: „Unsere Artillerie geht in neue Stellungen zurück. Sie hat sehr wenig Munition. Überall hört man das Heulen der Stalinorgeln, das Schreien der Verwundeten, das Getöse von Motoren und das Rattern der Maschinengewehre. In den Straßen liegen tote Frauen, die versucht haben, Wasser zu holen. 8 Uhr abends: Russische Panzer mit aufgesessener Infanterie dringen zum Flugplatz vor. Schwere Kämpfe."

Im Norden von Berlin drangen inzwischen drei von Schukows Armeen zum Stadtkern vor. An der Spitze der 3. Stoßarmee verlangsamte sich das Vordringen von Neustrojew und seinem Bataillon durch schwere Kämpfe in Moabit, und es sah so aus, als ob es ihnen nicht gelingen würde, als erste die sowjetische Fahne auf dem Reichstagsgebäude zu hissen. Aber ihnen war soeben Unterstützung aus Moskau zuteil geworden. Stalin hatte mit seiner Vorliebe für Schukow die Grenze zwischen der 1. Weißrussischen Front und der 1. Ukrainischen Front neu gezogen, wodurch das Stadtzentrum – mit dem Reichstag, dem Führerbunker und den Regierungsgebäuden – einschließlich der im Norden gelegenen Stadtviertel auf Schukows Seite der Trennungslinie lag.

Russische Frauen, ihre Habseligkeiten in der Hand, werden Ende April 1945 von Sowjettruppen aus einem Arbeitslager bei Berlin befreit und auf die Reise in ihre Heimat geschickt. Über die Hälfte der drei Millionen Zwangsarbeiter, die aus der Sowjetunion nach Deutschland deportiert wurden, waren Frauen. Sie arbeiteten in Landwirtschaft und Industrie, außerdem als Hausangestellte, um – so lautete ein Führerbefehl – „die deutsche Hausfrau zu entlasten".

Der Nordteil von Berlin war auch das Ziel der beiden einzigen echten Gegenangriffe, die von den Deutschen unternommen werden konnten, bis Wenck und Busse in der Lage waren, ihren Vorstoß von Süden her einzuleiten. Beide Offensiven im Norden wurden von Verbänden der 3. Panzerarmee durchgeführt, die noch am 24. April die 2. Weißrussische Front unter Rokossowski in ihren Brückenköpfen an der Oder festhielt.

Beide Angriffe standen unter dem Befehl des geplagten Steiner. Als Steiner darüber geklagt hatte, daß ihm die erforderlichen Truppen fehlten, hatte er ein größeres Kontingent Hitlerjugend als Verstärkung erhalten. Aber Steiner schickte die jungen Leute nach Hause und erklärte: „Ihr Einsatz wäre unverantwortlich gewesen." Daß Steiner trotz dringendster Weisungen nicht angriff, hatte Hitler am 23. April zu der Feststellung veranlaßt, er wünsche nicht, daß dieser Mann jemals wieder als Truppenführer Verwendung finde.

Steiner wurde seines Postens enthoben und durch Generalleutnant Rudolph Holste, Befehlshaber des XII. Korps in Wencks Armee, ersetzt. Aber Holste wollte bei seinen eigenen Leuten bleiben, deshalb kamen er und Steiner überein, die angeordnete Ablösung zu ignorieren.

Tatsächlich griff Steiner am Nachmittag des 23. April an, und zwar mit dem Ziel, Anschluß an das LVI. Panzerkorps zu gewinnen. Außerdem erzielte seine Truppe in südlicher Richtung an Eberswalde vorbei gewisse Geländegewinne. Aber genau in diesem Augenblick wurde das LVI. Panzerkorps herausgezogen und nach Berlin verlegt. Steiners Kampfgruppe hing sozusagen in der Luft. Heinrici blies den Angriff ab und beauftragte Steiner, es noch einmal 40 Kilometer weiter westlich zu versuchen, und zwar mit dem Ziel der Rückgewinnung von Oranienburg.

Steiner rückte nach Westen vor und griff am 25. April erneut an; auch diesmal erreichte er kleine Geländegewinne. Jetzt verzichteten Keitel und Jodl jedoch auf weitere derartige Angriffsoperationen, um Steiner davor zu bewahren, eingeschlossen zu werden. Hitler hatte inzwischen erfahren, daß sein früher so verherrlichter und jetzt geschmähter Felix Steiner sein Kommando beibehalten hatte. Hauptmann Gerhardt Boldt, Krebs' Adjutant, der zum Stab des Führerbunkers versetzt worden war, berichtete, daß Hitler keinen Wutanfall erlitt, wie alle angenommen hatten. Statt dessen meinte er lediglich: „Ich habe es Ihnen ja gesagt: Unter Steiners Führung mußte der ganze Angriff mit einem Fiasko enden."

Als sich die Schlacht um Berlin auszuweiten begann, blieb die Verteilung der Kontrolle über die westlichen Zugänge zur Stadt zunächst noch in der Schwebe. Die nördlichsten Angriffsspitzen bei Schukows Vordringen nach Westen, die 2. Garde-Panzerarmee und die 47. Armee, hatten sich bereits am 21. April von Oranienburg aus nach Südwesten gewendet und waren inzwischen in südlicher Richtung durch die westlichen Vorstädte Berlins vorgestoßen, um sich mit Konjews 4. Garde-Panzerarmee zu verbinden. Aber diesem Zusammenschluß, der ganz Berlin zu einem riesigen Gefangenenkessel gemacht hätte, wurde von einer Truppe, die hauptsächlich aus Hitlerjungen und einigen älteren Angehörigen des Volkssturms bestand, tapferer Widerstand entgegengesetzt. Diese bunt zusammengewürfelte Einheit war Hals über Kopf nach Spandau verlegt worden und hielt die Brücken über die Havel zwei Tage lang gegen sowjetische Elitetruppen; durch diese gewaltige Anstrengung blieb die einzige noch bestehende Rückzugsmöglichkeit nach Nordwesten und die Aussicht auf Berührung mit den westlichen Alliierten vorläufig noch erhalten.

Am 22. April kämpften sich Konjews Panzer den Weg nach Potsdam frei; nur 40 Kilometer trennten sie noch von Schukows nach Süden vordringenden Angriffsspitzen. Am 23. April hatte sich die Lücke auf 25 Kilometer verengt. Bei Einbruch der Dunkelheit am 24. April hörte man unbestätigte Gerüchte, daß die Verbindung hergestellt worden sei; vielleicht waren sich aber auch nur Spähtrupps flüchtig begegnet. Am 25. April schließlich trafen die Panzer von Konjews VI. Gardekorps bei Ketzin am Mittellandkanal zur Mittagszeit mit Panzereinheiten der 328. Division von Schukows 47. Armee zusammen. Zur selben Zeit schloß Konjew einen kleineren Panzerring um Potsdam.

Mittlerweile waren die letzten und bedeutsamsten Vorbereitungen für das Zusammentreffen der Sowjets und Amerikaner seit zwei Tagen im Gange gewesen. Drei sowjetische Korps aus zwei von Konjews Armeen hatten die Elbe am 23. April erreicht. Sie versuchten vorsichtig, auf dem Funkwege Verbindung mit den amerikanischen Truppen herzustellen; die amerikanischen Funker antworteten sofort und baten um nähere Einzelheiten. Aber die Sowjets wollten die Positionen ihrer Einheiten nicht preisgeben, weil die Deutschen mithörten und gelegentlich sarkastische Zwischenbemerkungen machten, wie zum Beispiel: „Amerikaner, macht euch keine Sorgen, ihr werdet bald mit euren verbrecherischen russischen Freunden zusammentreffen."

Die technischen Einzelheiten der sowjetisch-amerikanischen Begegnung – die im Gebiet von Elbe und Mulde stattfinden sollte – hatten beide Seiten seit längerer Zeit beunruhigt. Nach Auffassung der Amerikaner eröffnete das Gebiet zwischen Elbe und Mulde besonders gefährliche Möglichkeiten für einen zufälligen Zusammenstoß sowjetischer und amerikanischer Truppen; aus Sicherheitsgründen hatte die 1. US-Armee ihren Spähtrupps untersagt, weiter als acht Kilometer östlich der Mulde vorzudringen.

Am 25. April ließ die Ungeduld den Oberleutnant Albert Kotzebue von der 69. Division der 1. US-Armee nicht länger ruhen. Entschlossen, die Verbindung persönlich herzustellen, führte Kotzebue einen größeren motorisierten Spähtrupp weit über die Acht-Kilometer-Grenze hinaus, stieß in einem kleinen Dorf auf einen einsamen sowjetischen Reiter und folgte dessen beredten Handzeichen bis zur Stadt Strehla an der Elbe. Dort trafen die Amerikaner um 13.30 Uhr auf einen Trupp von Sowjetsoldaten unter dem Kommando von Oberstleutnant Alexander Gardjew vom 175. Schützenregiment der 5. Garde-Armee. Die Begegnung verlief in einer gedämpften Atmosphäre und wurde unvermittelt durch einen sowjetischen Propagandaoffizier beendet, der das Eintreffen einiger höherer Offiziere erwartete und die eigentliche Feier bis zu deren Eintreffen vertagen wollte.

Kotzebue meldete das Zusammentreffen über Funk an seinen Regimentskommandeur, der die Nachricht um 15.30 Uhr erhielt. Unglücklicherweise gab Kotzebue die falschen Koordinaten durch, und ein vom Divisionskommandeur mit dem Auftrag entsandtes Verbindungsflugzeug, die Örtlichkeiten zu erkunden, wurde von sowjetischer Flak zur Umkehr gezwungen. Das US-Hauptquartier wußte sehr wenig über das Zusammentreffen, aber man wußte andererseits, daß sich Kotzebue befehlswidrig weit über die Acht-Kilometer-Grenze hinausgewagt hatte; er war gegen ausdrückliche Befehle weiter vorgeprescht, und seine Vorgesetzten hatten es nicht eilig, ihm die erste Verbindungsaufnahme mit den Sowjets gutzuschreiben. Sie warteten erst weitere Informationen ab, und dann war es für Kotzebue zu spät.

Offiziell fiel die Ehre Leutnant William D. Robertson zu, einem Nachrichtenoffizier derselben 69. Division, der eigentlich gar nicht auf der Suche nach Russen gewesen war. Mit drei Soldaten machte sich Robertson am 25. April aus Wurzen mit einem Lastkraftwagen auf den Weg, um alliierte Kriegsgefangene ausfindig zu machen. Auf halber Strecke zwischen Mulde und Elbe stießen sie auf einige freigelassene britische Kriegsgefangene, die ihnen berichteten, daß sich viele amerikanische und sowjetische Gefangene in einem Lager bei Torgau an der Elbe befänden.

Robertson und seine Männer erreichten Torgau am Nachmittag und fanden dort zwei Amerikaner; beide waren von den Deutschen, die sich ergeben wollten, aus dem Lager entlassen worden. Dann hörten die Amerikaner Gewehrfeuer vom anderen Ufer der Elbe; es stammte wahrscheinlich von sowjetischen Einheiten, die sich im Kampf mit deutschen Widerstandsnestern befanden.

Um die Sowjets auf sich aufmerksam zu machen und sich als Amerikaner zu erkennen zu geben, hielten sie an einer Apotheke, holten Farbtinte und stellten provisorisch eine amerikanische Flagge her; diese hißten sie auf dem Turm einer am Flußufer gelegenen Burg. Die Sowjets achteten nicht auf die Flagge und schossen sogar auf Robertson. Dann fiel diesem ein, daß vielleicht noch Russen im Gefangenenlager hinter ihm sein könnten. Er schickte Leute dorthin, um jemanden herbeizubringen, der die Verbindung mit dem schießwütigen Verbündeten auf dem anderen Flußufer herstellen könnte; als schließlich ein sowjetischer Kriegsgefangener eintraf, schrie er seinen Landsleuten auf russisch etwas zu, worauf diese das Feuer einstellten und sich anschickten, den Fluß auf den Trümmern einer zerstörten Straßenbrücke zu überqueren.

Robertson machte sich ebenfalls daran, auf den Brückenteilen hinüberzugelangen, und traf über der Mitte des Flusses mit dem Russen zusammen, der als erster herüberkam. Beide, der Amerikaner und der Russe, grinsten und schlugen sich gegenseitig auf die Schultern; es bedurfte keiner Worte, ihre Freude auszudrücken. Nun schien das Ende des Krieges greifbar nahe zu sein.

Im Laufe dieser Nacht, während die Vereinigung der Sowjets und Amerikaner bei allen Alliierten gefeiert wurde, nahm ein deutscher Offizier die Nachricht von einem neutralen Rundfunksender auf und unterrichtete Hitler und die bei ihm anwesenden Generale davon. Der Offizier sagte, in der Rundfunkmeldung seien außerdem Meinungsverschiedenheiten zwischen den an dieser Stelle eingesetzten sowjetischen und amerikanischen Truppenführern hinsichtlich der Besatzungsgrenzen bei Torgau nach den alliierten Vereinbarungen erwähnt worden.

Hitler hatte soeben erfahren, daß Rokossowskis Armeen aus den Brückenköpfen an der Oder nach Westen durchgebrochen waren, daß Wenck seinen Gegenangriff schließlich doch noch in Gang gesetzt hatte, aber steckengeblieben war, daß auch Busses Armee zum Angriff übergegangen war, der aber schnell erlahmte, und daß Berlin eingeschlossen war. Aber die bloße Erwähnung von Meinungsverschiedenheiten unter den Alliierten riß Hitler mit sich fort, wie Hauptmann Boldt später schrieb. Hitler lehnte sich im Stuhl zurück, seine Augen leuchteten, und er rief triumphierend: „Meine Herren, das ist wieder ein ganz eklatanter Beweis für die Uneinigkeit unserer Feinde. Würde das deutsche Volk und die Geschichte mich nicht zum Verbrecher stempeln, wenn ich heute Frieden schließen würde und noch morgen die Möglichkeit bestünde, daß unsere Feinde uneinig werden? Kann nicht täglich, ja stündlich der Krieg zwischen den Bolschewiken und den Angelsachsen um die Beute Deutschland ausbrechen?"

VERBRÜDERUNG AN DER ELBE

Russen und Russinnen begrüßen amerikanische Soldaten an der Elbe, etwa 120 Kilometer südlich von Berlin, als die beiden Armeen dort am 25. April zusammentreffen

HISTORISCHE BEGEGNUNG ZWEIER GROSSER ARMEEN

Der Dolmetscher (Vordergrund) einer US-Heeresstreife versucht, Funkverbindung mit den Sowjets herzustellen, um ein Zusammentreffen vorzubereiten.

In der letzten Aprilwoche des Jahres 1945 warteten die Alliierten auf die historische Begegnung der verbündeten Armeen – ein Zusammentreffen, das in ihren Heimatländern mit dem endgültigen Sieg gleichgesetzt werden sollte, zeigte es doch an, daß alliierte Truppen von Osten wie von Westen Deutschland durchmessen hatten. Aber die Truppenführer der westlichen Alliierten, denen die sowjetischen Stellungen weitgehend unbekannt waren, befürchteten einen unbeabsichtigten Zusammenprall, wenn die Heere aufeinander zukamen. Im Jahre 1939, als die Wehrmacht durch Polen marschierte und die Sowjets gleichzeitig dort einfielen, waren deutsche Truppen auf dem Weg nach Osten und sowjetische Einheiten, die sich auf dem Marsch nach Westen befanden, aneinandergeraten; auf beiden Seiten hatte es dabei Verluste gegeben.

Sechs Jahre später hatten Teile der 69. Division der 1. US-Armee Stellungen an der Mulde, etwa 110 Kilometer südwestlich von Berlin, eingenommen. Bei ihnen war ein Zusammenstoß mit den Sowjets am wahrscheinlichsten. Um dies zu vermeiden, gab Generalmajor Emil F. Reinhardt, Kommandeur der 69. Division, seinem Spähtrupp den ausdrücklichen Befehl, nicht weiter als acht Kilometer über die Mulde vorzustoßen.

Der Zwischenfall, den alle fürchteten, ereignete sich trotz dieser Anordnung. Zu der unvorhergesehenen Begegnung zwischen Amerikanern und Sowjets kam es teilweise deshalb, weil zwei junge Offiziere der 69. Division ihre Spähtrupps 30 Kilometer weiter nach Osten führten, als ihnen gestattet war – die Spähtruppführer gingen sogar bis zur Elbe vor. Beim ersten Zusammentreffen mit sowjetischen Truppen kam es zu einigen Schußwechseln: Als einer der Spähtruppführer eine behelfsmäßig hergestellte amerikanische Fahne hob, um sich als Verbündeter zu erkennen zu geben, zog er das Feuer der übervorsichtigen sowjetischen Einheit auf sich.

In dem Scharmützel wurde niemand verletzt, und sobald die Lage geklärt war, machten beide Armeen den Tag zu einem denkwürdigen Ereignis. Man feierte ihn durch den Austausch von Verpflegung – amerikanische Lebensmittelbüchsen gegen russisches Schwarzbrot und Zwiebeln – und mit zahlreichen Trinksprüchen zu einem scheinbar endlosen Vorrat an Wodka. In dieser Atmosphäre der Verbrüderung faßte ein sowjetischer Leutnant die Gefühle auf beiden Seiten stockend mit folgenden Worten zusammen: »Ihr müßt verzeihen, ich spreche nicht richtiges Englisch, aber wir sind sehr glücklich, deshalb trinken wir darauf. Meine Lieben, still bitte, heute ist der glücklichste Tag meines Lebens. Unsere beiden großen Armeen sollen leben!«

Generalmajor Reinhardt und General Rusakow, die sich als erste Divisionskommandeure an der Elbe begegneten, begeben sich zu einer improvisierten Feier.

Ein Sowjetsoldat bietet einem US-Infanteristen eine Zigarre an. Als Gegengabe erhielt er eine amerikanische Zigarette – ein Tausch, der Freundschaft symbolisierte.

HERZLICHE BEGRÜSSUNG ZWISCHEN IWAN UND JOE

Sowjetische und amerikanische Soldaten fielen sich an der Elbe wie lange verloren geglaubte Waffenbrüder in die Arme. Die Russen riefen „Towarischtsch" (Genosse) und „Amerikanets", und die Amerikaner sangen das Lied vom Wolgaschiffer (die einzige russische Melodie, die sie kannten), während sich die siegreichen Kämpfer umarmten. Sie tauschten kleine Geschenke aus – und stellten Vergleiche an.

Die Amerikaner wunderten sich über die militärischen Gepflogenheiten ihrer Verbündeten. Zum Beispiel trugen viele Sowjetsoldaten im Gefecht keinen Stahlhelm, dafür aber alle ihre Orden an der Brust. Die sowjetische pferdebespannte Artillerie und die von Pferden gezogenen Nachschubwagen kamen den stark motorisierten Amerikanern höchst antiquiert vor. Aber die Qualität der sowjetischen automatischen Handfeuerwaffen war beeindruckend. Während des ganzen ersten Tages ihrer Begegnung tauschten sowjetische und amerikanische Soldaten Orden gegen Abzeichen aus, stellten sich gemeinsam den Photographen und führten stundenlange Gespräche über Waffen.

Ein Amerikaner (links) wird auf typisch russische Art begrüßt: mit bärenhafter Umarmung.

Amerikanische und sowjetische Soldaten zeigen einander ihre Waffen und demonstrieren deren Handhabung.

Ein amerikanischer Soldat (mit Stahlhelm) bringt seinen Karabiner in Anschlag, um einem Rotarmisten, der ihm ein Ziel zeigt, seine Schießkunst zu demonstrieren.

Bei einem zur Feier des Zusammentreffens veranstalteten Festessen hält ein junger Sowjetoffizier (rechts Mitte) eine Rede auf die Solidarität unter den Alliierten.

Zu Trinksprüchen mit erbeutetem deutschen Wein heben sowjetische und amerikanische Soldaten ihre Gläser.

TRINKSPRÜCHE AUF DIE SOLIDARITÄT

In den ersten Tagen nach Herstellung der Verbindung zwischen Sowjets und Amerikanern wurde auf beiden Seiten der Elbe spontan gefeiert. Die Amerikaner, vom Regimentskommandeur bis hinauf zum Befehlshaber, wurden von ihren sowjetischen Kameraden auf das Ostufer eingeladen. Auf dem Westufer erwiderten amerikanische Kommandeure die russische Gastfreundschaft mit Einladungen zu üppigen Essen.

Improvisierte Festmahle waren kennzeichnend für die Feiern bei den unteren Dienstgraden. Die Sowjets häuften auf den Tischen ganze Berge von Schinken, Käse und Würsten auf. Flaschen mit deutschem Wein und Weinbrand standen neben russischem Wodka. Die Amerikaner brachten Eier, Schokolade und K-Rationen mit, die zu ihrer Belustigung bei den Sowjets großen Anklang fanden. Die Frühlingsluft hallte von Trinksprüchen wider – auf Roosevelt, auf Truman, auf Stalin und auf Churchill. Ein zusätzliches Vergnügen für die Amerikaner bildeten die weiblichen Sowjetsoldaten, die ihre ersten Tanzpartnerinnen seit Monaten wurden.

Die ungewohnte Ausgelassenheit führte dazu, daß viele Gäste auf den Grasflächen einschliefen. Andere feierten begeistert weiter: So gingen die Amerikaner einmal schleunigst in Deckung, als die Sowjets, wie Cowboys, aus lauter Übermut in die Luft schossen.

Rotarmistinnen, deren Einsatz an der Front die Amerikaner sehr überraschte, bedienen bei einem Buffet.

Amerikanische und sowjetische Offiziere tanzen mit weiblichen Sowjetsoldaten unter Bildern von Stalin und Roosevelt und einem Banner zu Ehren der 1. US-Armee.

Arm in Arm gehend, symbolisieren Amerikaner und Sowjets die Vereinigung von Verbündeten, die fast vier Jahre lang an getrennten Fronten gekämpft hatten.

3

Eine Reihe heftiger kleiner Gefechte
Die Suche nach der Alpenfestung
Wasserläufe als militärische Hindernisse
Montgomery wird ungeduldig
Hamburg als Zuflucht für Nazi-Überläufer
Patton: ein General sucht den Kampf
Die Pflicht eines Franzosen, „unorthodox zu handeln"
Wettlauf zum Obersalzberg
Das unrühmliche Ende Mussolinis
Feuereinstellung in Italien

VERHARREN IM WESTEN

Während Berlin in der zweiten Aprilhälfte 1945 von den Sowjets eingeschlossen wurde, verfolgten die westlichen Alliierten gewissermaßen eine Stillhaltetaktik. Nachdem sie am 22. März den Rhein überschritten hatten, hatten die anglo-amerikanischen Armeen unter General Eisenhower das Deutsche Reich in zwei Teile gespalten und die Elbe erreicht. Dort blieben seine Truppen stehen, da er an Berlin als Angriffsziel nicht mehr interessiert und durch internationale Vereinbarungen bezüglich der Abgrenzung von Besatzungszonen nach dem Krieg festgelegt war. Den Kombinierten Stabschefs gegenüber erklärte Eisenhower, er wolle zunächst die Lage an seinen Flanken bereinigen.

Nach dem Vorstoß durch Mitteldeutschland blieb den westlichen Alliierten in der Tat auch kaum etwas anderes zu tun. Die beiden amerikanischen Armeen, die den Vorstoß ausgeführt hatten, die 1. und die 9. Armee, hatten sich an der Elbe und Mulde auseinandergezogen und eine Linie besetzt, die sich ungefähr 280 Kilometer südlich von Wittenberge bis in die Nähe von Chemnitz erstreckte. Am 19. April hatten die 1. und 9. Armee Leipzig beziehungsweise Magdeburg besetzt. Ihr Frontabschnitt war jetzt so gesichert, daß mehrere Divisionen herausgelöst werden konnten, um die im Norden und Süden in schwere Kämpfe verwickelten alliierten Truppenverbände zu unterstützen. Die Hauptlast lag jetzt auf der britisch-kanadischen 21. Heeresgruppe in Norddeutschland und Holland, bei der 3. US-Armee und der französisch-amerikanischen 6. Heeresgruppe in Süddeutschland sowie der anglo-amerikanischen Heeresgruppe in Norditalien.

Überall im Westen flammten die Kämpfe nur noch sporadisch auf. Da ihr Land in zwei Teile geteilt und die kämpfende Truppe durch hohe Verluste entscheidend geschwächt war, konnten die Deutschen eine einheitlich geführte Verteidigung nicht mehr aufbauen – eine Tatsache, der Hitler dadurch Rechnung trug, daß er die deutsche aufgespaltene Front im Westen jeweils einem nördlichen und südlichen Oberkommando unterstellte. Es war typisch, daß die Deutschen sich jetzt örtlich begrenzt und dem Gebot der Stunde folgend, verteidigten – indem sie an einer Straßenkreuzung oder an einem Flußübergang heftige kleine Gefechte mit nachfolgendem Rückzug führten. Generalfeldmarschall Albert Kesselring, der noch kurz zuvor Oberbefehlshaber der Westfront und jetzt Oberbefehlshaber Süd war, schrieb später, daß seine Truppen „marschierten, sich absetzten, kämpften, überrannt wurden, umgangen wurden, sich aber trotz ihrer Erschöpfung wieder sammelten, um erneut zu kämpfen und zu marschieren". Es war, wie Kesselring sagte, „eine gewaltige Leistung an Ausdauer, die jedoch in gar keinem Verhältnis zu dem stand, was erreicht werden konnte und auch tatsächlich erreicht wurde".

Die offenkundige Schwäche der Deutschen wurde noch unterstrichen durch eine antinationalsozialistische Einstellung, die bei

Teilen der Zivilbevölkerung in Erscheinung trat. Trotzdem waren die Alliierten auf der Hut, und nicht ohne Grund. Die Briten und Amerikaner waren natürlich jetzt, wo das Kriegsende in Sicht war, darauf bedacht, schwere Verluste zu vermeiden, und sie zögerten begreiflicherweise, sich in Kämpfe einzulassen, die sich womöglich als sinnlos erweisen würden. Darüber hinaus hatten die Amerikaner erst vor kurzem die Erfahrung gemacht, daß die Deutschen noch durchaus fähig waren, zähen Widerstand zu leisten. So hatte ein großer Teil der 7. US-Armee vier Tage schwerer Kämpfe um die Einnahme Nürnbergs zu bestehen gehabt, bis die Stadt schließlich am 20. April fiel. Die Alliierten hatten außerdem Hitlers unerwartete Ardennenoffensive des Jahres 1944 noch in lebhafter Erinnerung, und sie waren entschlossen, sich nicht noch einmal auf eine so verlustreiche Überraschung einzulassen.

Als eine solche Gefahr betrachteten sie die sogenannte Alpenfestung – ein angeblich befestigtes Gebiet in den bayerischen und österreichischen Alpen. Allen Dulles und seine Mitarbeiter im OSS in der Schweiz hatten erklärt, daß Hitlers Wohnsitz auf dem Obersalzberg bei Berchtesgaden für die letzte Verteidigung des umliegenden Gebietes eine geeignete Zentrale abgebe und vielleicht als Hauptquartier der Alpenfestung in Aussicht genommen sei. Nicht zuletzt, um ein Einsickern deutscher Truppen in diese Gegend zu verhindern, drängte Dulles auf eine allgemeine Kapitulation in Norditalien. Die Experten des Nachrichtendienstes in Eisenhowers Hauptquartier erhöhten die Alarmstimmung noch zusätzlich durch ihre Schätzung, daß 100 deutsche Divisionen in nächster Nähe der Alpenfestung eingesetzt seien – eine Berechnung, die weit übertrieben war.

Die Deutschen waren sich der amerikanischen Befürchtungen bewußt und taten alles, um diese zu bestätigen. Sie verbreiteten Gerüchte über Truppenbewegungen und Einrichtung von Vorratslagern in dem Gebiet, und sie ließen durch Pioniere Sprengungen durchführen, als ob schwere Befestigungsanlagen und unterirdische Fabriken gebaut würden. Die Feindlage-Spezialisten kamen zu dem Schluß, daß sich 20 Divisionen ein Jahr lang mit Hilfe der gemeldeten Einrichtungen würden versorgen können, und diese Beurteilung fand Widerhall bei General Omar Bradley, dem Oberbefehlshaber der 12. US-Heeresgruppe. Noch am 24. April sagte Bradley einer Gruppe von Kongreßabgeordneten, die auf den Kriegsschauplätzen herumreiste: „Wir werden eventuell noch einen Monat weiterkämpfen müssen – vielleicht sogar noch ein Jahr."

Es gab jedoch keine Alpenfestung – das war offenkundig, und General George Patton, Oberbefehlshaber der 3. Armee, sprach dies auch aus. Aber von den Alliierten wurden bei ihrem weiteren Vordringen Dinge zutage gefördert, die viel erstaunlicher als ein Festungsgürtel waren. In einem Salzbergwerk bei Merkers entdeckten sie Goldbarren im Wert von vielen Millionen Dollar – die Goldreserve des Dritten Reiches. Am gleichen Ort wurden Kunstwerke gefunden, die aus vielen deutsch besetzten Ländern Europas stammten. Beim weiteren Vordringen nach Osten stießen alliierte Truppen auch auf die schrecklichen Konzentrationslager von Dachau und Buchenwald. Und es gab immer mehr Anhaltspunkte dafür, daß Deutschland auseinanderbrach: vereinzelte Aufstände gegen die Nazi-Herrschaft; hohe Offiziere, die sich bereit fanden, Verrat zu üben; kriegsmüde Zivilbeamte, die dem Blutvergießen ein Ende setzen wollten. In dieser unheimlichen Schlußphase des Krieges war alles möglich, und das Unerwartete lauerte oft schon hinter der nächsten Straßenbiegung.

An der Nordflanke der Alliierten ging Feldmarschall Sir Bernard Montgomery daran, Eisenhowers jüngste Operationspläne für seine 21. Heeresgruppe in die Tat umzusetzen. Montgomery hatte drei Hauptaufträge: die Deutschen aus den Niederlanden zu vertreiben, in Norddeutschland einen leistungsfähigen Hafen wie Bremen oder Hamburg für Operationen gegen die noch immer in Dänemark und Norwegen stehenden deutschen Verbände in Besitz zu nehmen und mit starken britischen Verbänden quer durch Schleswig-Holstein vorzustoßen, um Lübeck und Wismar einzunehmen. Der Vorstoß durch dieses Gebiet war offensichtlich ein politisches Manöver, das dazu dienen sollte, den Sowjets den Landweg nach Dänemark zu versperren und sie von den Ostseezugängen fernzuhalten. Die Sowjets ihrerseits wollten ebenfalls Lübeck und Wismar in ihren Besitz bringen, und so kam es zu einem Wettrennen zwischen den verbündeten Truppen um diese Städte.

Obwohl dies sinnvolle Angriffsziele waren, schien Montgomery einen Teil seines sonstigen Kampfgeistes verloren zu haben, als Ende März sein Vorstoß auf Berlin durch Eisenhowers plötzliche Planänderung verhindert wurde. Montgomery, der strenge und kompromißlose Autokrat, den Churchill treffend „diese Gestalt aus der Cromwell-Zeit" nannte, war ruhelos und mißvergnügt.

In Holland war, wie Montgomery seit langem wußte, eine militärische Entscheidung außerordentlich schwer zu erreichen, da Wasserläufe immer wieder natürliche Hindernisse bildeten. Bis zum 18. April war die kanadische 1. Armee von Emmerich und Nimwegen in nördlicher Richtung bis an die Zuidersee vorgedrungen. Am 20. April erreichte sie die Nordsee, wodurch die in den Niederlanden stehenden deutschen Verbände unter Generaloberst Johannes Blaskowitz gespalten und in der Nähe von Amsterdam gegen das Meer abgedrängt wurden. Während sich das kanadische II. Korps über Hochwasser führende Flüsse hinweg und gegen zähen deutschen Widerstand in östlicher Richtung vorkämpfte, bog das kanadische I. Korps nach Westen ab, um den abgeschnittenen Gegner anzugreifen und die Hunger leidende niederländische Bevölkerung mit Lebensmitteln zu versorgen. Aber Montgomery hatte Bedenken wegen der deutschen Drohung, im Falle eines Angriffs auf die sogenannte Grebbe-Linie die Deiche zu öffnen und das Land zu überfluten; er befahl deshalb den Kanadiern, bei Amersfoort stehenzubleiben und abzuwarten.

Etwa zu diesem Zeitpunkt erfuhren die Kanadier, daß Dr. Arthur Seyss-Inquart, Reichskommissar für die Niederlande und ein Mann, dem man bisher humanitäre Anwandlungen wohl kaum nachsagen konnte, durchaus bereit sei, in Verhandlungen einzutreten. Er wolle den Holländern weitere Leiden ersparen (und die eingeschlossenen deutschen Streitkräfte retten), falls es in den Niederlanden zur Feuereinstellung komme. Diese Nachricht wurde an Montgomery, dann nach London und von dort nach Washington weitergegeben. Das Komitee der Stabschefs hielt es für unwahrscheinlich, daß die Deutschen ihre Drohung, die Deiche zu öffnen, wahr machen würden. Sie erinnerten die Briten an die Erfahrung, die sie bei den von Dulles geführten Kapitulationsverhandlungen in Italien gewonnen hatten – daß nämlich die Sowjets ausgesprochen negativ reagieren würden, falls es bei Verhandlungen mit den Deutschen nicht um die bedingungslose Kapitulation gehen würde und falls sowjetische Offiziere bei den Gesprächen nicht anwesend sein könnten. Eisenhowers Meinung wurde eingeholt; er riet, mit Seyss-Inquart in Gegenwart eines sowjetischen Verbindungsoffiziers zu verhandeln. Falls dies zu keinem Ergebnis führen sollte, wäre immer noch Zeit, die Kanadier angreifen zu lassen und dadurch den Niederländern zu helfen.

Am 28. April wurde in Achterveld inoffiziell eine Waffenruhe verabredet, die lange genug dauerte, um einigen britischen und deutschen Offizieren Gelegenheit zu geben, Gespräche in erheblich größerem Rahmen vorzubereiten. Zwei Tage später traten die Verhandlungspartner in einem Schulhaus am Stadtrand zusammen. Zu den Teilnehmern gehörten Seyss-Inquart und sein Stab, Eisenhowers Stabschef General Walter Bedell Smith und sein Chef des Feindnachrichtendienstes Generalmajor Kenneth Strong, Montgomerys Stabschef General Francis de Guingand mit einem Adjutanten, Prinz Bernhard als Oberbefehlshaber der auf seiten der Alliierten kämpfenden niederländischen Streitkräfte sowie ein absprachegemäß geladener sowjetischer Delegierter, Generalmajor Iwan Susloparow, der sowjetischer Verbindungsoffizier in General Eisenhowers Hauptquartier war.

Bedell Smith ließ keinen Zweifel daran, daß die Alliierten die Kapitulation der deutschen Truppen verlangten. Sonst müsse Seyss-Inquart die Konsequenzen tragen, was angesichts der sinnlosen Opferung von Zivilisten einen Prozeß gegen ihn wegen Mordes nicht ausschließen würde. Der Deutsche weigerte sich rundheraus zu kapitulieren, und die Verhandlungen schienen auf einem toten Punkt angelangt zu sein. Dann beschlossen die Alliierten, außerhalb der Gespräche aktiv zu werden. Noch während die Verhandlungen weitergingen, warfen britische und amerikanische Bomberverbände 460 Tonnen Lebensmittel und Medikamente für die notleidende holländische Bevölkerung ab. Danach wurden täglich 900 Tonnen Versorgungsgüter mit Lastkraftwagen – ohne Proteste von deutscher Seite – herangeschafft. Im Westen der Niederlande kam es zu keinerlei Kampfhandlungen mehr.

Inzwischen stand die 2. Armee der Heeresgruppe Montgomerys, die mit drei Korps zur Elbe vorrückte, vor ganz anderen Problemen. Die Briten mußten auf dem Weg zur Elbe sumpfiges und von kleinen Wasserläufen durchschnittenes Gelände überwinden; die Pioniere der 2. Armee mußten Hunderte von Brücken bauen, was den Nachschub erheblich verzögerte. Eisenhower war so sehr daran gelegen, daß es der 2. Armee gelang, noch vor den Sowjets in Holstein einzumarschieren, daß er Montgomery zu wiederholten Malen Transportmittel oder andere amerikanische Hilfe anbot.

Montgomery ging auf das Angebot nicht ein, aber er mußte sich beeilen, wenn er sein Ziel noch rechtzeitig erreichen wollte. Am 20. April hatte das XXX. Korps auf dem linken Flügel der 2. Armee die zerbombte Hansestadt Bremen eingeschlossen; es schied für den Vorstoß nach Schleswig-Holstein sowieso aus. Der Kommandierende General des Korps, Generalleutnant Sir Brian G. Horrocks, verspürte wenig Lust, einen mit Sicherheit verlustreichen Angriff zu führen. Horrocks stellte den Stadtvätern ein Ultimatum: Entweder ergebt ihr euch binnen 24 Stunden, oder ich lasse den Rest der Stadt in Schutt und Asche legen. Dann wartete er zwei Tage, ohne eine befriedigende Antwort zu erhalten.

Innerhalb Bremens war ein offener Zwist ausgebrochen. Der Stadtkommandant, Generalmajor Fritz Becker, verfügte über eine 6000 Mann starke Streitmacht, die sich aus Heeres- und Marineangehörigen sowie aus Einheiten des Volkssturms zusammensetzte, und wollte kämpfen. Der Senat der Stadt entschied sich jedoch gegen eine Verteidigung. Die Senatoren, hauptsächlich Reeder und Industrielle, vertraten den Standpunkt, der Krieg gehe unabhängig von der Lage in Bremen sowieso bald zu Ende. Es sei höchste Zeit, mit dem Wiederaufbau zu beginnen, statt das Wenige, was den alliierten Bombern bisher entgangen war, auch noch zu zerstören. Doch Becker weigerte sich, seinen Entschluß zu ändern; als der Senat an den Gauleiter Paul Wegener appellierte, lehnte dieser Verhandlungen rundweg ab. Er verlangte Widerstand bis zum letzten Mann – und verließ heimlich die Stadt.

Am 22. April forderte Horrocks schließlich britische Bomberverbände an und gab der Artillerie seines XXX. Korps Feuerbefehl. Nach einer Beschießung von über 48 Stunden, die ohne Kapitulation vorüberging, ließ er seine Truppen zum Angriff antreten. Die 3. Division griff den auf dem Westufer der Weser gelegenen Teil der Stadt an, während die 43. und 52. Division, die weiter stromaufwärts über die Weser gegangen waren, in den Ostteil von Bremen

Der Oberbürgermeister von Leipzig, Alfred Freyberg, liegt nach der Einnahme von Gift mit Frau und Schwester tot in seinem Arbeitszimmer, als US-Truppen in die Stadt einrücken. Die meisten deutschen Beamten ignorierten die von der deutschen Propaganda verbreitete Warnung vor Racheakten der Alliierten und vertrauten auf die Gerechtigkeit und Humanität der Siegermächte.

eindrangen. Am 24. April erkämpften sich die Angreifer den Weg ins Stadtzentrum, aber es dauerte noch drei Tage, bis die letzten Widerstandsnester ausgeräumt waren. Montgomery schrieb später, daß „die größten Hindernisse, die sich uns in den Weg legten, die Trümmer waren, die durch unsere eigenen Bombenangriffe verursacht worden waren".

Während die Kämpfe um Bremen noch im Gange waren, hatten die beiden anderen Korps der 2. Armee die Elbe in der gesamten Länge des Montgomery zugewiesenen Abschnitts, der sich von Wittenberge 150 Kilometer in nordwestlicher Richtung bis an die Nordsee erstreckte, erreicht. Montgomery rückte bedächtig vor. Auf seinem rechten Flügel begegnete das VIII. Korps, das in gleicher Höhe mit der 9. US-Armee vorrücken sollte, verhältnismäßig geringen Schwierigkeiten, erreichte aber trotzdem den Fluß erst sechs Tage nach den amerikanischen Angriffsspitzen. Das in der Mitte der britischen Verbände eingesetzte XII. Korps lag sogar noch weiter zurück; erst am 23. April hatte es die Deutschen vom Westufer der Elbe bei Hamburg vertrieben. Dann vergingen mehrere Tage, während sich die beiden Korps in aller Ruhe bereitstellten, um sich auf die nächste, möglicherweise schwierige Operation vorzubereiten: den Übergang über die Elbe bei feindlicher Gegenwehr, den Angriff in nördlicher Richtung zur Einnahme von Hamburg und den Vorstoß quer durch Schleswig-Holstein zur Ostsee.

Am 27. April war Eisenhower überzeugt, daß Montgomery mit seiner 2. Armee zu langsam vorankam, und wurde nervös. Starke sowjetische Kräfte hatten die deutschen Verteidigungsstellungen an der Oder nordöstlich von Berlin durchbrochen und drangen gegen schwachen Widerstand in westlicher Richtung auf Schleswig-Holstein vor. Deshalb schickte der Oberste Befehlshaber ebenso wie Churchill dringende Funksprüche an Montgomery und trieb ihn zur Eile an. „Ich fürchte, ich war ziemlich gereizt", schrieb Montgomery später, „und meine Antworten haben dies wahrscheinlich auch erkennen lassen!" Er war überzeugt, daß er sich keine Vorschriften zu machen lassen brauchte: „Was mich betraf, so wußte ich, daß die heranrückenden Russen gefährlicher als die unterlegenen Deutschen waren."

Montgomery hatte inzwischen erkannt, daß er eine gewisse amerikanische Unterstützung recht gut gebrauchen konnte, worauf Eisenhower ihm drei Divisionen unter Generalleutnant Matthew Ridgway vom XVIII. Luftlandekorps unterstellte. Obwohl diese Divisionen von der Ruhr bis an die Mittelelbe verstreut eingesetzt waren, versammelten sie sich an der britischen Front mit solchem Tempo, daß Montgomery veranlaßt wurde, den entscheidenden Flußübergang vom 1. Mai auf den 29. April vorzuverlegen. Laut Operationsplan sollte das britische VIII. Korps als erstes den Übergang bewerkstelligen und einen Brückenkopf bilden, aus dem dann die Amerikaner nach Osten vorrücken konnten. Als aber Ridgway an der Elbe kein Feindfeuer auf sich zog, kam er zu dem Schluß, daß der deutsche Widerstand erlahmt sei und er den Flußübergang ohne unnötiges Risiko auch allein durchführen

könne. Ridgway machte dem Oberbefehlshaber der 2. Armee, Generalleutnant Sir Miles Dempsey, einen entsprechenden Vorschlag, und Dempsey war einverstanden.

Am 29. April überquerten britische Kommandoeinheiten kurz vor Tagesanbruch die Elbe bei Lauenburg und stießen auf keinen ernsthaften Widerstand. Im amerikanischen Sektor, zehn Kilometer weiter südlich bei Bleckede, beauftragte Ridgway den Generalmajor James M. Gavin, Kommandeur der 82. Luftlandedivision, den Angriff vorzutragen. Gavins Fallschirmjäger waren höchst unzufrieden. Sie hatten sich auf einen Einsatz vorbereitet, der zu den spektakulärsten Taten des ganzen Krieges hätte zählen können, nämlich einen Fallschirmabsprung über dem Flugplatz Tempelhof in Berlin. Aber dieser Plan war aufgegeben worden; statt dessen waren sie bei Köln als Besatzungstruppe eingesetzt worden. Jetzt hatte man sie quer durch Deutschland transportiert, damit sie den Briten die Kastanien aus dem Feuer holten.

Am 30. April kurz nach Mitternacht überquerten Gavins Angriffsverbände die Elbe ohne Schwierigkeiten, obwohl es plötzlich schneite. Die deutsche Seite legte die Übergangsstelle unter schweren Beschuß, um die Pioniere daran zu hindern, Brücken zum Übergang für Panzer und Lastkraftwagen zu bauen. Aber während des ganzen Tages erweiterten die Fallschirmjäger ihren Brückenkopf, während die Pioniere trotz des feindlichen Feuers weiterarbeiteten, und bei Einbruch der Nacht rollte das schwere Gerät auf einer 400 Meter langen Pontonbrücke über die Elbe.

Die britischen und amerikanischen Verbände stellten sich auf dem Ostufer der Elbe kurz bereit und stießen dann rasch durch das südliche Schleswig-Holstein vor. Im Norden rollte die britische 11. Panzerdivision, ohne einen Schuß abzufeuern, in Lübeck ein und schnitt damit beträchtliche deutsche Kräfte in Schleswig-Holstein und Dänemark ab. Die britische 6. Luftlandedivision, die zum Korps von Ridgway gehörte, stieß 85 Kilometer bis nach Wismar vor. Der übrige Teil des Korps versperrte den Zugang zu der Halbinsel gegen eventuelle sowjetische Vorstöße von Süden her. Während Gavins 82. Luftlandedivision, unterstützt durch eine Kampfgruppe der 7. US-Division, Ludwigslust einnahm, stieß die 8. US-Division 70 Kilometer bis nach Schwerin vor, das sie am 2. Mai erreichte. Zwei Stunden später begegnete die britische 6. Luftlandedivision den ersten russischen Soldaten bei Wismar.

Während die Operationen in Schleswig-Holstein im Gange waren, bereitete sich das britische XII. Korps, das Hamburg eingeschlossen hatte, darauf vor, die Stadt im Sturm zu nehmen oder aber dem Angriff einer hastig zusammengezogenen deutschen Kräftegruppe, die sich im Nordosten versammelt hatte, entgegenzutreten. Beide Angriffsaktionen fanden jedoch nicht statt.

Die Stadt Hamburg wurde in Deutschland gegen Ende des Krieges als eine verhältnismäßig sichere Zufluchtsstätte angesehen: Sie wirkte wie ein Magnet auf wichtige Persönlichkeiten, die den Wunsch verspürten, ihre Bindungen an das Dritte Reich aufzugeben. An führender Stelle unter ihnen stand der Gauleiter von

Hamburg und Reichsstatthalter Karl Kaufmann, der gleichzeitig auch Reichskommissar für die Seeschiffahrt und Reichsverteidigungskommissar in Hamburg war. Anfang April hatte Kaufmann Bedenken gegen Hitlers Erlaß geäußert, demzufolge Hamburg zur Festung erklärt wurde, die bis zum letzten Mann verteidigt werden müsse. Obwohl er wußte, daß ihn die Gestapo von jetzt an scharf beobachten würde, entwickelte Kaufmann einen Geheimplan, um die gesamte Nordseeküste an die Briten zu übergeben. Dieser Plan, der von der Mitwirkung des Generalfeldmarschalls Ernst Busch, des Oberbefehlshabers Nordwest in Schleswig-Holstein, abhing, erwies sich als zu ehrgeizig. Kaufmann gab sich schließlich mit Vorbereitungen zur Übergabe der Stadt Hamburg zufrieden.

Über Bekannte in der Schiffahrtswelt, einschließlich von Mitgliedern des Ministeriums für die Seeschiffahrt und zweier deutscher Reeder, die in skandinavischen Hauptstädten lebten, setzte sich Kaufmann mit britischen Stellen in Verbindung. Auf diese Weise gelangte die Nachricht an das Kriegsministerium in London, der britische Vormarsch auf Hamburg möge beschleunigt werden. Es fiel Kaufmann nicht schwer, in der Bevölkerung Sympathie für seine Kapitulationsgedanken zu finden, denn Hamburg gehörte zu den am schwersten bombardierten Großstädten des Reichsgebiets.

Davon unabhängig wurde ein weiterer Versuch, Hamburg zu übergeben, über Kanäle der dänischen Widerstandsbewegung durch SS-General Hans Prützmann unternommen. Prützmann war nominell Führer der sogenannten Werwölfe, einer Partisanenorganisation, die vor kurzem durch Hitler ins Leben gerufen worden war, um Sabotageakte im rückwärtigen Gebiet der Alliierten zu verüben. Die Werwölfe bildeten keine festgefügte Organisation; die Mitgliedschaft stand jedem offen, der sich selbst als Mitglied betrachtete. Dies traf nur für wenige Unentwegte und fanatische Schulkinder zu, und ihre Erfolge waren gering. Aber die Idee der Werwölfe faszinierte Propagandaminister Joseph Goebbels. Er übernahm rasch Prützmanns Rolle, indem er einen Rundfunksender mit Namen „Radio Werwolf" einrichtete und seine eigenen Propagandathesen verbreitete. Seiner Werwolf-Aufgaben entbunden, stellte Prützmann fest, daß seine Kapitulationsbemühungen überflüssig geworden waren. Er setzte sich nach Norden ab, wurde aber von den Briten gefangengenommen und beging Selbstmord, bevor er vernommen werden konnte.

In Hamburg befand sich zeitweilig auch der Rüstungsminister Albert Speer, der mit Kaufmann befreundet war. Speer war nach Norden geflogen, nachdem er am 23. April Hitler einen letzten, sentimentalen Besuch abgestattet hatte; nun setzte er sich in Hamburg mit dem Fliegergeneral Werner Baumbach in Verbindung. Dieser war ein hochgewachsener, blonder und gutaussehender Mann, der wie ein Propagandabild des typischen Nationalsozialisten aussah, doch war er auf Hitler nicht mehr gut zu sprechen, da er ihn für den Niedergang der Luftwaffe verantwortlich machte. Baumbach leitete die Transportstaffel der Reichsregierung und hatte Zugang zu einem in Nordnorwegen liegenden Flugboot, das mit Vorräten für sechs Monate beladen war. Gemeinsam mit Speer plante er, nach Grönland zu fliegen, wo sie abwarten wollten, bis sich nach dem Krieg die Wogen etwas geglättet hatten, um danach weitere Schritte zu überlegen. Aber in letzter Minute entschloß sich Speer, den Gedanken an eine Flucht ins Ausland aufzugeben. Gemeinsam mit Baumbach fuhr er nach Plön und schloß sich dem Kommando Nord um Admiral Dönitz an.

Schließlich befand sich in Hamburg noch Reichsführer SS Heinrich Himmler, der seine Befehlsstelle in dem eleganten Hotel Atlantic eingerichtet hatte. Er war bereit, die Seiten zu wechseln. In der letzten Aprilwoche hatten Himmlers hoch- und landesverräterische Kontakte das kritische Stadium erreicht und überschritten. Sein Angebot, ganz Deutschland den westlichen Alliierten zu übergeben, das er am 23. April über den Schweden Graf Bernadotte machte, wurde zwei Tage später von Präsident Harry S. Truman, dem Nachfolger Roosevelts, wie auch von Churchill abgelehnt, weil es die Sowjetunion ausschloß.

Himmler glaubte noch immer, man würde ihn zu Kapitulationsverhandlungen einladen, aber er hatte außerdem noch einen Plan, zu dem die Flucht mit dem Flugzeug nach Prag gehörte. Um diesen Flug vorzubereiten, rief er am 28. April Fliegergeneral Baumbach zu sich und sagte: „Wenn ich Verhandlungen einleiten muß, werde ich wahrscheinlich einige Flugzeuge benötigen. Haben Sie welche?" Baumbach versprach, die Frage sofort zu prüfen. Er beriet sich mit Speer, und die beiden beschlossen, Himmler in eine Maschine zu setzen und ihn zu einem Flugplatz zu befördern, der sich bereits in alliierter Hand befand. Himmler, dessen Geheimdienst noch funktionierte, entdeckte das Komplott, durch das er an den Feind ausgeliefert werden sollte. Er stellte Baumbach daraufhin zur Rede und knurrte: „Wenn man mit Ihren Flugzeugen fliegt, weiß man nie, wo man ankommt."

Neben seinen Plänen, zum Verräter zu werden und sich abzusetzen, nährte Himmler auch großartige Träume, den Krieg in Schleswig-Holstein fortzusetzen. Aber letzten Endes blieb er wie Baumbach und Speer in der Nähe von Dönitz, der die letzte Autorität in dem zusammenbrechenden Reich verkörperte.

Das Schicksal Hamburgs hing letzten Endes von Generalmajor Alwin Wolz, dem untersetzten, bebrillten Stadtkommandanten, ab. Der britische Kommandeur, der Hamburg eingeschlossen hatte, Generalmajor L. O. Lyne von der 7. Panzerdivision, war überzeugt, daß Gauleiter Kaufmann tatsächlich kapitulieren wollte. Aber er war keineswegs sicher, daß Wolz seinen zusammengewürfelten Truppenteilen den Befehl geben würde, die Waffen niederzulegen.

Britische Artillerie unternimmt einen nächtlichen Feuerüberfall, während sich Feldmarschall Montgomerys Truppen zum Übergang über die Elbe bereitstellen. Unterstützt durch die Amerikaner, sollten die Briten an die Ostseeküste bei Lübeck vorstoßen und das Industriezentrum Hamburg einnehmen.

In den letzten Kriegstagen, als alles aus den Fugen geraten war, verteilen Plünderer in Hannover Lebensmittel an Zwangsarbeiter und hungrige deutsche Zivilisten.

Ein GI hindert befreite Zwangsarbeiter daran, ein Geschäft zu plündern.

Britische Soldaten helfen Zwangsarbeitern, die den Flammen entkommen sind.

MARODIERENDE ZWANGSARBEITER

Als der Krieg in Europa seinen Höhepunkt erreichte, arbeiteten 7,5 Millionen Zwangsarbeiter in Deutschland. Im Laufe von fünf Jahren waren sie aus den von Deutschland besetzten Gebieten zusammengetrieben und ins Reich verschleppt worden. Oft wurden junge Männer und Frauen urplötzlich auf dem Heimweg von ihrer Arbeitsstelle festgenommen und direkt nach Deutschland gebracht.

Diese Arbeitskräfte wurden in deutschen Munitionsfabriken, bei der Ernte auf den Feldern und als Haushaltshilfen eingesetzt. Viele wurden einer menschenunwürdigen Behandlung unterworfen – sie wurden schlecht ernährt, mußten ohne Heizung und angemessene sanitäre Einrichtungen in ausgebombten Kasernen, in feuchten Erdhöhlen und einige sogar in Hundezwingern leben.

Bei denjenigen, die noch von alliierten Truppen befreit werden konnten, lösten die ersten Augenblicke in Freiheit oft eine Art Zügellosigkeit aus. In Salzwedel, etwa 100 Kilometer südöstlich von Hamburg, beherrschten Massen von Zwangsarbeitern die Straßen, plünderten, nahmen sich gegenseitig die Beute wieder ab und rächten sich an ihren früheren Herren. In einem Fall zerrte der Mob einen verwundeten SS-Mann auf das Pflaster und trampelte ihn zu Tode. Andere Racheakte waren völlig sinnlos: Eine Gruppe von Arbeitern ergriff Marmeladeneimer und entleerte deren Inhalt auf die Straße. In dieser Lage geriet das alliierte Militär oft zwischen die Fronten – entweder schützte es Leben und Eigentum der Deutschen vor umherziehenden befreiten Zwangsarbeitern, oder es schützte diese vor Verzweiflungstaten der Deutschen. In Osnabrück entdeckte ein deutscher Polizist eine Gruppe ehemaliger Zwangsarbeiter, die den Keller eines Geschäfts plünderten; er wartete, bis der größte Teil dieser Gruppe in den Keller eingedrungen war; dann setzte er das Gebäude in Brand. Britische Truppen, die die Stadt erobert hatten, retteten zwar die meisten Plünderer (oben rechts), aber dennoch kamen zwei Frauen ums Leben.

So begann General Lyne am 29. April versuchsweise die Verhandlungen und sandte Wolz „im Namen der Menschlichkeit" einen Appell, sich zu ergeben, solange es noch ein Hamburg gab.

Wolz' Antwort klang ermutigend. Trotz seiner Weisung, Hamburg zu halten, sagte er: „Ich bin bereit, gemeinsam mit dem bevollmächtigten Vertreter von Gauleiter Kaufmann, die Kapitulation von Hamburg zu erörtern sowie die weitreichenden Folgen, die sich daraus ergeben werden."

Die Besprechungen zwischen den Unterhändlern, die jetzt einsetzten, verliefen sogar noch günstiger. Als freundliche Geste trug ein Deutscher, der in Oxford studiert hatte, eine Krawatte mit den Farben seines College, und Wolz beseitigte eingangs alle Zweifel mit der Erklärung: „Hauptpunkt ist die Zeit, zu der General Lyne tatsächlich in Hamburg einzurücken wünscht."

Noch bemerkenswerter war, daß die deutschen Unterhändler befugt waren, nicht nur über die Kapitulation Hamburgs, sondern auch über zahlreiche weitere Punkte zu sprechen, so daß es notwendig wurde, Feldmarschall Montgomery an den Gesprächen zu beteiligen. Im Grunde genommen war der Feldzug der Alliierten an der Nordflanke so gut wie beendet.

An der Südflanke hatte am 14. April – an demselben Tag, an dem Eisenhower den Kombinierten Stabschefs seine Operationsplanung für die Beendigung der Feindseligkeiten vorlegte – eine neue Kriegsphase begonnen. Wie in dem Plan vorgesehen, blieben die Armeen im Süden stehen, um sich neu zu gruppieren. Schließlich unterrichtete der Oberste Alliierte Befehlshaber die ihm unterstellten amerikanischen Generale von der folgenschweren Planänderung, die er mehr als zwei Wochen zuvor den Briten mitgeteilt hatte: Die westlichen Alliierten würden nicht auf Berlin vorrücken. Aus Gründen, die nur Eisenhower selbst kannte, hatte er nicht einmal General Bradley, seinen engsten Vertrauten und Oberbefehlshaber mit der größten Streitmacht an der Westfront, darüber informiert. (Bradleys 12. Heeresgruppe umfaßte die 1., 3., 9. und 15. US-Armee – insgesamt über 1,3 Millionen Mann.) Vermutlich hatte Eisenhower die Bekanntgabe zurückgehalten, um die bei seinen Generalen mit Sicherheit zu erwartende Schwächung der Kampfmoral noch eine Weile hinauszuschieben.

General Patton reagierte für seine Verhältnisse relativ zurückhaltend, vielleicht auch deshalb, weil seine 3. Armee viel zu weit südlich stand, um an Operationen gegen Berlin teilnehmen zu können, auch wenn diese angeordnet worden wären. Einer von Pattons Adjutanten erzählte später, daß dieser, als Eisenhower ihm den neuen Entschluß eröffnete, nur ungläubig mit dem Kopf geschüttelt und gesagt habe: „Ike, ich verstehe nicht, was Sie damit bezwecken wollen. Wir sollten lieber Berlin nehmen, und zwar schnell, und dann weiter an die Oder vorstoßen." Im weiteren Verlauf dieses Gesprächs äußerte Eisenhower, er verstehe nicht den Wunsch, die deutsche Hauptstadt mit all den Problemen, die damit zusammenhingen, zu besetzen. Daraufhin legte Patton seine Hände auf Eisenhowers Schultern und sagte: „Ich glaube, die Geschichte wird diese Frage für Sie beantworten."

Mitte April erreichte Pattons Armee ihre östliche Ziellinie im Süden der 1. Armee, bei einem Nebenfluß der Mulde in der Nähe von Chemnitz. Der Vorstoß quer durch Deutschland war zwar schnell vonstatten gegangen, aber für Patton noch immer nicht schnell genug. Während er durch den Korridor zwischen Frankfurt am Main und Kassel in östlicher Richtung vordrang, mußte er auf Weisung der Heeresgruppe mehrere Male anhalten, damit die 1. Armee zu ihm aufschließen konnte. Nachdem seine Panzer den letzten organisierten Widerstand überwunden hatten und bei minimalen Verlusten 20 bis 30 Kilometer pro Tag an Boden gewannen, ließen Eisenhower und Bradley ihn wissen, er rücke zu rasch vor. Für Patton wirkte diese Mahnung als Ausdruck übergroßer Vorsicht; bereits früher hatte er in sein Tagebuch geschrieben: „Wenn diese beiden zusammenkommen, kriegen sie Angst."

Patton brauchte dringend neue Kämpfe, und Bradley erteilte ihm auch einen entsprechenden Auftrag. Die 3. Armee sollte in südöstlicher Richtung, an der tschechoslowakischen Westgrenze entlang, auf die österreichische Stadt Linz an der Donau vorrücken. Auf dem Wege dorthin sollte Patton die Alpenfestung ausfindig machen und zerstören oder wenigstens den Beweis liefern, daß diese gar nicht existierte. Dann sollte er bis zu den sowjetischen Verbänden bei oder in der Nähe von Linz vorrücken.

Patton war über diesen Auftrag wenig begeistert. Sowohl er als auch sein ausgezeichneter Feindlageoffizier, Oberst Oscar W. Koch, waren überzeugt, daß die Alpenfestung nur in der Einbildung existierte; und was die Sowjets betraf, so wollte Patton lieber gegen sie kämpfen als sich mit ihnen treffen. Bradley erwähnte allerdings inoffiziell eine Möglichkeit, die Patton neuen Auftrieb gab: Im weiteren Verlauf der Operation könne die 3. Armee eventuell den Auftrag erhalten, wenigstens einen Teil der Tschechoslowakei zu besetzen und zu befreien. Aber in gewissem Sinne steigerte diese Andeutung Pattons Enttäuschung nur noch. Wie seine Spähtrupps in der Tschechoslowakei am 17. April feststellten, konnte er Prag in drei Tagen erreichen und in weiteren zwei Tagen einnehmen. Allerdings mußte er innerhalb der nächsten drei Wochen handeln, denn sonst würden die Sowjets vor ihm in der Stadt sein.

Verdrossen gab Patton Befehl zur Umgliederung seiner Armee und flog zu einem eintägigen Urlaub nach Paris, wo er von seiner Beförderung zum Vier-Sterne-General erfuhr. Er kehrte nach Deutschland zurück und besuchte Merkers, wo durch die beiläufige Bemerkung eines Zivilisten gegenüber einem amerikanischen Soldaten die Goldreserven des Reiches in den riesigen Kammern

Vor dem Hamburger Rathaus übergibt Generalmajor Alwin Wolz (salutierend) Deutschlands zweitgrößte Stadt und wichtigsten Seehafen an britische Offiziere. Beim Marsch durch die verwüsteten Straßen von Hamburg fiel den Briten auf, wie ordentlich überall der Schutt aufgeräumt worden war. „Sogar in der Niederlage", bemerkte ein britischer Soldat halb spöttisch, halb bewundernd, „hatten die Deutschen einen ausgesprochenen Sinn für Ordnung."

eines Salzbergwerks entdeckt worden waren. Dann stattete er dem KZ von Ohrdruf bei Wiesbaden einen Besuch ab und wurde von den Scheußlichkeiten, die er dort sah, beinahe krank. Danach fuhr er nach Buchenwald. Er schrieb: „Von dem Hinrichtungsraum in Buchenwald wurden die Leichen mit Hilfe eines handbetriebenen Fahrstuhls zur Einäscherungsanlage im nächsten Stock hinaufbefördert. Der hier eingesetzte KZ-Insasse rieb voller Stolz seine Hände auf dem Boden ab und zeigte mir, wie sauber sie waren."

Die 3. Armee setzte sich am 19. April nach Süden in Marsch, und Patton folgte am 22. April; er verlegte sein Hauptquartier von Hersfeld über die Rhön nach Erlangen. Pattons vier Korps – seine Armee wuchs rasch auf die beachtliche Stärke von 540 000 Mann an – rückten ohne besondere Vorkommnisse in gleichmäßigem Tempo weiter vor; das XX. Korps, das auf dem rechten Flügel der Armee eingesetzt war, überschritt am 26. April die Donau und nahm die jahrhundertealte Stadt Regensburg ein. Am 27. April war die Zahl der von der 3. Armee seit der Invasion der Alliierten in Frankreich im August 1944 gefangengenommenen Deutschen auf 600 000 Mann angewachsen.

In der Nähe von Ingolstadt stieß Pattons III. Korps auf einen größeren deutschen Verband, der den eindrucksvollen Namen SS-Division Nibelungen trug, aber nur über einige wenige, veraltete Panzer und keinerlei Artillerie verfügte. Patton vernichtete den Gegner, erwähnte dieses Gefecht in seiner umfangreichen Korrespondenz jedoch nicht einmal.

Gegen Ende April träumte Patton, der einmal gesagt hatte: „Ich liebe den Krieg und die Verantwortung und Aufregung", davon, den Sowjets in Prag zuvorzukommen und dann seine Versetzung zum pazifischen Kriegsschauplatz zu beantragen. Kummervoll notierte er in seinem Tagebuch: „Es geschieht überhaupt nichts, was Interesse beanspruchen könnte." Und in einem Brief an seine Angehörigen in der Heimat schrieb er sogar: „Ich komme mir hier völlig überflüssig vor."

Weitab von den politischen Entscheidungsträgern, konnte Patton noch nicht wissen, daß inzwischen Eisenhower und die Sowjets über das weitere Vorgehen der Alliierten in bezug auf die Tschechoslowakei verhandelten. Nach Beratungen, die Ende April mehrere Tage dauerten, erhielt Eisenhower das sowjetische Einverständnis zu einem amerikanischen Vorstoß bis auf eine Linie, die durch Budweis, Pilsen und Karlsbad führte. Am 4. Mai unterrichtete Eisenhower General Bradley von dem Abkommen. Dieser gab Patton die Genehmigung, die tschechische Grenze zu überschreiten. Patton strahlte vor Freude. Plötzlich, fast schon zu spät, nahm der Krieg wieder eine interessante Wendung.

Der breite Streifen Land, den Pattons Armee auf ihrem Vormarsch nach Südosten eingenommen hatte, erstreckte sich von Chemnitz bis nach Regensburg und verkürzte den Abschnitt der 6. Heeresgruppe von General Jacob Devers, die zwischen Ingolstadt und Stuttgart stand. Devers war dankbar; er erhielt nur selten eine derartige Hilfe von Eisenhowers Hauptquartier, weil er mit seiner Heeresgruppe zu weit südlich stand, um noch an der Hauptstoßrichtung der amerikanischen Verbände mitwirken zu können. Devers' verkürzte Frontlinie bedeutete, daß seine beiden Armeen fast genau nach Süden gerichtet waren, wobei die amerikanische 7. Armee unter Generalleutnant Alexander Patch auf dem linken Flügel nach Salzburg und Westösterreich vorstoßen und die französische 1. Armee unter General Jean de Lattre de Tassigny auf dem rechten Flügel dem Nordufer des Bodensees und der Schweizer Grenze folgen sollte.

General Patch betrachtete diesen Aufmarsch mit gemischten Gefühlen. Nach den Verlusten, die seine Armee bei den Kämpfen um Nürnberg erlitten hatte, bedeutete Pattons Anwesenheit zu seiner Linken zwar eine Erleichterung. Aber er war weniger zufrieden mit dem Franzosen zu seiner Rechten: General de Lattre drang absichtlich bei jeder sich bietenden Gelegenheit in das den Amerikanern vorbehaltene Gebiet ein.

De Lattre sah die Sache anders. Die Vereinigten Staaten hatten zwar seine Armee ausgerüstet, erwarteten jedoch dafür von ihm sklavischen Gehorsam, ohne daß irgendeine Sonderregelung getroffen worden wäre oder die Franzosen eine Stimme im Kriegsrat erhalten hätten. Der Chef der anerkannten Provisorischen Regierung Frankreichs, General Charles de Gaulle, hatte de Lattre oft genug gesagt, daß die Amerikaner versuchten, Frankreichs legitime Ansprüche zu durchkreuzen, und daß die deutschen Gebiete demjenigen gehörten, der sie erobert habe, und nicht den Alliierten gemeinsam. De Lattre müsse seine Armee nach politischen Gesichtspunkten einsetzen, um den Ruhm und das Selbstbewußtsein Frankreichs wiederherzustellen. De Lattre, der nicht nur ein geschickter Taktiker, sondern auch ein Schriftsteller von Rang war, erklärte mit großer Geste: „Es war meine Pflicht, unorthodox zu handeln, weil die Ehre der Nation auf dem Spiel stand."

Am 18. April war de Lattre triumphierend in das Gebiet der amerikanischen 7. Armee eingedrungen, um die Universitätsstadt Tübingen in Besitz zu nehmen. Vier Tage darauf sollten in einer gemeinsamen Operation Teile der Armee von Patch Stuttgart von Norden und Osten einschließen, um der deutschen 19. Armee den Rückzug abzuschneiden; in der Zwischenzeit sollten französische Truppen vom Schwarzwald her gegen Stuttgart vorrücken und die Stadt im Sturm nehmen.

Die Franzosen setzten sich wie vorgesehen in den Besitz von Stuttgart, wobei sie bei 700 eigenen Verlusten 28 000 Gefangene

Nahe der Grenze zu Österreich – das erste Land, das von Hitler überrollt und dem Dritten Reich einverleibt wurde, und eines der letzten, das befreit wurde – beobachten Angehörige der 11. US-Panzerdivision Granateinschläge auf einem Höhenrücken, von dem aus deutsche Einheiten noch Widerstand leisten.

machten. Im weiteren Verlauf nahmen sie jedoch andere Aufgaben, wie zum Beispiel die Aufrechterhaltung von Ruhe und Ordnung in Stuttgart, das von Horden freigelassener Zwangsarbeiter durchzogen wurde, auf die leichte Schulter; Ordnung aber war nötig, damit der Nachschub durch die Stadt zu Patchs 7. Armee, die weiter östlich stand, ungefährdet und rasch durch die Stadt transportiert werden konnte. Da sich außerdem die Straßen in diesem Teil Deutschlands in verhältnismäßig schlechtem Zustand befanden, galt jede Behinderung als untragbar. Devers befahl den Franzosen, die Stadt den Amerikanern zu übergeben; als amerikanische Verbände am 24. April zur Übernahme erschienen, weigerte sich de Lattre, mit seiner Truppe abzuziehen. Patch wandte sich an Devers, der de Lattre zweimal den Befehl gab, die Stadt zu räumen.

In diesem Augenblick erhielt de Lattre von de Gaulle die Weisung: „Sie haben eine französische Garnison in Stuttgart zu belassen und sofort eine Militärregierung einzurichten." Falls die Amerikaner protestieren sollten, erhielt de Lattre den Auftrag: „Sie werden antworten, daß Sie auf Befehl Ihrer Regierung das von unseren Truppen eroberte Gebiet besetzt halten und verwalten wollen, bis die Grenzen der französischen Besatzungszone von den beteiligten Regierungen festgesetzt worden sind." In dieser Weisung an de Lattre kam zum Ausdruck, daß de Gaulle Stuttgart praktisch als Faustpfand behalten wollte, bis es den Alliierten gelungen war, die Grenzen des Territoriums, das den Franzosen in Jalta als Besatzungszone nach dem Krieg generell zugesprochen worden war, im einzelnen auf der Karte festzulegen.

Als Eisenhower von Devers unterrichtet wurde, daß dieser sich zweimal gegenüber den Franzosen nicht habe durchsetzen können, protestierte der Oberste Alliierte Befehlshaber offiziell bei de Gaulle. Eisenhowers Protestnote, die sich an einen schwierigen Verbündeten richtete – de Gaulle setzte sich immer wieder beharrlich über die Interessen der Alliierten hinweg, um einseitig französische Ziele zu verfolgen –, war in gemäßigtem Ton abgefaßt. Er brachte zum Ausdruck, er werde de Lattre keineswegs die notwendige Versorgung vorenthalten oder irgend etwas unternehmen, das die französisch-amerikanische Zusammenarbeit gefährden könne; im Gegenteil, er werde neue Karteneintragungen vornehmen und seine Weisungen so weit revidieren, daß die Franzosen in Stuttgart bleiben könnten. Da jedoch nicht damit zu rechnen war, daß französische Divisionen von den Amerikanern Befehle entgegennehmen würden, hielt es Eisenhower letzten Endes für unklug, weitere französische Verbände aufzustellen.

Der französische Engpaß in Stuttgart störte nicht nur das amerikanische Nachschubsystem, sondern gefährdete auch die Geheimmission einer kleinen Gruppe amerikanischer, als Soldaten getarnter Wissenschaftler. Der Deckname ihrer Operation, *Alsos,* gab einen Hinweis auf ihre Tätigkeit. *Alsos* ist das altgriechische Wort für Hain (englisch: *grove*) – also ein gelehrtes Wortspiel mit dem Namen von General Leslie R. Groves, dem Direktor des *Manhattan Project.* Dahinter verbarg sich die streng geheime, mit höchster Dringlichkeit vorangetriebene Forschungsarbeit der Amerikaner, die der Entwicklung der Atombombe dienen sollte. Laut amerikanischer Geheimdienstberichte war das deutsche Kernforschungsprogramm in Hechingen, 80 Kilometer von Stuttgart entfernt, stationiert. Die Stadt lag auf dem Territorium, das von den Franzosen eingenommen, aber von ihren Streitkräften noch nicht besetzt worden war. Das *Alsos*-Team war gekommen, um die deutschen Wissenschaftler in Gewahrsam zu nehmen, ihre Versuche zu prüfen und dadurch in Erfahrung zu bringen, wie weit der Gegner bereits in der Entwicklung einer Atombombe fortgeschritten war. Die Aktion sollte ohne Unterrichtung der Franzosen stattfinden.

Das *Alsos*-Team stand unter Führung von Oberst Boris T. Pash und wurde von einer Einheit von Heerespionieren begleitet; diese waren nicht nur militärisch verwendbar, sondern konnten auch Maschinenanlagen ausbauen und reparieren. Sie setzten sich auf einem Umweg nach Hechingen in Marsch und überschritten die französischen Linien. In Hechingen nahmen sie die deutschen Wissenschaftler gefangen und entdeckten die in einer unterirdischen Höhle getarnten Forschungseinrichtungen. Es wurde ihnen schon bald klar, daß sich die Alliierten über die deutsche Kernforschung keine Sorgen zu machen brauchten. Die Deutschen waren hauptsächlich an der Entwicklung von mit Atomkraft angetriebenen U-Booten interessiert und zudem noch nicht weit genug gelangt, um eine nukleare Kettenreaktion auszulösen.

In Stuttgart war de Lattre mit den zwischen den Armeen gezogenen Trennungslinien, die den Franzosen den Besitz von Stuttgart gewährleisteten, nicht zufrieden. Er wollte das etwa 80 Kilometer ostwärts von Hechingen gelegene Ulm einnehmen – zum Teil deshalb, weil Napoleon dort im Jahr 1805 gegen Österreich einen glänzenden Sieg errungen hatte. Ebenso kam es de Lattre darauf an, die Stadt Sigmaringen einzunehmen, die etwa 50 Kilometer südostwärts von Hechingen lag und ebenso zum Gebiet von Patch gehörte; führende Politiker des Vichy-Regimes, das Frankreich unter deutscher Oberhoheit regiert hatte, waren 1944 nach Sigmaringen ausgewichen und hatten dort eine Exilregierung ausgerufen. Da sowohl Ulm als auch Sigmaringen an der Donau liegen, setzte de Lattre eine Panzerkolonne in Marsch mit dem Befehl, erst Sigmaringen zu besetzen und dann dem Flußlauf stromabwärts bis nach Ulm zu folgen.

De Lattres Panzerkolonne nahm Sigmaringen ohne nennenswerte Schwierigkeiten ein, stellte aber fest, daß sich die Vichy-Anhänger aus dem Staube gemacht hatten. De Lattre ließ sich dadurch nicht aus der Ruhe bringen. „Bravo!" rief er aus, als seine

Panzer den Vorstoß nach Ulm fortsetzten. „Die Amerikaner mögen uns von hier vielleicht wieder vertreiben, aber die französische Flagge ist hier gehißt worden."

Am 22. April erreichten Teile der 10. Panzerdivision von Patch die westlichen Außenbezirke von Ulm, das an einigen Punkten von kleineren, auf dem Rückmarsch befindlichen deutschen Einheiten verteidigt wurde. Die Amerikaner hatten keine Ahnung, daß sich de Lattre wieder einmal nicht an die getroffenen Abmachungen hielt, und so konnte man noch von Glück sagen, daß sich die amerikanischen Soldaten und ihre hier nicht erwarteten Verbündeten rechtzeitig erkannten, als die französische Kolonne in Stärke von zwei Bataillonen am nächsten Tag von Südwesten her anrückte. De Lattre zufolge zeigte sich der Kommandeur der 10. Panzerdivision, Generalmajor William Morris jr., von dem Zusammentreffen mit den Franzosen keineswegs beunruhigt. „Wir Panzersoldaten", sagte Morris, „verstehen uns immer."

Das Bild änderte sich jedoch, als der Stab der 6. Heeresgruppe von dem Zwischenfall erfuhr. General Devers, dessen Geduld ohnehin schon auf eine harte Probe gestellt war, entsandte einen Offizier zu de Lattre mit dem Befehl, die Franzosen sollten sich unverzüglich hinter die französische Seite der Trennungslinie zurückziehen. General de Lattre ignorierte den Befehl.

Am 24. April griffen in die Kämpfe um Ulm eine Kampfgruppe der 10. Panzerdivision, ein Infanterieregiment der 44. US-Division und die beiden ungebetenen Bataillone der Armee von de Lattre ein. Die Franzosen hatten die Hauptlast des Kampfes zu tragen. „Am Abend", schrieb de Lattre, „wurde unsere Trikolore auf der Festung gehißt." Erst dann erklärte sich de Lattre bereit, hinter seine eigene Demarkationslinie zurückzukehren.

Die Einnahme von Sigmaringen und Ulm brachte das Westende der Verteidigungslinie von Generalfeldmarschall Kesselring ins Wanken; diese Linie verlief, grob gesehen, in Ost-West-Richtung an der Donau entlang; seine Armeen konnten den Vorstoß von de Lattre und Patch nicht verhindern. De Lattre rückte zum Bodensee vor und folgte dessen Nordufer. In Friedrichshafen besetzte er die alten Zeppelin-Werke, in denen die Luftschiffe, die im Ersten Weltkrieg durch die Bombenangriffe auf London von sich reden gemacht hatten, entwickelt worden waren, und setzte dann seinen Vormarsch ohne besondere Ereignisse nach Vorarlberg fort. Das Kampfgeschehen in diesem Abschnitt vollzog sich in einem kleinen, fast persönlich anmutenden Maßstab, wie sich aus der Schilderung de Lattres von der Begegnung eines französischen Feldwebels und einiger seiner Mannschaftsdienstgrade mit einem deutschen Oberst in Überlingen ergibt:

„Aufgefordert, sich zu ergeben, weigerte er sich und hielt seine Waffe weiterhin im Anschlag. Die Szene zog sich in die Länge, denn unsere Leute wollten diesen einsamen Mann, dessen Entschlossenheit nicht einer gewissen Größe entbehrte, nicht einfach niederschießen. Schließlich entschloß sich der Feldwebel, um dem Ganzen ein Ende zu setzen, dem Oberst eine Armwunde beizubringen. Dann warf der Oberst mit ausgesprochener Würde seinen Revolver weg, trat vor und erklärte: ‚Jetzt, da ich verwundet bin, kann ich mich ergeben.'"

Links von de Lattre stieß die 7. US-Armee mit drei Korps südlich und südostwärts weiter vor, wobei jedes Korps pro Tag durchschnittlich 1000 Gefangene machte. Der Kommandierende General des VI. Korps, der auf dem rechten Flügel der 7. Armee eingesetzt war, sagte zu seiner Truppe: „Dies ist eine Verfolgung, kein Angriff." Die GIs strebten vorwärts und benutzten jedes Gefährt, das sich noch bewegen konnte, einschließlich solcher Fahrzeuge, die von deutschen Einheiten stehengelassen worden waren, als ihnen der Betriebsstoff ausging. Die Amerikaner meisterten steile, gewundene Gebirgsstraßen, überquerten tiefe Schluchten und drangen über hohe, enge Paßstraßen weiter vor; sie nahmen Oberammergau, den Ort der Passionsspiele, und Garmisch-Partenkirchen ein. Und sie entdeckten nichts, was auf die Existenz einer Alpenfestung hätte schließen lassen, weder auf deutscher noch auf österreichischer Seite der Grenze, die am 29. April von zwei Divisionen des VI. Korps überschritten wurde.

Innerhalb Österreichs stießen die US-Truppen jedoch wieder auf Einheiten der französischen Armee, die in ihr Kampfgebiet eingedrungen waren. Amerikaner und Franzosen bemühten sich mit allen Mitteln, jeweils vor dem anderen die wichtigen Alpenpässe in Österreich einzunehmen. Einziger Zweck dieses Wettrennens war es, die italienische Grenze als erster zu erreichen und die alliierten Truppen, die aus Italien nach Norden vordrangen, willkommen zu heißen. Von den Franzosen in fast unerträglicher Weise bedrängt, verbannte Patch sie von seinen Vormarschstraßen, worauf die Franzosen in die Gebirgsregionen hinaufstiegen; bei einem waghalsigen Einsatz im Gebiet von Landeck schnallte sich ein französischer Zug Skier an und wählte eine 30-Kilometer-Abkürzung durch ein Bergmassiv, das gut 3000 Meter hoch war.

Die beiden anderen Korps der 7. Armee, die auf dem Weg nach Österreich durch Bayern vordrangen, wurden Zeugen von Widerstandsaktionen, die gegen das nationalsozialistische Regime gerichtet waren. Das XV. Korps auf dem linken Flügel und das in der Mitte eingesetzte XXI. Korps drangen auf München beziehungsweise Augsburg vor, als ihre Vorhuten am 27. April von Deutschen aufgehalten wurden, die darum baten, daß ihre Städte verschont würden, bis Widerstandskämpfer die Macht in die Hand genommen und eine friedliche Übergabe herbeigeführt hätten. In Augsburg wurde der Machtwechsel von einem halben Dutzend kleiner Gruppen inszeniert, die bisher nichts voneinander gehört hatten, geschweige denn ihre Aktivitäten hatten koordinieren können.

Obwohl einige Einwohner weiße Fahnen aus den Fenstern heraushängten und bei einigen Artillerieeinheiten die Geschützmündungen mit weißen Kissenbezügen verhängt wurden, verteidigten sich andere Einheiten immer noch. Schließlich führte ein Deutscher ein Bataillon der 3. US-Division zum Befehlsstand des Stadtkommandanten, und fünf Minuten später kapitulierte Augsburg.

München, die drittgrößte Stadt Deutschlands und der Ort, an dem die NSDAP entstanden war, erwies sich als fruchtbarer Boden für Widerstandsbewegungen. Einer ihrer Führer war der junge Hauptmann Ruppert Gerngroß, der im Jahr 1941 verwundet und verbittert von der Ostfront heimgekehrt und in München als Chef einer Dolmetscherkompanie des Heeres eingesetzt worden war. Im Laufe der Jahre hatten Hauptmann Gerngroß und gleichgesinnte Übersetzer seiner Einheit vorsichtig einige Gegner der NSDAP aus Kreisen einheimischer Juristen, Ärzte, Professoren und Beamten um sich geschart; sie gewannen außerdem Gefolgsleute unter den Direktoren dreier großer Fabriken und sogar bei den Angehörigen mehrerer kleiner Infanterie- und Panzerverbände, die dort stationiert waren. In seiner Organisation, der Gerngroß den Namen Freiheitsaktion Bayern (FAB) gab, war ein genauer Plan ausgearbeitet worden, der die Übernahme der wichtigsten Einrichtungen in München vorsah, sobald alliierte Truppen nahe genug herangekommen wären und dadurch die Masse der hier noch stehenden regimetreuen Truppen vom Vorhaben der FAB abgelenkt sein würde. Gerngroß entsandte zwei Männer zum Gefechtsstand von General Patch, um den Plan in allen Einzelheiten bekanntzugeben; Gerngroß schlug Patch vor, München zur offenen Stadt zu erklären, sobald die FAB die Macht übernommen haben würde.

Am 28. April, um 2 Uhr morgens, begannen die FAB-Leute mit ihrer Aktion; sie trugen weiße Armbinden, um sich in der Dunkelheit gegenseitig erkennen zu können. Sie besetzten eine Kaserne, verhafteten Franz Ritter von Epp, einen alten General, der Reichsstatthalter von Bayern war, und besetzten eine der beiden Rundfunkstationen der Stadt. Gerngroß appellierte im Radio an die Öffentlichkeit, ihn zu unterstützen. Bei Tagesanbruch glaubten viele Einwohner von München, der Krieg sei vorbei; anstelle des Hakenkreuzes hißten sie die weiß-blaue bayerische Flagge.

Aber die Aussicht auf einen Aufstand verging bald. Gerngroß und der FAB war es nicht gelungen, die beiden wichtigsten Persönlichkeiten in München auszuschalten: Gauleiter Paul Giesler und General der Kavallerie Siegfried Westphal, Chef des Stabes bei Generalfeldmarschall Kesselring. Giesler erschien bei dem Rundfunksender, den die Aufständischen nicht besetzt hatten, und verurteilte scharf die „verabscheuungswürdigen Halunken", die den Aufstand geschürt hatten. Angesichts der wiederhergestellten alten Ordnung neigte die Bevölkerung dazu, die Behörden zu unterstützen, und General Westphal errang langsam wieder die Kontrolle über die bescheidene Münchner Garnison. Einige Aufständische wurden gefangengenommen und hingerichtet; Gerngroß und drei Gesinnungsgenossen gelang es zu fliehen.

So mußte sich die 7. US-Armee auf einen neuerlichen Kampf einstellen. Ihre Verbände näherten sich München von allen Richtungen. Die 42. und 45. Infanteriedivision sowie die 20. Panzerdivision des XV. Korps rückten vom Nordwesten und Norden heran. Auf ihrem Vormarsch befreiten die Infanteriedivisionen das Konzentrationslager Dachau. Zusätzlich lieh sich General Patch die 3. Division vom XXI. Korps aus und setzte sie von Augsburg aus in Marsch; Aufklärungseinheiten der 12. Panzerdivision des XXI. Korps schwenkten ein, um vom Südwesten her anzugreifen.

Die am 29. April mit einem heftigen Artillerieduell einsetzenden Kämpfe verliefen wenig koordiniert. Die Mitverschwörer von Gerngroß hatten verhindern können, daß die in die Stadt führenden Brücken zerstört wurden, deshalb hatten die Amerikaner keine Schwierigkeiten, in das Stadtinnere zu gelangen. Aber dort stießen die Amerikaner auf unerwartete Probleme. In verschiedenen Stadtvierteln standen ihnen plötzlich deutsche Truppen gegenüber, die im Kampf mit Aufständischen standen. Soldaten der 3. und 42. Division wurden von einer kleinen, begeisterten Menschenmenge begrüßt, als sie in das Stadtzentrum von München einrückten, aber die 45. Division mußte lange kämpfen, bis sie den Widerstand in einer SS-Akademie am Nordrand von München überwinden konnte. Erst spät am 30. April kehrte in München der Friede ein.

General Jean de Lattre de Tassigny (links), Oberbefehlshaber der französischen 1. Armee, prüft im Januar 1945 mit dem amerikanischen Generalmajor Frank W. Milburn eine Karte. Obwohl er im Rahmen einer US-Heeresgruppe eingesetzt war, befolgte de Lattre häufig Befehle aus Paris, die weniger der Ausführung alliierter Weisungen als vielmehr dem größeren Ruhme Frankreichs dienten.

Um ihrer Stadt unnötige Zerstörungen zu ersparen, zeigen Münchner Polizeibeamte Offizieren der 7. US-Armee, wo deutsche Truppen in der Stadt noch Widerstand leisten. Obwohl eine Machtübernahme von Regimegegnern, die die Stadt übergeben wollten, von getreuen Nationalsozialisten verhindert wurde, beeinträchtigte diese Auseinandersetzung den Kampf ganz erheblich.

Südlich von München und Augsburg rückten das XV. und XXI. Korps zügig vor. Jeden Tag schien in den kleinen bayerischen Städten Waschtag zu sein – weiße Bettlaken hingen überall aus den Fenstern. Wo immer noch ein kleiner Widerstand aufflammte, wurde er rasch unterdrückt. Die Aufklärungseinheiten der Panzerdivisionen stießen weit vor den langsameren eigentlichen Panzerformationen vor. Das XV. Korps erreichte die österreichische Grenze so schnell, daß General Devers von General Bradley die Genehmigung erhielt, mit seinem Korps in östlicher Richtung auf das Gebiet von Salzburg vorzurücken. Einheiten von Pattons Armee, die diese Aufgaben hätten übernehmen sollen, waren zum Teil durch schlechtes Wetter aufgehalten worden.

Beim Vormarsch des XV. Korps wetteiferten mehrere seiner Verbände mit Teilen des XXI. Korps um die Ehre, den Berghof, Hitlers Anwesen auf dem Obersalzberg, in Besitz zu nehmen. Weiter unterhalb, in Berchtesgaden, gab es immer wieder Verkehrsstaus: „Alles, was Beine hat, will unbedingt in die Stadt", berichtete das Hauptquartier der 7. Armee.

Angehörige der 3. Division erreichten den Berghof als erste; ihnen folgten einige französische Panzer, dann Fallschirmjäger der 101. Luftlandedivision. Sie zerstörten die ganze Anlage gründlich. Als *Time*-Reporter Percy Knauth eintraf, schlenderte er durch die Räume, die völlig ausgeplündert worden waren, und entdeckte nur noch eine einzige persönliche Erinnerung an den Besitzer: eine Visitenkarte mit dem Namen Eva Braun. „Die gesamte luxuriöse Einrichtung auf dem Obersalzberg lag jetzt in Trümmern", schrieb Knauth. „Als wir vor der Eingangstür standen, blickte über uns das leere Panoramafenster wie ein großes Auge über die zersplitterten Bäume und Bombenkrater hinweg. Ein riesiges, halb geschmolzenes Blechstück hing von der Wand herunter. Die Bäume und Büsche waren verschwunden, das Gras war dahin; es gab nur noch umgewühlte braune Erde und zertrümmertes Gestein – ein Hohn auf die ehemalige Schönheit und Macht."

Devers' Heeresgruppe und Pattons Armee hatten alle Alpenpässe abgeriegelt, über die feindliche Truppen eventuell aus Deutschland nach Österreich gelangen konnten. Sie hatten keinerlei Anzeichen einer Alpenfestung in Süddeutschland oder im Nordwesten Österreichs entdeckt. Außerdem hatte Pattons Armee den in der Tschechoslowakei stehenden deutschen Kräften das Entrinnen nach Westen unmöglich gemacht. Wenn irgendwo in Westösterreich eine Alpenfestung bestehen sollte, mußten die zu ihrer Verteidigung erforderlichen deutschen Truppen aus Italien kommen.

Mitte April waren die dort eingesetzten deutschen Verbände durch die Frühjahrsoffensive des Feldmarschalls Sir Harold Alexander, der in Italien den alliierten Oberbefehl führte, schwer angeschlagen. Die deutsche Heeresgruppe C war in die Po-Ebene zurückgedrängt worden, wo sie sich angesichts der alliierten Überlegenheit an Panzern und Flugzeugen deutlich im Nachteil befand. Alexanders Frontbefehlshaber, der amerikanische General-

leutnant Mark Clark, Oberbefehlshaber der 15. Heeresgruppe, hatte abwechselnd die britische 8. Armee und die 5. US-Armee zum Angriff eingesetzt und den Fliegerverbänden gestattet, sich ganz auf die Unterstützung des Heeres zu konzentrieren. Die Deutschen zogen sich in das Bergland nördlich des Po zurück.

Die Operation *Sunrise* – die Kapitulationsverhandlungen, die von SS-General Karl Wolff eingeleitet und von Allen Dulles vom OSS unterstützt worden waren – schien inzwischen in eine Sackgasse geraten zu sein. Es war Wolff nicht gelungen, General Heinrich-Gottfried von Vietinghoff, Oberbefehlshaber der Heeresgruppe C, oder dessen früheren Vorgesetzten, Generalfeldmarschall Kesselring, für seinen Plan zu gewinnen. Da Vietinghoff zögerte und die Sowjets gegen ihren Ausschluß von den Gesprächen protestierten, sahen sich die amerikanische und britische Regierung veranlaßt, die Verhandlungen zu beenden. Am 21. April erhielt Dulles aus Washington ein Telegramm: DAS KOMITEE DER STABSCHEFS WEIST OSS AN, UNVERZÜGLICH JEDEN KONTAKT MIT DEUTSCHEN ABGESANDTEN ABZUBRECHEN.

Dulles war damit nicht zufrieden. Der Abbruch der Verhandlungen kam genau zu einem Zeitpunkt, als neue politische Sorgen eine schnelle deutsche Kapitulation noch wünschenswerter machten als bisher. Während der deutsche Widerstand erlahmte, übernahmen Partisanengruppen die Macht in vielen Teilen Norditaliens. Die stärksten Gruppen waren kommunistisch, und das Nationale Befreiungskomitee, das die verschiedenen Gruppen koordinierte, wurde von Kommunisten beherrscht. Es war nicht ausgeschlossen, daß durch den verzögerten Vormarsch der Alliierten die Partisanen genügend Zeit gewannen, eine kommunistische Regierung im Norden einzusetzen. Dulles war es zutiefst zuwider, daß die Kapitulationsverhandlungen ein vorzeitiges Ende gefunden hatten.

Sunrise war in der Tat in den Anfängen steckengeblieben. Merkwürdigerweise war es Heinrich Himmler, der dem Projekt neuen Auftrieb gab. Er berief Wolff am 16. April nach Berlin, damit dieser sein häufig nach oben gemeldetes verräterischens Verhalten erklärte, denn seine Gespräche mit Dulles trafen auf starkes Mißtrauen. Für Wolff war es der Anfang von zwei Wochen dauernden hektischen und unwahrscheinlich anmutenden Eskapaden.

Wolff flog nach Berlin und spielte ein Spiel, bei dem es um Leben und Tod ging. Er gab sich den Anschein absoluter Aufrichtigkeit und Ehrlichkeit und erreichte bei Himmler, daß dieser ihm gestattete, sein Anliegen Hitler persönlich vorzutragen. Dann erinnerte er Hitler an eine Unterhaltung, die sie früher einmal geführt hatten und bei der es um den Wert des geheimen Zugangs zu führenden Persönlichkeiten der Feindseite gegangen war. Wolff nahm für sich selbst in Anspruch, durch seine Verhandlungen mit Dulles Kontakte zu Truman und Churchill geknüpft zu haben. Nach einigem Nachdenken sagte Hitler: „Ich akzeptiere Ihren Vortrag. Sie haben phantastisches Glück." Er schickte Wolff am 18. April mit dem Auftrag nach Italien zurück, weiterhin mit den Amerikanern zu reden und auf Zeitgewinn hinzuarbeiten.

Bei der Rückkehr nach Italien erneuerte Wolff seine Bemühungen, General von Vietinghoff auf seine Seite zu ziehen. Diesmal

machte er Fortschritte. Vietinghoffs bisheriger Widerstand war teilweise politischer Natur gewesen, da er nicht ohne Mitwirken von Generalfeldmarschall Kesselring handeln wollte; teilweise war er auch durch die soldatische Tradition bedingt. Aus Fürsorge um seine Soldaten wollte er die Alliierten von der Forderung nach bedingungsloser Kapitulation abbringen. Unter dem Eindruck der sich weiter verschlechternden militärischen Lage gab Vietinghoff schließlich nach, hielt jedoch noch immer gewisse Forderungen aufrecht, beispielsweise die Versicherung durch die Alliierten, daß deutsche Soldaten nicht zur Zwangsarbeit herangezogen oder auf fremdem Boden lange Zeit inhaftiert würden.

Am 23. April wurde Dulles von Major Max Waibel, seinem Vertrauensmann im Schweizer Geheimdienst, angerufen; dieser erzählte ihm, daß General Wolff und zwei weitere deutsche Offiziere im Begriff seien, die Grenze in Zivilkleidung zu überschreiten, um alle in Italien stehenden deutschen Truppen zu übergeben. „Daß ich mich in einer schwierigen Lage befand, war noch sehr milde ausgedrückt", schrieb Dulles später. Da er nicht bereit war, eine als gesichert geltende Kapitulation abzulehnen oder aus eigener Verantwortung die verbotenen Verhandlungen wieder aufzunehmen, wandte er sich an Washington und an Feldmarschall Alexander mit der Bitte, die Operation *Sunrise* fortzusetzen. Während er auf die Antworten wartete, wohnten die drei Deutschen in Waibels Haus am Vierwaldstätter See.

Am nächsten Tag traf keine Antwort ein, und Wolff kehrte nach Italien zurück, um den Argwohn seiner Parteivorgesetzten zu besänftigen. Zurück ließ er SS-Major Eugen Wenner mit der schriftlich ausgefertigten Genehmigung, alle in Italien befindlichen SS-Truppen zu übergeben. Der andere Deutsche, Oberstleutnant Victor von Schweinitz, Stabsoffizier des Heeres, hatte ein ähnliches Dokument, das von Vietinghoff unterschrieben war, bei sich.

Wolff, der durch Straßensperren der Partisanen auf dem Weg zu seinem Stabsquartier aufgehalten wurde, übernachtete am 25. April in der Villa Locatelli, einer SS-Niederlassung in Cernobbio – etwas über einen Kilometer vor der deutschen Grenze. Kurz nach seiner Ankunft erschien bei ihm Marschall Rodolfo Graziani, der Kriegsminister und Oberbefehlshaber der Armee der sogenannten Republik von Salò, einer von den Deutschen gestützten Marionettenregierung Benito Mussolinis. Graziani erklärte, der Duce befinde sich in der Nähe und sei auf dem Weg in die Berge nördlich des Comer Sees, wo er sich mit einigen italienischen Truppen zum letzten Widerstand verschanzen wolle. Wolff nutzte diese Zufallsbegegnung rasch aus und überredete den niedergeschlagenen alten Marschall, ein Dokument zu unterzeichnen, das den Rest der italienischen Armee an die Alliierten übergab.

In den frühen Morgenstunden des 26. April wurde Wolff klar, daß er sich in Bedrängnis befand. Partisanengruppen, die erfahren hatten, daß Mussolini und andere Faschisten in der Nähe des Comer Sees gesichtet worden waren, hatten über Nacht die Villa Locatelli umstellt. Aber sie hatten vergessen, die Telephonverbindungen zu unterbrechen, und so gelang es Wolff, sich mit Gerhart Schulze-Gaevernitz, dem Mitarbeiter von Dulles, in Verbindung zu setzen und Hilfe anzufordern. Am selben Abend gelang es einem OSS-Agenten, der sich als der amerikanische Konsul von Lugano ausgab, mit den Partisanen zu reden, so daß diese Wolff in der Obhut des Agenten die Villa verlassen ließen. Mussolini und seine Geliebte, Claretta Petacci, hatten weniger Glück. Sie wurden von den Partisanen aufgegriffen und zwei Tage später erschossen.

Am 27. April erhielten Dulles und Feldmarschall Alexander die Genehmigung ihrer Regierungen, mit *Sunrise* fortzufahren. Am nächsten Tag wurden die beiden deutschen Bevollmächtigten (die in der Schweiz geblieben waren, als Wolff nach Italien zurückkehrte) in Alexanders Hauptquartier bei Caserta in der Nähe von Neapel geflogen. Dort wurde am 29. April, nachdem die Deutschen letzte Einwände erhoben hatten, eine Kapitulationsurkunde unterzeichnet, die am 2. Mai um 12.00 Uhr in Kraft treten sollte. Die Zeremonie fand im Beisein einer sowjetischen Delegation unter Führung von Generalmajor Alexej P. Kislenko statt.

Der Krieg in Italien schien vorüber zu sein. Aber eine letzte Szene mußte noch zu Ende gespielt werden. Kesselring, der dem Gedanken an Kapitulation ursprünglich positiv gegenübergestanden hatte, beschloß jetzt, eine bedingungslose Kapitulation zu verhindern. Er ersetzte General von Vietinghoff durch General Friedrich Schulz. Andere hohe Offiziere, die in die Kapitulationsverhandlungen verwickelt gewesen waren, wurden unter Hausarrest gestellt.

SS-General Karl Wolff kehrte zu seinem in Bozen gelegenen Gefechtsstand zurück und setzte seine Bemühungen fort, Kesselring und Schulz von der Notwendigkeit zu überzeugen, die allgemeine Kapitulation zu akzeptieren. Schulz wollte ohne Generalfeldmarschall Kesselrings Genehmigung keinen Entschluß fassen, aber Kesselring war an der Front und konnte nicht erreicht werden. Kesselring selbst rief Wolff am 2. Mai nachts um zwei Uhr an, und Wolff drang zwei Stunden lang in den Generalfeldmarschall, aber offenbar ohne Erfolg. Doch eine halbe Stunde später erhielt Wolff einen Anruf von Schulz, der ihm sagte, Kesselring habe soeben Befehl zur Feuereinstellung gegeben.

Jetzt war der Krieg in Italien tatsächlich beendet. Während die Deutschen der Heeresgruppe C die Waffen niederlegten, rückten Verbände der 5. US-Armee eiligst nach Norden vor, um die Verbindung zu anderen alliierten Truppen herzustellen. Bei der Stadt Sterzing in der Nähe des Brenner-Passes konnten sich Angehörige der 88. Infanteriedivision und Soldaten der 103. Division der 7. US-Armee, die den Wettlauf durch Österreich gen Süden gewonnen hatten, die Hände reichen.

Ein amerikanischer Soldat steht vor dem zertrümmerten vier mal neun Meter großen Panoramafenster im Wohnraum des Berghofs, Hitlers Wohnsitz in den bayerischen Alpen bei Berchtesgaden. In dem weiter unten gelegenen Areal, zu dem Villen für hohe Parteifunktionäre, eine SS-Kaserne und sogar ein kleiner Flugplatz gehörten, entdeckten die Amerikaner ein Netz von Tunneln, die zu bequem eingerichteten, bombensicheren Unterkünften führten.

DIE STERBENDE HAUPTSTADT

BERLIN bleibt deutsch

BERLIN: EIN FLAMMENDES INFERNO

Am 21. April 1945 war Berlin von acht sowjetischen Armeen – eineinviertel Millionen Mann – eingeschlossen. Sowjetische Panzer waren in die Außenbezirke eingedrungen, und sowjetische Geschütze ließen einen Granathagel auf die verängstigte Zivilbevölkerung niedergehen. Verteidigt wurde Berlin von etwa 75 000 deutschen Soldaten, die kaum noch Material besaßen.

Hätte sich in diesem Augenblick die Vernunft durchgesetzt, wäre es vielleicht zur Kapitulation von Berlin gekommen, wodurch Zehntausende von Menschenleben hätten gerettet werden können und der Stadt die völlige Verwüstung erspart geblieben wäre. Aber ein unsinniger Wille verwandelte die Stadt in ein Schlachtfeld. In der unwirklichen Stille seines Bunkers glaubte Adolf Hitler noch immer, Deutschland würde durch ein Wunder von seinen Feinden erlöst werden. Sogar diejenigen Generale, die wußten, daß der Krieg verloren war, wollten so lange durchhalten, bis sie sich den Amerikanern ergeben konnten.

Wenn die Furcht vor sowjetischen Racheakten oder der Glaube an das vom Führer erwartete Wunder noch nicht ausreichten, um den Kampfeswillen der deutschen Truppen aufrechtzuerhalten, so besorgten SS-Chargen den Rest – sie zogen durch die Straßen und hängten oder erschossen jeden mutmaßlichen Deserteur.

Um jeden Meter Boden wurde gerungen. Nach eigener Schätzung feuerten die Sowjets 1,8 Millionen Granaten auf die Stadt ab – etwa 33 000 Tonnen Metall. Dann stießen die sowjetischen Infanteristen, noch bevor sich der beißende Rauch verzogen hatte, in das Maschinengewehr- und Artilleriefeuer der Überlebenden vor. Im Inneren der Häuser mußten die Sowjets die verbissen kämpfenden Verteidiger unter Einsatz von Handgranaten, Flammenwerfern und automatischen Waffen – gelegentlich auch mit ihren nackten Händen – überwältigen. Häuserblock für Häuserblock wurde die Stadt verwüstet. Feuersbrünste wüteten ungehemmt. Tote und Sterbende bedeckten die Straßen. Berlins 1 750 000 Einwohner – hauptsächlich Frauen und Kinder – gerieten in das Kreuzfeuer, und Tausende starben neben den Soldaten.

Während sich der sowjetische Ring um die Innenstadt immer enger zusammenzog, nahm das Kampfgeschehen noch verzweifeltere Formen an. In pausenlosen Angriffen berannten die Sowjets die letzten deutschen Stellungen und überwältigten sie schließlich. Der Preis, den diese Attacken forderten, war enorm. „Jeder Schritt kostete uns Menschenleben“, schrieb Armeegeneral Wassili Tschuikow. Aber nach den primitiven Regeln des Krieges konnten die Sowjets mehr Menschenleben opfern als die Deutschen.

Ein Sowjetsoldat (links) bewacht in Berlin gefangengenommene deutsche Offiziere, darunter den letzten Stadtkommandanten, Helmuth Weidling (rechts).

Ein durch sowjetischen Artilleriebeschuß verursachtes Großfeuer verwandelt eine Berliner Straße in ein Inferno. Es gab so viele Brände, daß es auch nachts hell war.

Ein Sturmgeschütz feuert aus nächster Nähe auf ein in deutscher Hand befindliches Gebäude, um der Infanterie den Weg zu bahnen

hatten die deutschen Stellungen sturmreif geschossen, aber es waren die Infanteristen, die in Hunderte von zäh verteidigten deutschen Schlupfwinkeln eindringen mußten.

Sowjetische Infanteristen gehen hinter einem Schuttwall in Deckung, um deutsches Feuer aus den Gebäuden im Hintergrund zu erwidern.

Ein außer Gefecht gesetzter Panzer dient einem Sowjetsoldaten als Deckung. Zunächst griffen Panzer ohne Infanterieschutz an; Hunderte wurden zerstör

Ein Sowjetpanzer hält mitten während der Kämpfe auf einer Straße, und Mitglieder der Besatzung tragen einen verwundeten Kameraden zum Verbandsplat

Unter Panzerschutz dringt ein sowjetischer Sturmtrupp vorsichtig in eine Hausruine ein, in der sich vielleicht noch kampfbereite deutsche Truppen befinden.

Aus seinem Kellerversteck aufgescheucht, wird ein deutscher Soldat von einem Russen mit Maschinenpistole gefangengenommen.

Ein sowjetischer Offizier hält einen deutschen Gefangenen in Schach. Die Sowjets machten allein in Berlin 70 000 Kriegsgefangene.

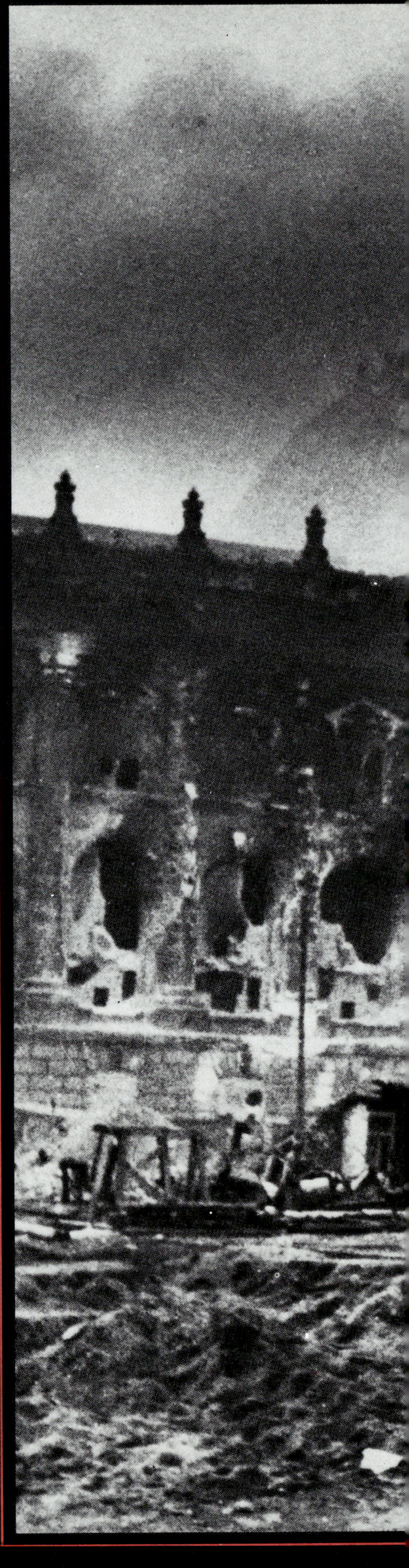

Ein sowjetischer Kanonier hält sich die Ohren zu, während ein Geschütz in Richtung Tiergarten feuert.

Die rote Fahne in der Hand, marschieren Sowjetsoldaten auf das Reichstagsgebäude zu, in dessen Mauern sowjetische Granaten klaffende Löcher gerissen haben.

Soldaten hissen am 30. April 1945 die sowjetische Flagge auf dem Reichstagsgebäude. Es dauerte noch zwei Tage, bis der ganze Bau in sowjetischer Hand war.

4

„Retten Sie sich, mein Führer!"
Ein See voller toter Deutscher
Eine Geisterarmee
Letzter Funkspruch aus Tokio: „Viel Glück euch allen!"
Champagner bei der Hochzeit Hitlers
Ein Löwe auf der Albrechtstraße
Todespakt zwischen dem Ehepaar Hitler
Martin Bormann greift nach der Macht
Bajonette und Handgranaten im Reichstagsgebäude
Gift für die Goebbels-Kinder

DER TODESKAMPF DES REICHES

Am 26. April wurden Adolf Hitler im Führerbunker den ganzen Tag lang hoffnungsvolle Nachrichten übermittelt:

Generalfeldmarschall Schörners Heeresgruppe gewinne, so lauteten mehrere Meldungen von der Front, weiterhin an Boden im Vorstoß nach Norden, wo er die Verbindung mit General Theodor Busses 9. Armee wiederherstellen wolle, die südöstlich von Berlin eingeschlossen war.

Busse, so hieß es, erziele erstaunliche Fortschritte in dem Bemühen, aus dem sowjetischen Kessel auszubrechen und sich mit General Wencks 12. Armee südwestlich der eingeschlossenen Reichshauptstadt zu vereinigen.

Wenck, der von der Verteidigung der Elbe abgezogen war, um durch Potsdam hindurch zum Entsatz von Berlin vorzustoßen, habe „zufriedenstellenden Erfolg" zu verzeichnen, wie sich die Generale im Bunker ausdrückten.

Sogar das III. SS-Panzerkorps unter SS-General Felix Steiner hatte, trotz aller Schwierigkeiten, angeblich kleine Geländegewinne gegen die Sowjets bei dem Versuch erzielt, von Norden her bis nach Berlin durchzustoßen.

Alle diese Lagemeldungen stammten aus Gebieten, wo Kämpfe tatsächlich im Gange waren, aber im übrigen hatten sie wenig mit der Wirklichkeit zu tun. Hitler nahm jede Meldung begierig auf, aber sie schienen sogar seine bemerkenswerte Fähigkeit, einer Selbsttäuschung zu erliegen, allzusehr zu strapazieren; er hatte allmählich doch erkannt, daß sich die Kämpfe bereits innerhalb von Berlin abspielten, in den Straßen und U-Bahn-Schächten – ja sogar nur wenige Kilometer von seinem Bunker entfernt. So befand sich Hitler an diesem Abend, statt ermutigt zu sein, in einem Zustand der Verzweiflung – einer so abgrundtiefen Verzweiflung, daß zwei ihm treu ergebene Personen, die kurz vor 19.00 Uhr im Bunker eintrafen, echt erschüttert waren. Es waren Generaloberst Robert Ritter von Greim, Oberbefehlshaber einer Luftflotte bei München, und Hanna Reitsch, die Testpilotin, die sich als Flugpionierin einen internationalen Ruf erworben hatte.

Hitler hatte Generaloberst Ritter von Greim dringend und ohne weitere Erklärung per Funk nach Berlin bestellt. Greim war in der Nacht zuvor aus München abgeflogen und hatte die seit langem mit ihm befreundete Hanna Reitsch als Begleiterin und Kopilotin mitgenommen. Sie flogen in Etappen zu dem etwa 25 Kilometer westlich von Berlin gelegenen Flugplatz Gatow, wo sie in ein langsames Verbindungsflugzeug vom Typ Fieseler-Storch umstiegen, das auf der Ost-West-Achse, einer breiten Durchgangsstraße in Berlin, die etwa einen Kilometer westlich des Führerbunkers vorbeiführte, landen konnte.

Greim flog im Tiefstflug über die Stadt, die von oben wie der Vorraum zur Hölle aussah. Ganze Häuserblocks waren durch den sowjetischen Beschuß in Flammen aufgegangen, und hier und da waren Straßenkämpfe zu erkennen – umherlaufende Menschen, weißer Pulverdampf und schwarze Rauchwolken von Granatwerfereinschlägen oder Panzerfäusten. Über ihnen fochten sowjetische und deutsche Jagdflieger erbitterte Luftkämpfe aus. Plötzlich riß ein Artilleriegeschoß die Unterseite des Fieseler-Storchs auf und verwundete Greim am rechten Fuß. Inmitten umherfliegender Granatsplitter übernahm Hanna Reitsch die Führung der Maschine und landete sicher auf der Ost-West-Achse, nicht weit vom Brandenburger Tor entfernt. Dort rief sie ein vorbeifahrendes deutsches Heeresfahrzeug herbei, das sie und ihren verletzten Begleiter bis vor Hitlers Bunker brachte.

Nachdem Greims Wunde in der Krankenstation des Führerbunkers von Dr. Ludwig Stumpfegger behandelt worden war, erhielt der Generaloberst den Besuch von Hitler. Dieser erklärte verbittert, daß Hermann Göring ihn verraten und verlassen habe; er habe Greim zu sich bestellt, weil er ihn als Nachfolger von diesem feigen Schurken zum Oberbefehlshaber der Luftwaffe ernannt und zum Generalfeldmarschall befördert habe. Die Augen halb geschlossen, sagte Hitler mit seltsam tiefer Stimme: „Im Namen des deutschen Volkes gebe ich Ihnen meine Hand."

Greim war nicht empört, daß er diese lange, gefahrvolle Reise unternommen hatte, nur um zu erfahren, was Hitler ihm ebenso in einem Funkspruch hätte mitteilen können. Auch lenkte ihn seine schmerzende Wunde keineswegs von einer Ehre ab, die noch größer als jede Beförderung war: Greim und Hanna Reitsch baten um die Genehmigung – die Hitler ihnen gab –, im Bunker bleiben und mit ihm sterben zu dürfen.

Etwas später am selben Abend erfuhr Hanna Reitsch, daß die Totenwache bereits begonnen hatte. Hitler rief sie zu sich in seine Privatgemächer und sagte leise: „Hanna, Sie gehören zu denjenigen, die mit mir sterben werden. Jeder von uns hat eine Giftkapsel wie diese hier" – und er übergab ihr zwei kleine, blaue Kapseln Zyankali, eine für sie selbst und eine für Greim. „Ich will nicht, daß jemand von uns den Russen lebend in die Hände fällt", fuhr Hitler in seinen Erklärungen fort, „auch wünsche ich nicht, daß unsere Leichen von ihnen gefunden werden. Jeder einzelne ist verantwortlich dafür, daß sein Leichnam vernichtet wird, damit nichts Erkennbares übrigbleibt. Eva und ich werden verbrannt werden. Ihr werdet eure eigenen Entschlüsse fassen. Wollen Sie bitte auch Greim entsprechend informieren?"

Hanna Reitsch brach in Tränen aus. Mit schluchzender Stimme sagte sie: „Mein Führer, warum bleiben Sie hier? Warum berauben Sie Deutschland Ihres Lebens? Retten Sie sich, mein Führer; das ist der Wille jedes Deutschen."

„Nein, Hanna. Ich muß meinem eigenen Gewissen folgen und Berlin bis zum Letzten verteidigen."

In diesen Tagen bewegte sich Hitler in der Abgeschiedenheit seiner Betonwelt wie ein Schlafwandler – er gab Befehle, die nicht mehr ausgeführt werden konnten, verfiel immer häufiger in Melancholie und klagte über den an ihm geübten Verrat. Greim und Hanna Reitsch hatten inzwischen beschlossen, ihre Leichen dadurch zu vernichten, daß sie bei Einnahme des Giftes gleichzeitig den Zündmechanismus von Handgranaten betätigen würden. Spät in der Nacht des 26. April glaubten beide, die Zeit für ihren Tod sei gekommen. Sie hörten über dem steten Surren des Belüftungssystems im Bunker die Detonation von Artilleriegeschossen und fühlten die Schockwellen durch die fünf Meter dicken Betonwände hindurch. Die Sowjets kamen immer näher.

In Wirklichkeit waren die meisten deutschen Erfolge, die Hitler an jenem Tag gemeldet wurden, erheblich übertrieben. So war zum Beispiel Schörner in sechs Tagen kaum mehr als 25 Kilometer vorangekommen; er stand immer noch 60 Kilometer südlich der von den Sowjets eingekesselten 9. Armee und würde keine nennenswerten Geländegewinne mehr erzielen können. So gab es eigentlich keinerlei wirklich gute Nachrichten; sie erweckten lediglich neue, aber vergebliche Hoffnungen, und auch die optimistischsten Erwartungen zerrannen fast über Nacht.

Die größte Hoffnung war die 12. Armee unter Wenck, die aus etwa 70 000 jungen Rekruten mit viel Kampfgeist, aber fast ohne Panzer bestand. Am 26. April stand das XLI. Panzerkorps von Wenck in Abwehrkämpfen weit westlich von Berlin. Die drei Divisionen von Wencks anderem Korps, dem XX. Korps, bemühten sich, aus der Gegend von Belzig nordostwärts in Richtung auf Potsdam und ostwärts zum Straßenkreuz bei Beelitz vorzustoßen, wo möglicherweise der vorgesehene Anschluß an die 9. Armee stattfinden sollte. Am nächsten Tag gelang es Teilen des XX. Korps, durch dichte Wälder in Richtung auf Ferch vorzustoßen, eine am Südende des schmalen Schwielowsees gelegene Ortschaft, die wenige Kilometer von Potsdam entfernt war.

Wenck erkannte, daß das XX. Korps zu schwach war, um weiter voranzukommen; es war sogar die Frage, wie lange sich das Korps mit seinen offenen Flanken im Gebiet von Ferch überhaupt würde halten können. Trotzdem versuchten die Verbände des XX. Korps, während der nächsten zwei Tage weiter vorzudringen, und Wenck forderte beim Oberkommando über Funk Verstärkungen an. Aber für eine derartige Unterstützung waren keine Truppen verfügbar. Die einzige Gruppe, die Wenck hätte zu Hilfe eilen können, war ein schwaches, aus zwei Divisionen bestehendes Korps unter Generalleutnant Hellmuth Reymann, das südlich der Hauptstadt eingesetzt worden war, um für die 12. Armee einen Korridor nach Berlin offenzuhalten, aber es war nördlich von Potsdam durch die Sowjets abgeschnürt worden.

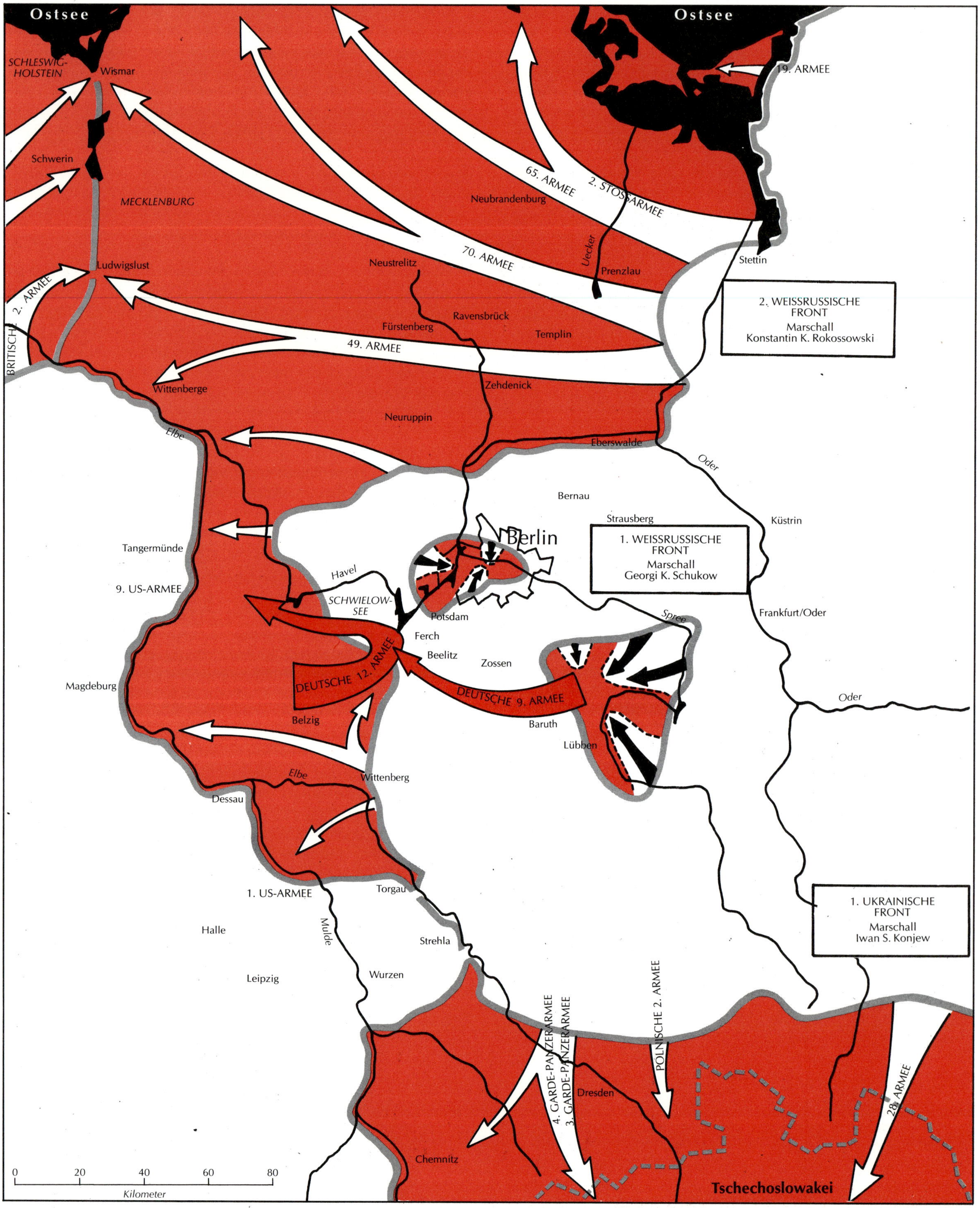
Ostsee
Ostsee
SCHLESWIG-HOLSTEIN
Wismar
Schwerin
MECKLENBURG
Ludwigslust
BRITISCHE 2. ARMEE
19. ARMEE
65. ARMEE
2. STOSSARMEE
Neubrandenburg
70. ARMEE
Uecker
Prenzlau
Stettin
Neustrelitz
2. WEISSRUSSISCHE FRONT
Marschall
Konstantin K. Rokossowski
Ravensbrück
Fürstenberg
Templin
49. ARMEE
Wittenberge
Zehdenick
Neuruppin
Elbe
Eberswalde
Oder
Bernau
Strausberg
Küstrin
Berlin
1. WEISSRUSSISCHE FRONT
Marschall
Georgi K. Schukow
Tangermünde
9. US-ARMEE
Havel
SCHWIELOW-SEE
Potsdam
Spree
Frankfurt/Oder
Ferch
Beelitz
Zossen
DEUTSCHE 12. ARMEE
DEUTSCHE 9. ARMEE
Magdeburg
Oder
Belzig
Baruth
Lübben
Elbe
Wittenberg
Dessau
1. US-ARMEE
Torgau
1. UKRAINISCHE FRONT
Marschall
Iwan S. Konjew
Halle
Mulde
Strehla
Leipzig
Wurzen
4. GARDE-PANZERARMEE
3. GARDE-PANZERARMEE
POLNISCHE 2. ARMEE
28. ARMEE
Dresden
Chemnitz
0
20
40
60
80
Kilometer
Tschechoslowakei

Inzwischen kämpften General Busse und seine 9. Armee mit großer Tapferkeit um den einzigen vielleicht noch möglichen Erfolg, nämlich Wencks Truppen zu erreichen, mit diesen an die Elbe zurückzugehen und sich den Amerikanern zu ergeben. Busse war seit dem 24. April eingeschlossen und wurde von mindestens fünf sowjetischen Armeen, die außerdem noch Luftunterstützung erhielten, pausenlos angegriffen. Busses Stärke war schwer zu schätzen. Am 26. April hatte er vielleicht noch die Hälfte der 235 000 Mann, die die Hauptlast der Offensive von Marschall Schukows 1. Weißrussischer Front und Marschall Konjews 1. Ukrainischer Front zu tragen gehabt hatten. Busse war außerdem ein Korps der 4. Panzerarmee der Heeresgruppe Mitte unterstellt, die durch Konjews Durchbruch am 16. April schwer angeschlagen worden war; hinzu kamen etwa 30 000 Überlebende, die sich aus Frankfurt an der Oder hatten absetzen können. Die Gesamtstärke belief sich auf etwa 200 000 Mann.

Diese Truppe hatte die nahezu unlösbare Aufgabe, einen sich dauernd verändernden Abschnitt von bis zu 120 Kilometer Länge zu verteidigen, und jedesmal, wenn Busses Kommandeure Einheiten verlegten, um einem neuen sowjetischen Angriff zu begegnen, wurde die Truppe durch Zehntausende deutscher Flüchtlinge auf den Straßen behindert; diese zogen ihre Habseligkeiten auf Wagen und Karren hinter sich her. Dennoch gelang es der 9. Armee, ihre Stellungen zu halten; in dem Bemühen, Anschluß an Wenck zu finden, verlegte Busse die Masse der noch vorhandenen Panzer nach Westen in Richtung auf die Ortschaften Baruth und Zossen an der Autobahn zwischen Berlin und Dresden. Von dort aus ging Busse trotz akuten Nachschubmangels am 26. April zu einem verzweifelten Angriff über.

An diesem Tag kämpften sich Busses Truppen mehrere Kilometer nach Westen vor und nahmen den Straßenabschnitt zwischen Baruth und Zossen in Besitz. Einige der blutigsten Kämpfe des Krieges wogten in der Gegend von Baruth hin und her. Marschall Konjew, der Baruth fast zwei Jahrzehnte später wieder aufsuchte, schrieb: „Ich sah noch Spuren der verlustreichen Kämpfe in den umliegenden Dörfern. Verrostete Stahlhelme und Ausrüstungsstücke waren in den Wäldern verstreut, und das Wasser aus einem der Seen, in dem damals während der Kämpfe viele Gefallene lagen, konnte noch immer nicht verwendet werden. In diesen Szenen", sagte Konjew, spiegelten sich „der Mut der Verzweiflung und die wilde Entschlossenheit der Todgeweihten."

Als er Zossen erreichte, war Busse bis auf 36 Kilometer an Wencks Stellungen bei Beelitz herangekommen. Aber die 9. Armee war durch diese Gewaltanstrengung außerordentlich geschwächt, wie Busse über Funk nach Berlin und an Wenck meldete. Am 28. April trat er zu einem neuen Angriff an – und da geschah das Unglück. Seine gepanzerten Angriffsspitzen wurden von den Sowjets vernichtet. Busse meldete über Funk die Katastrophe und fügte hinzu, er könne den Widerstand nicht mehr lange aufrechterhalten. „Besonders deprimierend", hieß es in dem Funkspruch, „ist das erschütternde Elend der Zivilbevölkerung, die im Kessel der 9. Armee auf engstem Raum zusammengedrängt ist."

Als Reaktion auf diesen Lagebericht und seine eigene, sich verschlechternde Lage meldete Wenck am 29. April, daß ein Angriff auf Berlin nicht mehr möglich sei, „besonders deshalb, weil mit einer Verstärkung durch die 9. Armee nicht mehr gerechnet werden kann". Der Chef des Oberkommandos der Wehrmacht, Generalfeldmarschall Keitel, ermächtigte Wenck daraufhin, die befohlene Offensive abzubrechen, „falls der Oberbefehlshaber der 12. Armee, trotz der hohen historischen und moralischen Verantwortung, die er trägt, eine Fortsetzung des Angriffs in Richtung Berlin für nicht durchführbar hält".

Die 12. Armee verharrte in ihren Stellungen. Aber die 9. Armee setzte trotz schwerer Verluste die Angriffe fort und gewann nach Westen an Boden. Am 30. April drangen Busses Spitzen bis auf anderthalb Kilometer vor Wencks Außenposten bei Beelitz vor. Am nächsten Morgen brach Busses allerletzter Panzer durch die russsischen Stellungen hindurch. Innerhalb von Stunden schleppten sich die armseligen Reste der 9. Armee, gefolgt von Flüchtlingen, bis hinter Wencks Stellungen. Etwa ein Siebtel von Busses Armee – etwa 30 000 Mann – hatte die Kämpfe überlebt. Diesen Truppen gelang es schließlich, zusammen mit Wencks eigenen 70 000 Mann, sich der 9. US-Armee zu ergeben.

Während des Todeskampfes der deutschen 9. Armee im Süden focht die 3. Panzerarmee – die andere Hälfte der Heeresgruppe Weichsel unter Generaloberst Gotthard Heinrici – ihre letzte Schlacht im Norden bei Stettin. Sie erlitt dabei eine rasche Niederlage. Ihr Gegner an der unteren Oder, Marschall Konstantin K. Rokossowski, hatte sich mit seiner 2. Weißrussischen Front vier Tage nach dem Beginn der Offensive dem Angriff auf Berlin angeschlossen und legte dann fünf relativ ruhige Tage ein, um sich auf dem sumpfigen Westufer des Flusses bereitzustellen. Aber am 27. April, nur zwei Tage nachdem Rokossowski aus seinem Brükkenkopf zum Angriff angetreten war, war das Schicksal der 3. Panzerarmee endgültig besiegelt.

Die 3. Panzerarmee war nach den Worten ihres Oberbefehlshabers General Hasso von Manteuffel „eine Geisterarmee" ohne Panzer und praktisch ohne Artillerie. Sie hatte keinerlei Chance, am 25. April dem Angriff von drei Sowjetarmeen, drei Panzerkorps, einem motorisierten Korps und einem Kavalleriekorps zu widerstehen. Diese Streitmacht war südlich von Stettin auf einer Breite von 50 Kilometern durch die 3. Panzerarmee durchgebrochen und stieß nach Westen auf den Straßenknotenpunkt bei Prenzlau an der

Die Endphase in der Schlacht um Deutschland (hellrote Gebiete) dauerte vom 25. April bis einschließlich 6. Mai 1945. Sowjetische Streitkräfte brachen im Norden durch und stießen über Vorpommern und Mecklenburg gegen schnell zusammenbrechenden Widerstand weiter vor. Britische Truppen trafen mit diesen Sowjettruppen am 2. Mai nahe der Ostsee zusammen. Im Raum Berlin drangen sowjetische Verbände nach Westen bis zur Elbe und südlich in die Tschechoslowakei vor. Inzwischen kämpften Teile der deutschen 9. und 12. Armee (dunkelrot) mit dem Ziel, sich zu vereinigen, und wandten sich dann nach Westen, um sich den Amerikanern an der Elbe zu ergeben.

Uecker vor. Manteuffel und Heinrici erkannten, daß sich die Sowjets nach Erreichen von Prenzlau mit Leichtigkeit auf dem dichten Straßennetz in allen Richtungen würden vorarbeiten können; nur wenige schwache deutsche Verbände würden ihnen dann noch gegenüberstehen.

Den beiden deutschen Generalen war außerdem klar, daß Berlin und der Krieg verloren waren, und sie hatten nicht die Absicht, noch weitere Menschenleben aufs Spiel zu setzen. Sie nahmen deshalb Hitlers Zorn in Kauf, setzten sich über seinen Befehl, unter allen Umständen auszuhalten, hinweg und befahlen der 3. Panzerarmee, von den letzten Stellungen an der Oder auf das etwa 30 Kilometer entfernte Seengebiet an der Uecker zurückzugehen. Wenn es Manteuffels ausgebluteten Verbänden gelang, rasch in die neue Uecker-Stellung einzurücken, konnten sie sich dort vielleicht lange genug halten und neue Kräfte sammeln, um sich auf die nächste Phase ihres Rückzugs vorzubereiten – in Richtung auf die Briten und Amerikaner an der Elbe.

Heinrici erwog auch andere, zwar befehlswidrige, aber militärisch gerechtfertigte Maßnahmen. Es lag auf der Hand, daß General Steiner und sein III. SS-Panzerkorps, das sich aus der Gegend um Oranienburg nach Süden durchzukämpfen versuchte, durch den starken sowjetischen Ring nördlich von Berlin nicht würde durchbrechen können. Heinrici faßte deshalb den Gedanken, Steiners Korps kehrtmachen zu lassen und es im Norden zur Verstärkung der 3. Panzerarmee, zu der es nominell gehörte, einzusetzen. Dieser Vorschlag entsetzte Generalfeldmarschall Keitel und den Chef des Wehrmachtführungsstabes, Generaloberst Alfred Jodl; beide Generale, deren oft verlegtes Hauptquartier sich jetzt bei Neuruppin im Abschnitt der 3. Panzerarmee 55 Kilometer nordwestlich von Berlin befand, dachten an nichts anderes als an die Rettung Hitlers, der sich nicht retten lassen wollte.

Am 27. April waren die Kämpfe im Nordabschnitt so gut wie vorüber. Spät in der Nacht erhielt Heinrici in seinem Hauptquartier in Birkenhain, einem Gutshof 55 Kilometer nördlich von Berlin, einen Telephonanruf von Manteuffel, der ihm den Zusammenbruch der 3. Panzerarmee meldete: Die Hälfte der Truppe hatte den aussichtslosen Kampf einfach aufgegeben und begab sich fluchtartig nach Westen. Vielleicht wußten die Soldaten, daß sie, wenn sie sich nicht beeilten, von den schnell heranrückenden sowjetischen Kräften überholt und abgeschnitten werden würden, bevor sie sich den westlichen Alliierten ergeben konnten.

Generalfeldmarschall Keitel war wütend über das Versagen der 3. Panzerarmee und begab sich am nächsten Morgen nach Norden, um den Soldaten durch seine persönliche Anwesenheit das Rückgrat zu stärken. Unterwegs entdeckte er bei der Ortschaft Zehdenick an der Havel zu seiner weiteren Empörung, daß eine von Manteuffels Einheiten 30 Kilometer zu weit westlich stand. Später erfuhr Keitel, was noch schlimmer war, daß Heinrici und Manteuffel zu dem Schluß gelangt waren, die beiden SS-Divisionen, die von Steiner ausgeliehen waren, stünden viel zu weit nördlich, um von Templin aus die Sowjets in Berlin anzugreifen, wie Keitel angeordnet hatte. Statt dessen hatten die beiden Generale die ausgeliehenen Divisionen in Stellungen um Neubrandenburg und Neustrelitz gegen Rokossowski eingesetzt. Damit waren diese Truppen so weit von Berlin entfernt, daß Keitel sie nie zum Entsatz Hitlers verwenden konnte. Das war zuviel für Keitel. Wutentbrannt bestellte er Heinrici und Manteuffel zu einer Besprechung an eine Straßenkreuzung bei Fürstenberg. Manteuffels Stab rechnete mit dem Schlimmsten – nämlich Festnahme und standrechtliche Erschießung ihres Befehlshabers, und drei Stabsoffiziere hielten sich, mit Maschinenpistolen bewaffnet, in der Nähe auf.

Keitel begann sofort, Heinrici anzuschreien, und warf ihm vor, eindeutige Befehle vorsätzlich nicht befolgt zu haben. „Der Führer hat Ihnen befohlen, die Stellungen zu halten! Er hat Ihnen befohlen, sich nicht von der Stelle zu rühren! Aber Sie – Sie haben den Rückzug angeordnet!"

Heinrici erklärte in der für ihn typischen ruhigen Art, daß die 3. Panzerarmee mit den ihr verbliebenen Truppen und Material die Stellungen an der Oder nicht mehr halten könne und daß er ohne beträchtliche Verstärkungen die Absetzbewegung werde fortsetzen müssen, da er weitere Kräfte bei einer Verteidigung, die keinerlei Aussicht auf Erfolg mehr habe, einfach nicht opfern wolle.

„Es gibt keine Reserven mehr!" schrie Keitel und schlug mit seinem Feldmarschallsstab in die behandschuhte Hand. Dann zu Manteuffel gewandt: „Sie werden Ihre Stellungen halten. Sie werden Ihre Armee hier auf der Stelle kehrtmachen lassen!"

„Solange ich hier Oberbefehlshaber bin", sagte Heinrici, „werde ich keinen derartigen Befehl an Manteuffel geben."

Außer sich vor Wut, mit hochrotem Gesicht schrie und tobte Keitel weiter und redete von Befehlsverweigerung, Feigheit, Sabotage und Hochverrat. Er behauptete, die 3. Panzerarmee könne auch jetzt noch ihre Stellungen halten, wenn Generaloberst Heinrici nicht so schwach gewesen wäre und genügend Leute wegen Fahnenflucht hätte erschießen lassen.

„Wenn Sie diese Männer nach hinten schicken und dort erschießen lassen wollen", gab Heinrici zurück und wies auf Kolonnen zurückgehender Soldaten, „warum tun Sie es dann nicht?"

Völlig fassungslos stieg Keitel in seinen Wagen und fuhr davon. Nachdem Heinrici im Laufe des Abends weitere Rückzugsbewegungen, die er ordnungsgemäß nach oben meldete, angeordnet hatte, enthob ihn Keitel seines Postens.

Am 28. April nahm der deutsche Rückzug im Norden die Form einer panischen Flucht an. Sowjetische Panzerkolonnen drangen so schnell und so weit vor, wie es die verstopften Straßen erlaubten, und stießen dabei nur auf vereinzelten, örtlich begrenzten Widerstand. In manchen Ortschaften führte die Annäherung der Russen zu einem allgemeinen Exodus. Der amerikanische Militärgeistliche Hauptmann Francis Sampson, einer von 21 000 Insassen eines Gefangenenlagers bei Neubrandenburg, hörte den sowjetischen Geschützdonner immer näher kommen. Dann, so schrieb er, „überflogen sowjetische Flugzeuge die Stadt und warfen Tausende von Flugblättern ab, die dazu bestimmt waren, die deutsche Zivilbevölkerung in Angst und Schrecken zu versetzen; damit hatten sie auch Erfolg". Auf einem der Flugblätter stand lediglich: „Rokossowski steht vor euren Toren!" Der Ruf, der Rokossowskis Armeen wegen ihrer auf dem Vormarsch durch Ostpreußen und Pommern begangenen Massaker und Plünderungen vorauseilte, sorgte dafür, daß die Stadt Neubrandenburg praktisch von allen Einwohnern verlassen wurde.

„Am 28. April", fuhr Sampson fort, „rollten etwa um Mitternacht die ersten sowjetischen Panzer in die Stadt ein. Das Getöse war gewaltig. Die deutsche Gegenwehr blieb fast ganz ohne Wirkung. Die auf den Panzern aufgesessenen sowjetischen Infanteristen (je Panzer etwa 15 bis 20 Mann) benahmen sich wie die Wilden; mit auf den Rücken gebundenen Quetschkommoden und Banjos und wild nach allen Seiten feuernd, glichen sie eher den alten mexikanischen Revolutionären als der Armee einer der Großmächte dieser Welt." Binnen einer Stunde nach dem Eintreffen der Sowjets, schloß Sampson, „glich Neubrandenburg einem Flammenmeer, das im Laufe der Nacht immer höher und höher stieg. Die Stadt brannte den ganzen nächsten Tag."

Schließlich gelang es 155 000 Mann von Manteuffels 3. Panzerarmee nach Schleswig-Holstein zu gelangen und dort vor den Briten und Amerikanern zu kapitulieren. An der Unterelbe gerieten in diesen Tagen weitere 140 000 Mann von der 21. Armee in die Gefangenschaft der westlichen Alliierten.

In Berlin, wo acht von allen Seiten vorstoßende Sowjetarmeen den eisernen Ring immer enger zogen, hatte der deutsche Soldat nur die Wahl, weiterzukämpfen, sich zu ergeben oder zu desertieren. Für eine dieser Möglichkeiten mußten sich die etwa 75 000 deutschen Verteidiger entschließen. Zu ihnen zählten Flakhelfer und Pioniere der Garnison, Kampfgruppen, die einschließlich einiger außerordentlich zäher SS-Einheiten in die Stadt geworfen worden waren, ältere Angehörige des Volkssturms, die Hitlerjugend und die Polizei. Die Verteidiger hatten nicht die geringste Chance. Ganz gleich, wie tapfer sie kämpften oder wie viele ihr Leben opferten, sie konnten das Ende nur hinauszögern.

Der neue Stadtkommandant hatte seinen Auftrag zur Verteidigung Berlins übernommen, ohne sich Illusionen über seine Aussichten zu machen. General der Artillerie Helmuth Weidling war ein Soldat von altem Schrot und Korn, der im Jahre 1911 in die Armee eingetreten und aus dem Unteroffiziersstand aufgestiegen war. Erst am 21. April war Weidling wegen Fahnenflucht zum Tode verurteilt worden. Das ihm unterstellte und schwer angeschlagene LVI. Panzerkorps in Ostberlin hatte mehrere Stunden die Verbindung mit dem Hauptquartier verloren, und Weidling war angeblich westlich von Berlin gesehen worden. Die Meldung war falsch; sobald die Verbindung wiederhergestellt worden war, meldete sich Weidling persönlich in der Reichskanzlei und erklärte wütend seine Unschuld. Am 24. April erfuhr Weidling, daß er zum Stadtkommandanten von Berlin ernannt worden war; er war der dritte Mann, den Hitler in ebenso vielen Tagen auf diesen Posten berufen hatte. Als deutschem Offizier war es Weidling unmöglich, diesen Auftrag abzulehnen, aber er erklärte ganz offen, daß es ihm lieber wäre, man würde ihn erschießen.

Weidling stellte schon bald fest, daß die Lage noch schlimmer war, als er gedacht hatte. Es fehlte ihm an Truppen und Material, die Verteidigungsanlagen waren unzureichend und seine Befehlsbefugnis begrenzt. Statt der 22 kampfstarken Divisionen, die für die Verteidigung von Berlin vorgesehen waren, hatte er nicht mehr als fünf Divisionen, die größtenteils nur auf dem Papier existierten. Alle waren durch hohe Verluste in ihrer Kampfkraft stark dezimiert, und zwei bestanden nur noch aus Resten von Verbänden, die zusammengelegt werden mußten, um einen wieder einsatzfähigen Verband zu bilden. Weidling verfügte nur über wenige Reserven, und auch diese waren hauptsächlich Einheiten der Hitlerjugend. Weidling und seine Männer hatten praktisch von allem zuwenig; es fehlte an Lebensmitteln, Medikamenten, Narkosemitteln, Panzern, Artillerie, Munition für Geschütze und Handfeuerwaffen. Besonders akut war die Munitionsknappheit.

Die Verteidigungsanlagen in Berlin waren behelfsmäßig angelegt. Sie bestanden hauptsächlich aus drei Ringen einfacher Straßensperren sowie Grabensystemen in Parks und auf Plätzen. Bis zum 26. April waren die beiden äußeren Verteidigungsringe im Norden, Osten und Süden durchbrochen; nur der innere Ring, der um das Regierungsviertel und den Tiergarten herumführte, war noch intakt. In diesem Gebiet standen zwei riesige Flaktürme aus Beton, die der Zusammenfassung der Luftabwehr bei alliierten Bombenangriffen dienten; ihre Geschütze konnten jedoch nicht zur Abwehr von Bodentruppen verwendet werden.

Die Berliner Zivilbevölkerung befand sich in einer verzweifelten Lage. Alle öffentlichen Dienstleistungsbetriebe waren zusammengebrochen. Die Elektrizitätswerke der Stadt waren durch Feindbeschuß zerstört – vielleicht auch durch übereifrige Parteigenossen außer Betrieb gesetzt, die damit Hitlers Politik der verbrannten Erde durchführen wollten. Ohne die für die Pumpstationen nötige

Elektrizität war die Wasserversorgung unterbrochen, und die sanitären Verhältnisse verschlechterten sich auf alarmierende Weise. Vom Lande wurden keine Lebensmittel mehr angeliefert. Die Zivilbevölkerung hatte rasch die Vorräte in den Geschäften aufgekauft; Ladenbesitzer, die horrende Schwarzmarktpreise gefordert hatten, waren jetzt froh, ihre letzten Waren noch verkaufen zu können, bevor die Russen ihnen alles ohne Bezahlung wegnehmen würden. Ende April waren viele Berliner dazu übergegangen, Pferdefleisch zu essen: Da die Versorgung mit Betriebsstoff fast auf den Nullpunkt abgesunken war, wurden viele Wagen von Pferden gezogen; eine große Zahl wurde durch Bombenangriffe – und später durch Artilleriefeuer – getötet, und die Menschen begannen, die toten Tiere zu zerlegen, um ihr Fleisch zu verzehren.

Auch für Familien, die noch über genügend Lebensmittel verfügten, waren warme Mahlzeiten eine Seltenheit, da die Gasversorgung unterbrochen war. Die öffentlichen Verkehrsmittel stellten den Betrieb ein, und die Berliner blieben meistens in der Nähe ihrer Wohnungen und lebten in Kellern und Luftschutzbunkern, wenn ihr Stadtteil unter Beschuß geriet. Die Telegraphenämter machten zu – der letzte, aus Tokio empfangene Funkspruch lautete: VIEL GLÜCK EUCH ALLEN. Die Zeitungen stellten eine nach der anderen ihr Erscheinen ein – auch der *Völkische Beobachter*, das Presseorgan der NSDAP, wurde nicht mehr gedruckt. Allerdings begann Goebbels, Reichspropagandaminister und Gauleiter von Berlin, mit der Herausgabe eines Blattes, das er, angeregt durch den Bären im Berliner Stadtwappen, *Der Panzerbär* nannte.

Das Leben in einer Kampfzone, in der es Feuersbrünste, herumfliegende Metallteile und einstürzendes Mauerwerk gab, wurde zu einem Trauma: Die Toten wurden nicht mehr beerdigt, sondern blieben einfach dort liegen, wo das Schicksal sie ereilt hatte. Verletzte Zivilisten mußten oft trotz Schmerzen tagelang warten, bis sie von überarbeiteten und erschöpften Ärzten behandelt wurden. Die Vorräte an Betäubungsmitteln und schmerzlindernden Mitteln schwanden rasch dahin.

Und die sowjetischen Truppen waren überall. Als Sieger waren die Sowjets unberechenbar. Sie konnten durchaus freundlich – besonders zu Kindern – und gleichzeitig außerordentlich grausam sein. Ein Rotarmist rettete zum Beispiel unter Lebensgefahr ein kleines Kind aus einem in Flammen stehenden Haus, erschoß aber die Eltern des Kindes wegen irgendeines angeblichen Vergehens. Die russischen Soldaten waren ungeheuer fasziniert von den Wundern des Stadtlebens, wie zum Beispiel von Wasserhähnen und Glühbirnen, die sie oft herausschraubten, um sie mit nach Hause zu nehmen, weil sie glaubten, daß die Glühbirnen von selbst brennen und überall Licht spenden würden.

In primitiver Art bestanden die russischen Soldaten auf ihrer Kriegsbeute. Oft verwendeten sie zwei Schlagworte in verballhorntem Deutsch. Das eine war „Uri, uri!", die russifizierte Form des deutschen Wortes Uhr. Der andere Ausdruck bildete das erschreckende Vorspiel zur Vergewaltigung: „Frau, komm." Die sowjetischen Soldaten vergewaltigten Frauen aller Altersstufen, ohne Rücksicht auf ihren Gesundheitszustand. Ausgenommen waren nur diejenigen, die an einer Krankheit zu leiden schienen, welche von den Russen für Scharlach gehalten wurde – eine Fehleinschätzung, die von vielen einfallsreichen Frauen dazu ausgenutzt wurde, ihre Gesichter, Beine und Arme mit Lippenstift zu betupfen. Einige Frauen wurden zwei oder drei Dutzend Male vergewaltigt; andere wurden zur ständigen Verfügung einer besonderen Armeeeinheit hinter Schloß und Riegel gehalten, so daß sie hinterher gar nicht mehr wußten, wie oft sie vergewaltigt worden waren. In einer Untersuchung, die nach dem Krieg von einem Bürgermeister von Berlin in Auftrag gegeben wurde, heißt es, daß allein 90 000 Opfer von Vergewaltigungen später um ärztliche Behandlung nachgesucht hatten. Nicht zu schätzen ist die Zahl derjenigen Frauen, die von ihren Peinigern umgebracht oder durch ihre Erlebnisse zum Selbstmord getrieben wurden.

Die sowjetischen Offiziere kümmerten sich wenig um das Verhalten ihrer Soldaten, solange es deren Kampfbereitschaft nicht beeinträchtigte. Obwohl die Schlacht um Berlin schon seit langem an Oder und Neiße strategisch gewonnen war, standen die Generale unter Zeitdruck. Stalin wollte, daß die Einnahme Berlins bei den Feiern zum 1. Mai in Moskau groß herausgestellt werden konnte,

Ältere Frauen tauchen während einer Feuerpause aus einem Bunker auf. Die meisten Bewohner flohen unter die Erde, als die sowjetische Offensive begann, und kamen nur ans Tageslicht, um sich mit Lebensmitteln zu versorgen.

und die Apriltage verrannen schnell. So übten die Kommandeure auf ihre Untergebenen einen dauernden Druck aus – und zahlten für dieses ständige Anspornen und überschnelle Vorgehen einen hohen Preis. Die Verluste waren bei den Panzereinheiten besonders hoch, obwohl die Panzerbesatzungen spezielle Abwehrmethoden sich hatten einfallen lassen; die Panzer waren mit Stahlnetzen, Federungen und vor den Panzerwänden aufgehängten Stahlplatten geschützt, die eine Panzerfaust zur Detonation brachten, bevor das Geschoß die Panzerwand direkt durchschlagen konnte.

Die sowjetischen Armeen holten jetzt offenbar die Zeit wieder ein, die sie bis zum Erreichen der Hauptstadt verloren hatten. Sie überrannten ganze Vororte und Stadtviertel von Berlin und schlossen den Komplex der Regierungsgebäude im Zentrum der Stadt, der ihr eigentliches Angriffsziel war, relativ schnell ein. Sie besetzten Zehlendorf und Dahlem im südlichen Teil von Berlin am 26. April. Am nächsten Tag eroberten sie Spandau im Westen Berlins und Neukölln im südlichen Teil; Gatow, der im Südwesten gelegene, letzte Flugplatz Berlins, fiel ebenfalls. Bei Einbruch der Nacht am 27. April hatten die Sowjets die deutschen Verteidiger in einem Gebiet zusammengedrängt, das von Ost nach West 15 Kilometer lang und zwei bis fünf Kilometer breit war, und am 28. April setzten die Kämpfe in Charlottenburg und Wilmersdorf, westlich beziehungsweise südlich vom Tiergarten, ein.

Das Siegessymbol war das Reichstagsgebäude, dessen gewaltiger, von Feuersbrünsten ausgehöhlter Bau etwa 500 Meter nördlich des Führerbunkers lag. Nach dem Reichstagsbrand von 1933, für den die NSDAP die Kommunisten verantwortlich machte, war das Gebäude nicht mehr benutzt worden und befand sich im Zustand des Verfalls. Jetzt hatten sich die sowjetischen Hüter des marxistischen Glaubens in einem Anflug besonderer Ironie gerade den Reichstag als Sinnbild der deutschen Niederlage ausgesucht.

Um ein wildes Durcheinander wegen des Reichstags zu verhindern und die Ordnung aufrechtzuerhalten, zog Stalin eine neue Grenzlinie zwischen den Armeen von Marschall Schukow und Marschall Konjew. Wie üblich, gab der Diktator Marschall Schukow den Vorzug, indem er das Regierungsviertel in dessen Zuständigkeitsbereich verlegte und Konjew auf den Südwestteil der Hauptstadt beschränkte. Trotzdem kam es zu einer Rivalität zwischen den drei Schukow unterstellten Armeen: zwischen General Tschuikows 8. Garde-Armee, die vom Süden her vordrang, und der 3. und 5. Stoßarmee aus dem Norden.

Tschuikows Verbände stießen vom Flugplatz Tempelhof weiter vor und drängten einen deutschen Verband, gegen den sie seit dem Übergang über die Oder gekämpft hatten, weiter zurück: die Panzerdivision Müncheberg. Die Division war nur noch 3500 Mann stark und hatte schätzungsweise noch 42 gepanzerte Fahrzeuge; sie konnte die Sowjets nicht länger aufhalten. Infolgedessen waren die Müncheberger zu häufigen Stellungswechseln gezwungen. In ihren verzweifelten Nachhutgefechten erlitten sie ebenso hohe Verluste wie die anderen Verteidiger, führten aber das vergebliche Ringen um Berlin am längsten fort.

Die Müncheberger kämpften um jeden Meter Boden. „Schwere Straßenkämpfe", schrieb ein Müncheberger Offizier im Telegrammstil in sein Tagebuch; es war eine von vielen Eintragungen, die er während der Kämpfe hastig vornehmen konnte. „Viele gefallene Zivilisten. Sterbende Tiere . . . Erste Kämpfe in den U-Bahn-Schächten. Russen versuchen, durch die Schächte in unseren Rücken zu kommen. Die Schächte selbst mit Zivilisten überfüllt." Die Division ging über den Landwehrkanal, der die südliche Verteidigungslinie beim Regierungsviertel und dem Tiergarten bildete, nach Nordwesten zurück.

Im Laufe des 27. April erreichten Tschuikows Truppen den Kanal auf breiter Front. Der Kanal war eine breite, tiefe Wasserstraße mit hohen Ufermauern aus Beton; alle seine Zugänge waren dicht vermint und lagen unter schwerem MG-Feuer. Einige sowjetische Einheiten versuchten, den Übergang direkt aus der Angriffsbewegung heraus zu erzwingen, wurden jedoch zunächst zurückgeschlagen. Tschuikow ließ halten, um die Verbände neu zu ordnen und Nachschub heranzuführen. Sein Entschluß war zwar sehr sinnvoll, doch erlangte auf diese Weise die vom Norden her vorrückende 3. Stoßarmee einen kleinen Vorteil in dem Wettlauf zum Reichstagsgebäude.

Ein Lotterieverkäufer des Winterhilfswerks, der im zerstörten Berlin seiner Arbeit nachgeht, wärmt sich die kalten Hände. Bis in die letzten Kriegstage sammelte das Hilfswerk für die Bedürftigen an der deutschen Heimatfront.

Am 28. April erreichte die 150. Division der 3. Stoßarmee die Spree an einer Stelle, wo der Fluß eine Biegung nach Norden machte und das Regierungsviertel und den Tiergarten in einem Halbkreis umschloß. Das 3. Bataillon des 756. Infanterieregiments hatte die rote Fahne der 150. Division erhalten und war infolgedessen der offizielle Anwärter der Division für den Angriff auf den Reichstag. Nachdem es sich eine Woche lang durch den Nordteil Berlins vorgekämpft hatte, erreichte es gegen Mittag dieses Tages die Spree bei der Moltkebrücke, dem westlichsten der beiden Übergänge an der Flußbiegung. Der Bataillonskommandeur, Hauptmann Stepan Neustrojew, setzte zunächst einen Zug ein, um den Übergang im Sturm zu erzwingen.

Während sich die Deutschen und Sowjets an der Spree Artillerieduelle lieferten, stürmten Männer des 3. Bataillons über die Brücke. Dann schwärmten sie auf dem gegenüberliegenden Ufer aus und warfen Handgranaten in die Fenster der Gebäude, um feindliche Maschinengewehre zum Schweigen zu bringen. Immer weitere sowjetische Einheiten überquerten die Moltkebrücke. In der Nacht schalteten Teile der 150. Division die letzten Verteidiger in den kleineren Häusern am Flußufer aus und brachten Artillerie über die Spree, um mit ihrer Hilfe den Angriff auf die nächsten Ziele vortragen zu können: das Innenministerium, einen riesigen Bau in der Nähe der Brücke, in dem auch die Zentrale der Gestapo untergebracht war; die Kroll-Oper, die nach dem Reichstagsbrand als Sitz des nur noch nationalsozialistischen Parteimitgliedern vorbehaltenen Reichstags gedient hatte; und das Reichstagsgebäude selbst, das an dem 300 Meter breiten Königsplatz lag.

Hauptmann Neustrojew war angesichts seiner schweren Verluste an diesem Tag deprimiert, aber sein Vorgesetzter, der Kommandeur des 756. Regiments, legte ihm die Hand auf die Schulter und meinte tröstend: „Kopf hoch, Stepan, das Ende ist nahe."

Der sowjetische Hauptmann wäre davon leichter zu überzeugen gewesen, wenn er an diesem Morgen die Kämpfe weiter im Süden hätte beobachten können, wo die 8. Garde-Armee ihren Übergang über den Landwehrkanal begann. Tschuikows Divisionskommandeure leiteten an Stellen ihrer eigenen Wahl viele kleinere Angriffsaktionen ein. Einige Soldaten durchschwammen den Kanal und griffen dann den Gegner im Rücken an. Am schwersten wurde um die Brücke an der Potsdamer Straße gekämpft, die den besten Übergang darstellte, um Panzer im Tiergarten und im Regierungsviertel einsetzen zu können. Langsam wurden die Deutschen durch die bloße Überlegenheit der Sowjets zurückgedrängt.

Durch Tschuikows Vorstoß war die Panzerdivision Müncheberg gezwungen, auf Stellungen, die nur 600 Meter südlich des Führerbunkers lagen, auszuweichen. Der Divisionsstab richtete seinen Befehlsstand in einem überfüllten U-Bahn-Schacht unter dem Anhalter Bahnhof ein.

„Bahnsteige und Schalterräume gleichen einem Heerlager", notierte der Müncheberger Offizier in seinem Tagebuch. „In Nischen und Winkeln drängen sich Frauen und Kinder. Andere sitzen auf ihren Klappstühlen. Sie horchen auf den Lärm der Kämpfe. Die Einschläge erschüttern die Tunneldecke. Betonstücke brechen herab. Pulvergeruch und Rauchschwaden in den Schächten. Lazarettzüge der S-Bahn, die langsam weiterrollen. Plötzlich eine Überraschung. Wasser spritzt in unseren Gefechtsstand. Schreie, Weinen, Flüche. Menschen, welche um die Leitern kämpfen, die durch die Luftschächte an die Oberfläche führen. Gurgelndes Wasser flutet durch die Schächte. Die Massen stürzen über die Schwellen. Lassen Kinder und Verwundete zurück. Menschen werden zertreten. Das Wasser faßt nach ihnen. Es steigt einen Meter und mehr hoch, bis es sich langsam verläuft."

Die Flutwelle war wahrscheinlich auf Befehl Hitlers durch SS-Leute, vielleicht aber auch durch Pioniere verursacht worden, die zwischen einem U-Bahn-Tunnel und dem Landwehrkanal ein Loch in die Wand gesprengt hatten. Sie wollten damit verhindern, daß die Sowjets durch die Tunnel weiter vorrücken konnten, dachten dabei jedoch nicht an die Zivilbevölkerung, die in den U-Bahn-Schächten Schutz suchte.

Am Nachmittag des 27. April gingen die Müncheberger bis auf etwa einen Häuserblock vor dem Führerbunker zurück. Jetzt kämpften sie auf dem weiten Potsdamer Platz, den der Tagebuchschreiber der Division folgendermaßen beschrieb:

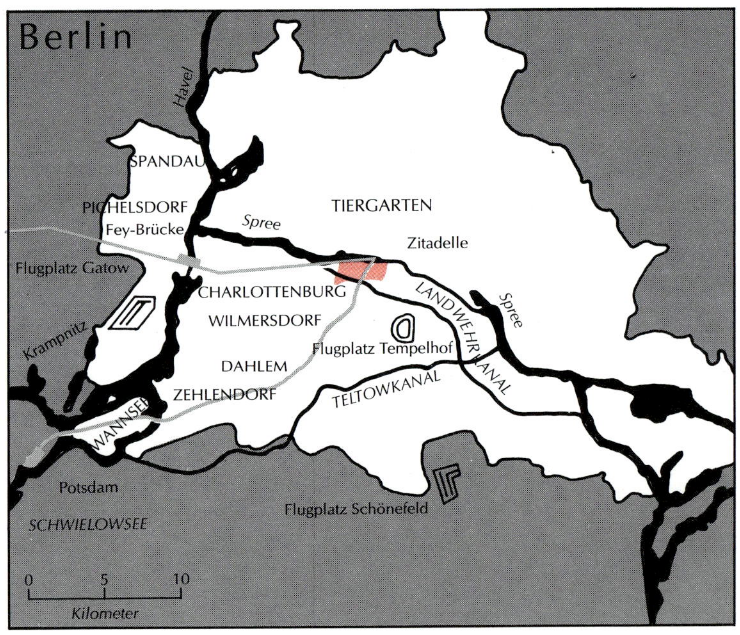

Der größte Teil der 880 Quadratkilometer Berlins (oben) wurde zum Schlachtfeld. Zum Verteidigungssystem der Stadt gehörten vor allem die Spree sowie der Teltow- und Landwehrkanal; Hauptangriffsziel war das Regierungsviertel (Zitadelle), nördlich und östlich des Tiergartens gelegen (hellrot oben und auf der großen Karte rechts). Nach dem Übergang über die Moltkebrücke stießen die Sowjets zum Reichstag und Brandenburger Tor vor. Sie gelangten bis auf einen Häuserblock vor den Führerbunker, Hitlers letzten Zufluchtsort (dunkelrot), ohne zu ahnen, daß sich der Bunker in nächster Nähe von ihnen befand.

„Der Potsdamer Platz ist ein Trümmerfeld. Die Menge der zerschlagenen Fahrzeuge ist nicht zu übersehen. Die Verwundeten liegen noch in den zusammengeschossenen Sanitätskraftwagen. Tote überall. Zum großen Teil von Panzern und Lastwagen überfahren und gräßlich verstümmelt."

An diesem Tag hatten die Angehörigen der Division mehrfach Zusammenstöße mit den von Hitler eingesetzten fliegenden Standgerichten, die jeden, den sie der Fahnenflucht oder des Defätismus verdächtigten, ohne Verfahren einfach erschossen oder aufhängten. Die Männer dieser Schreckenskommandos waren „meistens ganz junge SS-Führer", wie der Offizier der Müncheberger in sein Tagebuch schrieb. „Kaum eine Auszeichnung. Blind und fanatisch." General Werner Mummert, Kommandeur der Panzerdivision Müncheberg bis zu seiner Ernennung zum Kommandierenden General des LVI. Panzerkorps, war empört über die fliegenden Standgerichte. „Eine Division, die die meisten Ritterkreuz- und Eichenlaubträger besitzt", erklärte er, „verdient es nicht, von so jungen Kerlen verfolgt zu werden." „Mummert ist entschlossen", vermerkte der Chronist in einer weiteren Eintragung „ein Feldgericht, das bei ihm eingreift, persönlich niederzuschießen."

Die Männer hatten, berichtet das Tagebuch weiter, an diesem Tag, dem 27. April, „keine Ruhepause, keine Verstärkung, keine normale Verpflegung, kaum Brot. Wir holen uns das Wasser aus den U-Bahn-Schächten und filtern es. Abends Versuch, zum Propagandaministerium durchzukommen, um in den Regierungsgebäuden irgendeine Nachricht über Wenck und die amerikanischen Divisionen zu erhalten . . .

„Wir können uns am Potsdamer Platz nicht mehr halten und verlegen gegen 4 Uhr morgens unterirdisch zum Nollendorfplatz. Auf der Gegenfahrbahn marschiert der Russe durch den Schacht zum Potsdamer Platz."

Während die Müncheberger in der Nähe des Führerbunkers ihr Leben opferten, erkannte Hitler immer deutlicher, daß seine Todesstunde nahe gerückt war. Der Entschluß, seinem Leben ein Ende zu machen, fiel am 28. April. Bis zu diesem Zeitpunkt hatte sich in den zwei Tagen seit dem Eintreffen von Generaloberst Ritter von Greim und Hanna Reitsch im Bunker nichts Wesentliches geändert. Hitler hielt weiterhin viermal täglich seine Lagebesprechungen ab. Jetzt kamen jedoch von den verschiedenen Frontabschnitten nur noch schlechte Meldungen herein.

Hin und wieder gab es eine Abwechslung im sonst monotonen Tagesablauf. So brachte zum Beispiel die persönliche Leibwache Hitlers einen kleinen übernächtigten Jungen herein, der einen feindlichen Panzer geknackt hatte und zur Auszeichnung ausgewählt worden war. Hauptmann Gerhard Boldt, der die Berliner Lagekarte auf dem neuesten Stand zu halten hatte, schrieb: „Hitler heftete dem Kleinen mit viel Pathos ein Eisernes Kreuz an den viel zu großen Soldatenrock. Dann schickte er ihn wieder hinaus in den aussichtslosen Kampf in den Straßen Berlins."

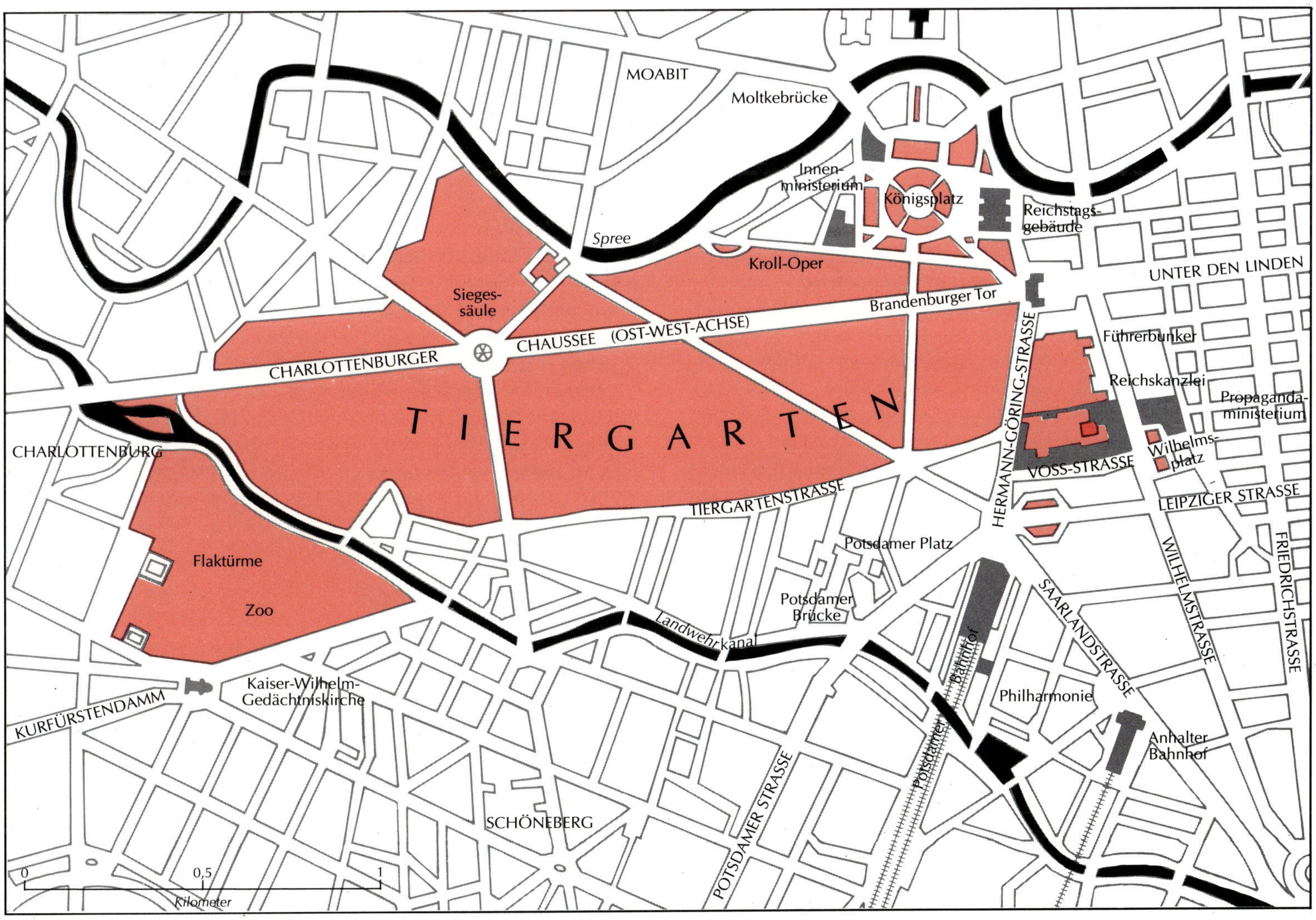

Eine weitere Unterbrechung der täglichen Routine trat ein, als Hitler entdeckte, daß der Vertreter des Reichsführers SS im Führerhauptquartier, SS-Gruppenführer und Generalleutnant der Waffen-SS Hermann Fegelein, unentschuldigt fehlte. Fegelein hatte seinen raschen Aufstieg durch die Heirat mit Eva Brauns Schwester Gretl abgesichert, aber Hitler traute ihm nicht. Ein SS-Kommando begab sich zum Haus des Generals im Stadtteil Charlottenburg, traf ihn dort in Zivilkleidung an – was die Vermutung nahelegte, daß er fliehen wollte oder sich zumindest der Verantwortung als SS-Offizier zu entziehen trachtete –, nahm ihn unverzüglich fest und brachte ihn in den Führerbunker zurück. Fegelein wurde verhört und anschließend degradiert. Damit schien die Angelegenheit zunächst erledigt zu sein, jedenfalls so lange, bis sowohl für ihn wie auch für Hitler die Todesstunde schlug.

Das Verhängnis nahm am 28. April um 9 Uhr abends seinen Lauf. Einer von Goebbels' Mitarbeitern traf durch den unterirdischen Gang vom Propagandaministerium mit dem Text einer abgehörten BBC-Nachricht ein, der zufolge der Reichsführer SS Heinrich Himmler den westlichen Alliierten die Kapitulation ganz Deutschlands angeboten habe. Für alle Anwesenden war dies glatter Verrat. Hitler bekam, wie Hauptmann Boldt sich ausdrückte, „einen Anfall ohnmächtiger Wut, voller Haß und Verachtung". Er bezeichnete Himmlers Akt als „den schändlichsten Verrat in der Geschichte". Görings halbherzigen und offenen Griff nach der Macht hatte Hitler noch verwinden können. Hanna Reitsch war jedoch überzeugt, daß er den heimtückischen Verrat Himmlers nicht überleben würde, und wie sie dachten auch andere. Jeder, so berichtete sie später, tastete wieder nach seiner Giftkapsel.

Zunächst jedoch mußte Hitler noch eine ungeklärte Angelegenheit zu Ende bringen. Er ließ Fegelein durch den Gestapo-Chef Heinrich Müller, der ein Meister dieser Kunst war, eingehend vernehmen. Man weiß nicht, was Müller dabei im einzelnen feststellte, aber es war für alle Beteiligten völlig klar, daß Fegelein in Himmlers Geheimpläne eingeweiht gewesen war. Fegelein wurde hinausgeführt und erschossen.

Noch immer rasend vor Wut, ging Hitler zu Greim und nahm seine Zusage zurück, daß Greim und Hanna Reitsch mit ihm zusammen sterben dürften. Statt dessen sollten die beiden unverzüglich nach Plön fliegen und dafür sorgen, daß der Verräter Himmler seiner gerechten Strafe zugeführt werde. Gleichzeitig sollte Greim sicherstellen, daß die Überreste der Luftwaffe zur Unterstützung der deutschen Gegenangriffe eingesetzt würden. Gestützt auf die Fliegerin, humpelte Greim auf Krücken zur Ost-West-Achse, wo ein leichtes Schulflugzeug hatte landen können; die Fieseler-Storch, die sie hergebracht hatte, war durch feindliches Artilleriefeuer zerstört worden. Hanna Reitsch flog Greim nach Plön, wo er entsprechend Hitlers Befehl die letzten Maschinen der Luftwaffe in die Schlacht um Berlin schickte. Außerdem stellte er Himmler zur Rede, der später zugab, daß Greim ihm „Vorhaltungen" gemacht habe. Etwa zwei Wochen später nahm Greim die Zyankalikapsel, die Hitler ihm im Bunker gegeben hatte. Hanna Reitsch, die ebenfalls zum Selbstmord entschlossen gewesen war, blieb am Leben; sie geriet in Gefangenschaft und wurde von amerikanischen Nachrichtenoffizieren verhört.

Kurz nachdem sich die beiden Flieger aus dem Führerbunker entfernt hatten, widmete sich Hitler seinen persönlichen Angelegenheiten. Vor dem deutschen Volk hatte Hitler seine Beziehung zu Eva Braun stets geheimgehalten, so daß diese nur wenigen Angehörigen seines Stabes und des inneren Kreises bekannt war. Wenn Eva Braun jemals auf das Thema Heirat zu sprechen gekommen war, hatte er stets eine Ehe mit der Begründung beiseite geschoben, daß er keine Zeit für ein häusliches Leben habe. Aber Evas Wunsch nach einer Anerkennung ihrer Beziehung war bestehengeblieben, und Hitler war jetzt bereit, ihr diese Anerkennung zu geben, wenn auch nur für die wenigen ihnen noch verbleibenden Stunden.

Ein Gauamtsleiter namens Walter Wagner, der bei Joseph Goebbels in der Berliner Gauleitung gearbeitet hatte, wurde in einer Volkssturmeinheit in der Reichshauptstadt ausfindig gemacht und noch spät am Abend in den Führerbunker gebracht, um als Standesbeamter zu fungieren. Hitler füllte die ihm vorgelegte Heiratsurkunde aus, äußerte sich aber nicht über seine Eltern; er bejahte, rein arischen Blutes zu sein und keine Erbkrankheiten zu haben. Die Braut war so verwirrt, daß sie irrtümlich mit ihrem Mädchennamen unterschreiben wollte; dann strich sie aber das „B" aus und schrieb „Eva Hitler, geb. Braun". Im Beisein der Trauzeugen, Joseph Goebbels und Martin Bormann, wurden sie zu Mann und Frau erklärt, und damit war die Trauung beendet.

Die Hinrichtung ihres Schwagers Hermann Fegelein, die erst vor wenigen Stunden stattgefunden hatte, trübte Eva Hitlers Freude offenbar nicht; sie trug ein schwarzes Taftkleid, das Hitler besonders gern hatte, aber die Tränen in ihren Augen, meinte Gerda Christian – eine der beiden Privatsekretärinnen Hitlers –, waren „Tränen strahlender Freude". Nachdem er seine Aufgabe als Standesbeamter erfüllt hatte, wurde Wagner wieder fortgeschickt. Auf dem Rückweg zu seiner Einheit wurde er tödlich getroffen.

Champagner floß bei dem Hochzeitsempfang, an dem etwa ein Dutzend Bewohner des Führerbunkers teilnahmen. Aber Hitler blieb nicht lange. Er zog sich mit Gertrud Junge, der anderen der beiden Privatsekretärinnen, in sein Arbeitszimmer zurück, um ihr seinen Letzten Willen und sein politisches Testament zu diktieren.

Der Letzte Wille war ein schlichtes Dokument. Hitler erklärte, er und seine Frau begingen Selbstmord, „um der Schande des Absetzens oder der Kapitulation zu entgehen". Er hinterlasse seinen

Ein Offizier gibt einem verwundeten Hitlerjungen Anweisungen – einem von vielen 15- und 16jährigen, die sich freiwillig zur Verteidigung Berlins gemeldet hatten. Notdürftig an Gewehr und Panzerfaust ausgebildet, wurden sie der Sowjetarmee entgegengestellt und kamen zu Tausenden ums Leben.

persönlichen Besitz der NSDAP oder, falls diese nicht mehr existiere, dem deutschen Staat. Und weiter heißt es in dieser Niederschrift: „Sollte auch der Staat vernichtet werden, ist keine weitere Entscheidung von mir mehr notwendig."

In seinem politischen Testament wollte Hitler die Zukunft noch von jenseits des Grabes gestalten. Er ernannte eine Nachfolgeregierung mit Großadmiral Dönitz als Reichspräsident an der Spitze; Goebbels sollte Hitlers Nachfolger als Reichskanzler werden; Bormann wurde als Parteiminister eingesetzt. Die Verräter Himmler und Göring wurden verdammt und aus der Partei ausgestoßen, während dem wankelmütigen Albert Speer eine geringere Strafe – keine Aufnahme ins Kabinett –, aber im übrigen kein Verdammungsurteil zuerkannt wurde.

Hitler verlangte von der neuen Regierung, den Krieg mit allen Mitteln fortzusetzen und außerdem den persönlichen Krieg Hitlers gegen alle seine Feinde fortzuführen. Um die Bedeutung dieser Verpflichtungen zu unterstreichen, erwähnte er noch einmal den Grundsatz, dem er sein Leben gewidmet hatte: den Haß auf die Juden. Das außergewöhnliche Dokument schloß mit der Erklärung, was nach Hitlers Meinung der Leitsatz für jede gute Regierung sein müsse: der „unbarmherzige Widerstand gegen den Weltvergifter aller Völker, das internationale Judentum"!

Joseph Goebbels war Zeuge, als Hitler beide Dokumente unterzeichnete; anschließend verzichtete er seinerseits in einem Anhang zum politischen Testament Hitlers auf seine neue Stellung als Reichskanzler. Er erklärte, er werde den Bunker nicht verlassen, um die neue Regierung zu führen, auch wenn er damit zum ersten Mal Hitler den Gehorsam verweigerte. „In dem Delirium von Verrat, das in diesen kritischen Tagen des Krieges den Führer umgibt, muß es wenigstens einige geben, die bedingungslos und bis zum Tode zu ihm halten." Goebbels' Frau Magda, die fanatisch an Hitler glaubte, war ebenso bereit, das Schicksal mit ihm zu teilen. Der Entschluß des Ehepaares, Selbstmord zu begehen, war auch der Urteilsspruch über seine sechs Kinder, die eine Woche zuvor mit den Eltern in den Bunker eingezogen waren.

Am Morgen des 29. April erfuhr Hitler, daß Benito Mussolini mit seiner Geliebten Claretta Petacci von Partisanen erschossen worden war und daß man ihre Leichen zur Schau gestellt habe. Er fühlte sich dadurch in seinem Entschluß, Selbstmord zu begehen, bestärkt, damit sein Leichnam ordnungsgemäß verbrannt werden konnte, bevor die Sowjets seiner habhaft wurden.

In dieser Atmosphäre des Todes mußte Hauptmann Boldt an den Rat seines Kommandeurs denken, den dieser ihm gegeben hatte, als Boldt in Hitlers engste Umgebung versetzt worden war: „Wenn es soweit ist und der Russe da ist und der Augenblick kommt, wo der Gasschlauch in Tätigkeit tritt, dann gehen Sie rechtzeitig aus dem Bunker und sterben einen anständigen Soldatentod auf dem Wilhelmsplatz." Außerdem, überlegte sich Boldt, war er hier überflüssig. Es gab für ihn nichts mehr zu tun: Die direkten Verbindungen des Bunkers mit der Außenwelt waren unterbrochen, so daß es nahezu unmöglich war, die Lagekarte von Berlin auf dem neuesten Stand zu halten. Eine Zeitlang hatte er sich dadurch beholfen, daß er Bekannte anrief oder auf gut Glück Nummern aus dem Telephonbuch in denjenigen Stadtvierteln anwählte, in denen Kämpfe tobten, um zu erfahren, ob die Russen schon dort waren. Doch bald darauf war auch das Telephonnetz unterbrochen, und Boldt benutzte die Funkstation des Bunkers auf Kurzwelle. Aber gerade an diesem Morgen hatten die Russen den Ballon abgeschossen, der die Antenne in die Höhe hielt.

Boldt machte einen Vorschlag, den der Chef des Generalstabs, General Hans Krebs, aufgriff, und am Ende der mittäglichen Lagebesprechung Hitler vortrug, daß nämlich Boldt und zwei andere Offiziere des Führerbunkers die Erlaubnis erhalten sollten, sich zu General Wenck durchzuschlagen und die Entsatzarmee an Berlin heranzuführen. Hitler war einverstanden, und die drei Offiziere machten sich um 13.30 Uhr auf den Weg. Sie wählten eine Route, die durch den Tiergarten und den Stadtteil Charlottenburg an die Havel führte, wo sie hofften, auf dem Wasserweg nach Süden bis zur Armee Wenck zu gelangen.

Während sie in westlicher Richtung die Ost-West-Achse entlangeilten, tobte zu ihrer Rechten noch der Kampf um das Innenministerium. Es dauerte lange, bis sie sich den Weg durch den Tiergarten und das halbzerstörte Charlottenburg gebahnt hatten, und die Dunkelheit brach schon herein, so daß die drei beschlossen, die Nacht in einigen leeren Büroräumen des wie durch ein Wunder unbeschädigt gebliebenen Olympiastadions in der Nähe der Havel zu verbringen; um Wenck erreichen zu können, war es offensichtlich schon zu spät. Im Laufe der nächsten Tage gelang es Boldt und einem seiner Begleiter, durch die sowjetischen Linien zu kommen; der dritte Mann geriet in russische Gefangenschaft.

Noch zwei weitere Flüchtlinge – ein Oberst und sein Bursche – verließen den Führerbunker in jener Nacht mit weiteren Weisungen von Hitler an Dönitz und die Gruppe in Plön. Als sie das Spießrutenlaufen in westlicher Richtung hinter sich hatten, war das Innenministerium, das in unmittelbarer Nähe des Reichstagsgebäudes lag, bereits von den Sowjets besetzt. Da sie nur bei Nacht unterwegs waren und bei Tag in Deckung gingen, gelang es auch diesen beiden, unbemerkt durch die feindlichen Linien zu kommen.

Der Verlust des Innenministeriums und andere schlechte Nachrichten über die Lageentwicklung in der Hauptstadt wurden am 29. April bei Hitlers Lagebesprechung um 22.00 Uhr von General Weidling, dem Berliner Kampfkommandanten, gemeldet. Weidling sagte, daß die Sowjets den Führerbunker spätestens am 1. Mai erreichen würden; vorher hatte er sich drastischer ausgedrückt: „Morgen früh können uns die Russen ins Fenster spucken.“ Weidling erbot sich, eine Kampfgruppe für den Ausbruch aus der Stadt zu bilden. Hitler lehnte diese Möglichkeit jedoch ab. Flucht sei nur für einzelne und kleinere Gruppen möglich, und er selbst werde sowieso nicht wie ein gewöhnlicher Verbrecher fliehen.

Nach der nächtlichen Lagebesprechung schickte Hitler seinen letzten Funkspruch an die Zentrale des OKW in Neuruppin; er stellte nutzlose Fragen über den Standort von Wenck, den Zeitpunkt seines nächsten Angriffs, die Lage bei der 9. Armee und an welcher Stelle diese durchbrechen werde, um in die Stadt zu gelangen. Generalfeldmarschall Keitel antwortete prompt und beschönigte nichts. Er erklärte, daß alle Entsatzangriffe steckengeblieben und zum Scheitern verurteilt seien.

Hitler legte sich zu Bett, um etwas Ruhe zu finden, schlief jedoch nur etwa eine Stunde und stand früh wieder auf.

Berlin bot am 30. April bei Sonnenaufgang einen apokalyptischen Hintergrund für den letzten dramatischen Augenblick in Hitlers Leben. Tausende von Bränden, die seit Tagen nicht mehr gelöscht werden konnten, schienen die Stadt in ein Flammenmeer verwandelt zu haben, und die dichten Nebelschwaden über der Spree und den Kanälen waren dunkelrot gefärbt. Die schwefelige Luft war voll von Wolken heißer Asche und rostigbraunen Gesteinsstaubs, der durch den pausenlosen Artilleriebeschuß und die einstürzenden Gebäude aufgewirbelt worden war. In den am meisten betroffenen Vierteln der Innenstadt hielten sich die Menschen, die mit ihren bleichen Gesichtern geisterhaft wirkten, nasse Taschentücher vor das Gesicht, um besser atmen zu können.

Sowjetische Panzer und Geschütze blockieren am 29. April die Straße bei der Moltkebrücke über die Spree. Am Vortag hatten Einheiten der 3. Stoßarmee die hartnäckig

Es kam zu bizarren Ereignissen. Ein frei umherlaufender Löwe war auf der Albrechtstraße gesehen worden, und ein Zebra weidete angeblich auf einem Friedhof; die Käfige im Zoo waren durch Granateinschläge beschädigt worden, so daß die Tiere hatten entweichen können. Durch Granattrichter in den Straßen konnte man Tote tief unten in den U-Bahn-Schächten liegen sehen. In den Kanonendonner und das Knattern von Gewehrfeuer mischten sich die Schreie von vergewaltigten Frauen, von Verwundeten, von Kindern und von deutschen Soldaten, deren Gliedmaßen ohne Betäubung amputiert werden mußten.

Der Kanonendonner erreichte um 10 Uhr vormittags seinen Höhepunkt. Es war die Artillerievorbereitung für den Sturm auf den Reichstag. Hauptmann Stepan Neustrojew blickte durch den Rauch über den Königsplatz und war wenig begeistert von dem, was er sah. Der weite Platz war von Schützengräben und Panzerhindernissen durchzogen. Die Fenster des Reichstagsgebäudes waren zugemauert und mit Schießscharten für die Maschinengewehre versehen worden; die kunstvollen Steinmetzarbeiten auf dem Dach boten Deckung für weitere MG-Nester. Das gewaltige Gebäude und seine Zugänge wurden von schätzungsweise 6000 bis 7000 Mann, hauptsächlich Waffen-SS, verteidigt.

Das sowjetische Korps hatte eine einzige Division, die 150., für die Erstürmung des Reichstags vorgesehen; eine weitere sollte zur Bereinigung der Lage nach Überwältigung der Verteidiger hinzutreten. Diese Entscheidung verringerte die Anzahl von Neustrojews Rivalen im Wettlauf um die Ehre, die Fahne auf dem Reichstagsgebäude zu hissen. Allerdings war Neustrojews 500 Mann starkes Bataillon nur eines von dreien der 150. Division, die nebeneinander in der ersten Welle zum Angriff antreten sollten. Diese Planung ließ genügend Raum für den Wettbewerb der Soldaten untereinander – gab Neustrojews Bataillon aber auch die Chance, sich für die Mißhandlungen zu rächen, die bei Zechin von den Deutschen an 16 Soldaten des Bataillons begangen worden waren.

Der Angriff begann kurz nach 10 Uhr morgens. Neustrojews Bataillon ging auf dem linken Flügel vor; die 2. und 3. Kompanie in vorderer Linie, die 1. Kompanie, seine beste, rückwärts gestaffelt. Den Angreifern schlug gewaltiges MG-Feuer vom Reichstag und Artilleriefeuer vom Tiergarten her entgegen. Neustrojews vordere Linie mußte in Deckung gehen, nachdem sie sich bis an den Rand eines Panzergrabens vorgearbeitet hatte.

Als die sowjetischen Geschütze den Beschuß wiederaufnahmen, um die feindlichen Maschinengewehre zum Schweigen zu bringen, rief Neustrojew den Feldwebel Ilja Sjanow zu sich, der am Vortag zum Führer der 1. Kompanie ernannt worden war, weil sein Chef eine schwere Verwundung erlitten hatte.

Sjanow, ein drahtiger, kleiner Bursche, nahm seine neuen Befehle mit einem Grinsen entgegen; er sollte die Ehre haben, den Sturm des Bataillons in die feindlichen Stellungen hineinzutragen. „Hoffentlich erlebe ich es noch, Genosse Hauptmann', sagte er. „Aber ich werde mein Bestes tun. Ich bin Parteimitglied, wie Sie

verteidigte und einzige intakte Brücke über die Spree gestürmt und einen Brückenkopf gebildet, knapp 600 Meter von ihrem Angriffsziel dem Reichstagsgebäude entfernt.

wissen." Dann machte er eine Armbewegung, als winke er zum Abschied, und begab sich zurück zu seiner Einheit.

Unter dem Schutz eines Feuervorhangs von heulenden Stalinorgeln, Geschützen auf Selbstfahrlafette und Haubitzen durchquerten Feldwebel Sjanow und seine Leute den mit Wasser gefüllten Panzergraben und arbeiteten sich von einem Granattrichter zum nächsten vor. Unterstützt durch die beiden anderen Kompanien, überrannten sie eine Reihe feindlicher Grabenstellungen. Sjanow wurde durch Granatsplitter an Brust und Armen leicht verwundet, ließ sich aber beim Vorgehen nicht stoppen.

Dann erreichten der Feldwebel und einige seiner Schützen die große Freitreppe und die riesigen Säulen am Haupteingang des Reichstagsgebäudes. Zwei Granatwerferbedienungen trafen ein und richteten ihre 8,2-cm-Geschütze auf die zugemauerte Eingangstür. Mit kleinstmöglicher Erhöhung schossen sie ein etwa 1,20 Meter breites Loch in das Mauerwerk. Später am Nachmittag führte Feldwebel Ilja Sjanow seine Einheit in die höhlenartige Finsternis, die innerhalb des Reichstags herrschte.

Nach einem ruhigen, mit langjährigen Mitarbeitern verbrachten Vormittag setzte sich Hitler mit seinen beiden Sekretärinnen und seiner Diätköchin, die für die Zubereitung der streng vegetarischen Kost Hitlers verantwortlich war, zu einem Mittagessen, das aus Spaghetti und Salat bestand. Eva nahm diesmal nicht an der Mahlzeit teil. Sie verbrachte den frühen Nachmittag damit, in heiterer Stimmung persönliche Sachen an einige Frauen im Führerbunker zu verschenken. Der Sekretärin Gertrud Junge schenkte sie eine Silberfuchs-Stola und sagte dabei fast fröhlich: „Trudl, meine Liebe, hier ist ein Geschenk für den nächsten Winter und Ihr Leben nach dem Kriege. Und wenn Sie sie umlegen, denken Sie an mich, und grüßen Sie unsere bayerische Heimat – das schöne Bayern."

Kurz vor 15.30 Uhr gab das Ehepaar Hitler noch einmal allen die Hand und zog sich dann in seine Privaträume zurück. Die Mitglieder des Stabes warteten draußen auf dem Korridor; sie waren in Erwartung des Schrecklichen, das da kommen mußte, keiner Bewegung fähig. Sie warteten endlose Minuten auf den Knall des Pistolenschusses. Er kam nicht; die Räume waren schalldicht. Später glaubten fast alle, sie hätten den Schuß gehört.

Schließlich öffnete Hitlers Kammerdiener die Tür. Ein Schwall beißenden Geruchs drang nach außen – es roch nach Zyankali und nach Pulver. Noch blieben alle draußen. Hitlers Kammerdiener, der die Tür geöffnet hatte, traute sich nicht einzutreten. Dann drang unter Bormanns Führung eine Vierergruppe, zu der Goebbels und der Kammerdiener gehörten, in das Zimmer ein.

Eva Hitler lag mit untergezogenen Beinen auf dem Sofa; sie hatte sich mit Zyankali vergiftet. Hitler war am anderen Ende des Sofas zusammengesunken; er hatte sich eine Kugel in den Kopf geschossen. Um aber ganz sicher zu sein, hatte er im letzten Augenblick vor dem Schuß auch noch auf eine Zyankalikapsel gebissen.

Jetzt traten einige Männer in Aktion. Sie trugen die Leichen über den Notausgang des Bunkers ins Freie und legten sie im Garten nieder. Sie füllten einen länglichen, flachen Graben mit Benzin aus Kanistern, die von Hitlers Chauffeur bereitgestellt worden waren. Zwei Offiziere entzündeten Streichhölzer, aber ein heißer Luftzug blies sie wieder aus. Der Kammerdiener zündete mit seinem Feuerzeug ein zusammengerolltes Stück Papier an und reichte es Hitlers SS-Adjutanten, der es in den Graben schleuderte. Sofort waren die Leichen in Flammen eingehüllt.

Die Anwesenden standen stramm und erwiesen den Toten mit erhobenem Arm die letzte Ehre. Dann gingen sie wieder hinunter in den Bunker, zündeten sich Zigaretten an und rauchten – was Hitler in den Räumen stets verboten hatte. Ab und zu gingen SS-Männer wieder hinaus, um die Verbrennung der Leichen zu überwachen. Dann erschien ihnen plötzlich der Graben zu flach, um als angemessene Grabstätte zu dienen, und sie brachten die Überreste der Toten in einen größeren, tieferen Granattrichter, wo sie sie mit Erdreich zudeckten.

Nachdem die Bestattung vorüber war, wich die unerträgliche Spannung von den Anwesenden, und alle atmeten erleichtert auf. Martin Bormann ging unverzüglich daran, seine Machtposition zu sichern. Um einen möglichen Rivalen zu beseitigen, hatte er der SS auf dem Obersalzberg bereits die Anweisung gegeben, Hermann Göring zu liquidieren, sobald Berlin und der Führer gefallen waren; aber die SS-Einheit erkannte Bormanns Befehlsbefugnis nicht an und wartete zunächst ab. Sie hielt Göring unter Hausarrest in seinem Schloß nahe der bayerischen Grenze und überstellte ihn dann der dort eingesetzten Luftwaffe. Er befand sich drei Tage später immer noch dort, als amerikanische Truppen anrückten, die ihn in Gewahrsam nahmen.

Jetzt sandte Bormann eine Nachricht an Dönitz, daß er, der Großadmiral, anstelle von Göring zum Nachfolger Hitlers ernannt worden und die schriftliche Bestätigung bereits unterwegs sei. Er erwähnte Hitlers Tod mit keinem Wort – denn diese Nachricht hätte den Verräter Himmler zu einem Staatsstreich veranlassen können. Bormann beabsichtigte, diese Nachricht dem Großadmiral persönlich zu überbringen, um auf diese Weise seine eigene Stellung als starker Mann hinter der neuen Regierung zu sichern. Bormann und die meisten anderen Bunkerinsassen hatten für den nächsten Tag einen Ausbruchsversuch geplant.

Bormann hatte sich außerdem einen phantastischen Plan zurechtgelegt, der ihm sicherer und letzten Endes wirkungsvoller als eine Flucht nach Plön, das jetzt nur noch untergeordnete Bedeutung hatte, erschien. Dieser Plan sollte in der Vorstellung Bormanns jedes Risiko – insbesondere von seiten der Sowjets und Himmlers –

General der Infanterie Hans Krebs, letzter amtierender Generalstabschef des Dritten Reiches (rechts), steht am 1. Mai vor dem Berliner Gefechtsstand des sowjetischen Generals Wassili I. Tschuikow. Krebs hatte gerade vergeblich versucht, einen Waffenstillstand mit den Sowjets, ohne Beteiligung der westlichen Alliierten, zu vereinbaren. Hätten die Russen das Abkommen unterzeichnet, wäre eine umgebildete deutsche Regierung bestehengeblieben.

ausschalten und für ihn selbst einen gesicherten Weg zur Macht durch eine neue deutsche Regierung eröffnen, die von den Sowjets anerkannt werden würde. Er machte Goebbels den Vorschlag, daß jemand mit dem örtlichen sowjetischen Befehlshaber in Berlin Kontakt aufnehmen und die Kapitulation des ganzen Reichsgebietes ausschließlich den Sowjets anbieten solle. Wie der zynische Bormann glaubte, würden diese mit Sicherheit die günstige Gelegenheit warnehmen, die westlichen Alliierten von dem Vorgang auszuschließen und sich einen Vorteil zu verschaffen.

Der deutsche Bevollmächtigte sollte dabei erklären, daß nur die in Plön befindliche rechtmäßige deutsche Regierung die Kapitulation bestätigen könne. Die Sowjets sollten deshalb entweder einem Abgesandten aus Berlin (das heißt Bormann) freies Geleit nach Plön zusichern, um die offizielle Zustimmung zu erlangen, oder der Plöner Regierung die Verlegung nach Berlin gestatten. Damit befände diese sich außer Reichweite Himmlers, da der ehemalige Reichsführer SS es kaum wagen würde, die Reichshauptstadt, ohne von Hitlers Tod zu wissen, zu betreten. Goebbels, der bereits seinen Selbstmord beschlossen hatte und kaum noch Interesse an dieser Sache zeigte, stimmte sofort zu. Als ihren Beauftragten wählten Bormann und Goebbels den General Krebs, der früher Militärattaché in Moskau gewesen war und russisch sprach. Die Entsendung von Krebs wurde dem Gefechtsstand von General Tschuikow durch Funk und Parlamentär angezeigt.

Um Zeit zu gewinnen und sich den Weg zur Macht und die Chance eines Ausbruchs so lange wie möglich offenzuhalten, setzte Bormann einen zweiten Funkspruch an Dönitz ab. In diesem erwähnte er das Testament des Führers und deutete an, es sei jetzt in Kraft getreten. Hitlers Tod erwähnte Bormann nicht, weil er abwarten wollte, bis er von Krebs über die Reaktion der Sowjets auf seinen Vorschlag unterrichtet worden war.

Mittlerweile näherte sich der Kampf um das Reichstagsgebäude seinem Ende. Draußen gingen deutsche Truppen wiederholt zum Gegenangriff über, um die Grabenstellungen zurückzugewinnen; jedesmal wurden sie unter schweren Verlusten zurückgeschlagen. Im Inneren des riesigen Gebäudes waren Hauptmann Neustrojews 3. Bataillon und die anderen Einheiten, die zu ihm gestoßen waren, in verbissene Kämpfe verwickelt, bei denen um jeden Raum und jeden Korridor gerungen wurde.

Sobald es Feldwebel Sjanow und seinem Vortrupp gelungen war, die Eingangshalle mit den zu beiden Seiten liegenden Räumen zu besetzen, richtete Neustrojew seinen Gefechtsstand dort ein und versuchte, in dem Kampfgeschehen eine gewisse Ordnung herzustellen. Das erwies sich jedoch als unmöglich. Meldungen und Befehle konnten nicht gehört werden – die Detonationen von Handgranaten und das Maschinengewehrfeuer verwandelten sich in den weiten, hohen Räumen des Reichstags zu einem pausenlosen, ohrenbetäubenden Lärm.

Feldwebel Sjanow und seine Leute drangen über die breite Treppe bis ins erste Stockwerk vor. Es kam zum Nahkampf, bei dem Sowjets und Deutsche von ihren Gewehrkolben und Bajonetten

Gebrauch machten. In den Zimmern entlang der Halle im ersten Stock wurde mit Handgranaten gekämpft, die Sofas und seidenbezogenen Sessel, die dort noch standen, wurden in Brand gesetzt, und immer wieder fingen die Männer selbst Feuer und schlugen sich auf die Uniformen und wälzten sich auf dem Boden, um die Flammen zu ersticken. Während des ganzen Nachmittags und noch bis in den Abend hinein wurden die Innenräume immer wieder erobert und verloren.

Nach Einbruch der Nacht kam der Regimentskommandeur zu Neustrojew in die Eingangshalle. Den Sieg vor Augen, ließen sie von rückwärts die rote Fahne herbeischaffen, die dem 3. Bataillon vom Kriegsrat der Division verliehen worden war. „Schickt sie her mit zuverlässigen Männern", befahl der Oberst.

Bald war die Fahne unterwegs, und zwar in der Hand von zwei erfahrenen Soldaten, Michail Jegorow und Meliton Kantaria, die beide während der deutschen Besatzungszeit in Westrußland als Partisanen gekämpft hatten. Sie trafen eine halbe Stunde später mit der Fahne ein und erhielten den Befehl, sie auf dem Dach zwischen den dort stehenden Statuen zu hissen; der Weg zum Dach führte über den zweiten Stock. Gewehrfeuer von den sich noch wehrenden Deutschen begleitete ihren Weg über die Treppen und den Flur im ersten Stock entlang. Nach Atem ringend, erklärten sie, die Treppe ins zweite Stockwerk sei anscheinend zerstört, und sie könnten in der Dunkelheit keinen anderen Weg finden. Unter Führung eines Leutnants und im Feuerschutz eines MG-Trupps gingen sie noch einmal vorwärts und krochen auf Händen und Füßen über die eingestürzte Treppe hinauf. Von dort gelangten sie ohne Schwierigkeiten auf das Dach.

Jegorow und Kantaria krochen bis zur Dachrinne und fanden im roten Widerschein der brennenden Stadt eine lebensgroße Kupferstatue – die allegorische Gestalt der Germania – mit einem Spalt im Sockel, der für die Verankerung der Fahne geeignet schien. „Dies ist die beste Stelle, die wir finden können", sagte Kantaria.

Am 30. April um 22.50 Uhr pflanzte Jegorow die Fahne auf, und großer Jubel brach unten bei den Sowjetsoldaten aus, die vor dem Gebäude versammelt waren.

Für die sowjetischen Streitkräfte signalisierte das Hissen der roten Fahne den Sieg im Reichstagsgebäude und damit den Sieg in Berlin. Beide Annahmen erwiesen sich als verfrüht. Die Einnahme der Reichshauptstadt sollte noch eine Reihe weiterer Opfer fordern. Die Kämpfe setzten sich die ganze Nacht hindurch fort, und erst am 1. Mai um 6 Uhr früh ergaben sich die deutschen Truppen im Reichstag. Inzwischen war Stalin klargeworden, daß er bei den Feiern zum 1. Mai noch nicht das siegreiche Ende des Kampfes um Berlin würde verkünden können.

General Tschuikow, der sich in einem vorgeschobenen Gefechtsstand am Landwehrkanal gegenüber dem Führerbunker befand, erfuhr am 1. Mai um 3.50 Uhr früh, daß General Krebs als Parlamentär zu Verhandlungen eingetroffen sei.

Ohne weitere Vorrede erklärte General Krebs: „Die Unterredung ist streng vertraulich. Sie sind der erste Ausländer, dem ich mitteile, daß Hitler am 30. April freiwillig von uns gegangen ist und Selbstmord begangen hat."

„Das ist uns bereits bekannt", antwortete Tschuikow ruhig und mit unbewegtem Gesicht. Daraufhin verlor der überraschte Krebs jede Chance, die er vielleicht gehabt hätte, das Gespräch im eigenen Sinne zu steuern.

Nach und nach entlockte Tschuikow dem Deutschen weitere Informationen. Offensichtlich bot Krebs keine Kapitulation an, sondern schlug eine Feuereinstellung vor, damit eine neue deutsche Regierung sich konstituieren und zu Beratungen nach Berlin kommen könne. Der Vorschlag setzte die sowjetische Anerkennung einer Regierung unter Großadmiral Dönitz und den Verzicht auf den Grundsatz voraus, daß Deutschland gegenüber allen Alliierten bedingungslos kapitulieren müsse – das Hauptziel des alliierten Bündnisses. Eine solche Verhandlung überstieg bei weitem Tschuikows Befugnisse.

Tschuikow entschuldigte sich einen Augenblick, rief Marschall Schukow auf dessen Gefechtsstand 25 Kilometer ostwärts an und gab den Inhalt seines Gespräches mit Krebs weiter. Schukow wies ihn an, bei Krebs weiterhin auf bedingungslose Kapitulation zu drängen; dann gab er die Nachricht von Hitlers Tod fernmündlich

Vor den Augen verbitteter Berliner zerreißt eine Frau Hitlers Buch „Mein Kampf". Eine solche Tat – hier auf einem sowjetischen Photo gezeigt – stand unter Todesstrafe, die auch noch in diesem späten Stadium nationalistischer Herrschaft durch fliegende Standgerichte der SS vollstreckt wurde.

an Stalin weiter. „Das ist also das Ende dieses Schurken", antwortete Stalin. „Zu dumm, daß wir ihn nicht lebend erwischt haben."

Tschuikow hielt Krebs noch bis zum Mittag hin. Aber er bekam keine Kapitulationserklärung, und Krebs erreichte keine Konzessionen. Um 13 Uhr kehrte Krebs mit der sicheren Überzeugung in den Führerbunker zurück, daß das Dritte Reich dem Untergang nahe war, und er bereitete seinen Selbstmord vor. Der Fehlschlag von Krebs' Mission veranlaßte Goebbels, in einem Funkspruch Dönitz davon zu informieren, daß Adolf Hitler tot war.

Im Führerbunker ging jetzt alles rasch zu Ende. Kurz nach 17 Uhr gab Magda Goebbels ihren sechs Kindern mit Schlafmitteln versehene Pralinen zu essen. Dann zerdrückte sie Zyankalikapseln im Mund der Kleinen. Etwa um 20.30 Uhr geleitete Joseph Goebbels seine Frau über die Treppe in den Garten hinauf. Dort bissen sie in Zyankalikapseln und erlitten einen schnellen Tod. Alles war binnen Sekunden zu Ende, und die Männer der SS begann sofort mit der Verbrennung der Leichen.

Martin Bormann und die Bunkerbesatzung, denen jetzt nur noch die Flucht nach Plön offenstand, schliefen den größten Teil des 1. Mai, um Kräfte für die schwierige Unternehmung zu sammeln, und machten sich am nächsten Morgen zu früher Stunde auf den Weg. Angesichts von Meldungen, daß der bis jetzt sichere Fluchtweg nach Westen über den Tiergarten und Charlottenburg versperrt war, schlugen sie einen nördlichen Weg über die Spree ein und gingen dann auseinander. Nur wenigen von ihnen gelang die Flucht. (Bormann mag einer von diesen gewesen sein; aber Arthur Axmann, der Führer der Hitlerjugend, sagte später, er habe Bormanns Leiche in der Nähe des Lehrter Bahnhofs gesehen.)

Im Bunker blieben nur noch ein SS-Mann, der für die Fernsprechvermittlung zuständig war, und der Cheftechniker, der das gesamte Versorgungssystem in Gang hielt, zurück. Der Techniker, der sich von den Sowjets nur ungern in Gesellschaft eines SS-Mannes entdecken lassen wollte, schickte diesen weg. Er selbst aber fühlte sich verpflichtet, weiter auszuhalten: Neben der Klimaanlage für den Bunker kondensierte seine Anlage das Wasser für verwundete Soldaten, die in dem in der nahe gelegenen Reichskanzlei eingerichteten Feldlazarett Unterschlupf gefunden hatten, und er weigerte sich, diese jetzt im Stich zu lassen.

Um 7 Uhr an diesem Tag begab sich General Weidling zu Tschuikows Gefechtsstand. Er kam nicht wie Krebs, um Verhandlungen zu eröffnen, sondern um die Stadt zu übergeben, damit weiteres sinnloses Blutvergießen vermieden wurde. Kurz darauf unterzeichnete er ein Übergabeprotokoll. Dann entwarf er einen Befehl an seine Truppen, in dem er diesen versicherte, ihr Treueid gegenüber Hitler sei nicht mehr bindend:

„Am 30. April 1945 hat der Führer Selbstmord begangen und damit alle, die ihm Treue geschworen hatten, im Stich gelassen. Getreu dem Befehl des Führers wart ihr, deutsche Soldaten, bereit, den Kampf um Berlin fortzusetzen, obwohl eure Munition zur Neige ging und die Gesamtlage den weiteren Widerstand sinnlos machte. Ich ordne die sofortige Einstellung jeglichen Widerstandes an. Jede Stunde, die ihr weiterkämpft, verlängert die entsetzlichen Leiden der Zivilbevölkerung Berlins und unserer Verwundeten. Im Einvernehmen mit dem Oberkommando der sowjetischen Truppen fordere ich euch auf, sofort den Kampf einzustellen."

Weidling sprach seinen Befehl auch auf Band, und sowjetische Lautsprecherwagen gaben ihn in der ganzen Stadt bekannt. Diese Durchsage veranlaßte immer mehr Einheiten, die Waffen niederzulegen. Auch die Division Müncheberg hörte den Befehl, kämpfte aber weiter. Ihr Kriegstagebuchschreiber notierte: „Vielleicht ist der Befehl echt, vielleicht nicht."

Nicht daß den Münchebergern noch viele Kräfte zur Verfügung standen, womit sie den Kampf hätten weiterführen können. Nach den schweren Verlusten, die sie im Gebiet des Führerbunkers erlitten hatten, besaßen sie nur noch fünf gepanzerte Fahrzeuge, vier Feldgeschütze und einige wenige völlig erschöpfte Offiziere und Mannschaften – „wandelnde Gerippe", nannte sie der Chronist. Aber dennoch klammerten sie sich, obwohl sie kaum noch Munition hatten, an die Hoffnung, sich den westlichen Alliierten statt den Russen ergeben zu können. Obwohl sie auf verlorenem Posten standen, gelang es ihnen, den Fluchtweg durch den Tiergarten zu den Vororten, die den Briten und Amerikanern am nächsten lagen, wieder zu öffnen.

Am 3. Mai brachen die Überlebenden bis zur Havel durch und stießen gegen eine Brücke vor. Bei dem Versuch, ans andere Ufer zu gelangen, gerieten die Soldaten der Division Müncheberg unter schweres Feuer. „Auf der Brücke liegen viele Tote und Verwundete herum. Niemand kann sich um sie kümmern. Zivilisten versuchen den Übergang; sie werden reihenweise abgeschossen. Unsere letzten Panzerfahrzeuge erzwingen den Übergang über die Brücke, die voller Blut ist."

Das schreckliche Gemetzel schien kein Ende zu nehmen. „Die Nachhut bricht auseinander. Befehle kommen nicht mehr durch. Unsere Verluste sind schwer." Aber der angeschlagene Rest der Division schaffte den Übergang.

Am 4. Mai machte der Offizier der Müncheberger seine letzte Tagebucheintragung: „Hinter uns steht Berlin in Flammen. Sowjetische Panzer sind überall; und die Maschinengewehre hämmern pausenlos. Wir begegnen Kolonnen von Flüchtlingen, die wie verloren hin und her treiben. Sie weinen und bitten um Hilfe. Wir sind selbst am Ende. Der Verband bricht auseinander. Wir versuchen, uns in kleinen Gruppen durchzuschlagen."

Die Panzerdivision Müncheberg war untergegangen. Jetzt erst gehörte das, was von Berlin übriggeblieben war, der Roten Armee.

DER ZERFALL EINER ARMEE

Anfang April rollt ein amerikanischer Panzer an Deutschen vorbei – einer geht an Stöcken –, die mit weißen Fahnen auf dem Weg nach Westen sind, um sich zu ergeben.

KRIEGSMÜDIGKEIT UND RESIGNATION

Über ein Funksprechgerät erkundigt sich ein amerikanischer Feldwebel, wie er mit Deutschen verfahren soll, die sich ihm am 29. April 1945 ergeben haben.

Die Armee des Dritten Reiches war im Frühjahr 1945 nur noch ein matter Abglanz der unbezwinglichen Kriegsmaschinerie, die Europa einstmals mit ihrem Blitzkrieg überzogen hatte. Es ist durchaus möglich, daß der junge Deutsche, der 1939 beim Einmarsch der Wehrmacht in Polen in sein Tagebuch geschrieben hatte: „Es ist ein wunderbares Gefühl, Deutscher zu sein", als einer von Tausenden entlang der Rückzugsstraße von Moskau oder den Hecken der Normandie begraben lag. Die berühmte und gefürchtete Panzerwaffe war zu einem kleinen Häuflein von Tanks zusammengeschmolzen. Ein einstmals gewaltiges, mächtiges Reich bestand jetzt nur noch aus einem kaum 160 Kilometer breiten Korridor, der größtenteils von Jugendlichen und alten Männern verteidigt wurde. Ihr Führer hatte seine letzte militärische Entscheidung getroffen: in den Trümmern von Berlin zu sterben.

Wohin sie sich auch wandten, bekamen die Überreste der Wehrmacht den Feueratem der alliierten Armeen zu spüren. Als Hitlers Tod in den ersten Maitagen bekannt wurde, verließ die deutschen Soldaten schließlich der Kampfeswille. Für viele erschien es jetzt als einzig richtige Lösung, sich nach Westen abzusetzen, wenn sie am Leben bleiben wollten. Während die geschlagenen Truppenteile nach Westen zurückwichen, mußten sich die Briten und Amerikaner weniger darüber Sorgen machen, in neue Kämpfe verwickelt zu werden, als wie sie mit all den Deutschen verfahren sollten, die unbedingt den Sowjets, denen ein furchtbarer Ruf vorausging, entkommen wollten.

„Der Krieg ist vorbei", sagte General der Panzertruppen Hasso von Manteuffel, Oberbefehlshaber der 3. Panzerarmee. „Die Soldaten haben gesprochen." Die Entscheidung der Soldaten kam am deutlichsten im Nachlassen des einst beachtlichen Zusammenhalts und der Disziplin der Wehrmacht zum Ausdruck; ganze Truppenteile lösten sich selbständig auf; einige Männer nahmen sogar ihre Familien mit *(rechts)*.

Manteuffels Truppen strebten den britischen Linien im Norden zu; sie gehörten zu den fast eine Million deutschen Soldaten, denen es gelang, die westlichen Alliierten von der Ostfront aus zu erreichen. Aber das Schicksal unzähliger anderer Offiziere und Mannschaften lag in der entgegengesetzten Richtung; allein im südöstlichen Frontabschnitt wurden von den Sowjets so viele Gefangene gemacht, daß Marschall Konjew später über deren Marsch in russische Kriegsgefangenenlager schrieb: „Die Spitze der Kolonne war fast in Dresden, als sich das Ende noch irgendwo bei Prag befand" – ungefähr 120 Kilometer entfernt.

Mit ihren kleinen Kindern auf den Schultern und gefolgt von ihren Frauen, suchen deutsche Soldaten für ihre Familien eine Zuflucht hinter den britischen Linien.

ÜBERGABE DER WAFFEN

Nicht ganz so schlimme Folgen hatte das Kriegsende für diejenigen Deutschen, die sich in Reichweite der westlichen Alliierten befanden. Kampftruppen legten die Waffen nieder – wie in München *(unten)* –, als das Weiterkämpfen keinen Sinn mehr hatte. Besatzungstruppen in Skandinavien begaben sich in britische Lager in Norddeutschland. Das alliierte Oberkommando stand vor dem Problem, die etwa fünf Millionen Deutschen, die sich ergeben hatten, in Lagern zusammenzufassen. An der Ostseeküste wurde die Frage dadurch gelöst, daß die Kriegsgefangenen auf Halbinseln verlegt wurden, die leicht abgesperrt werden konnten.

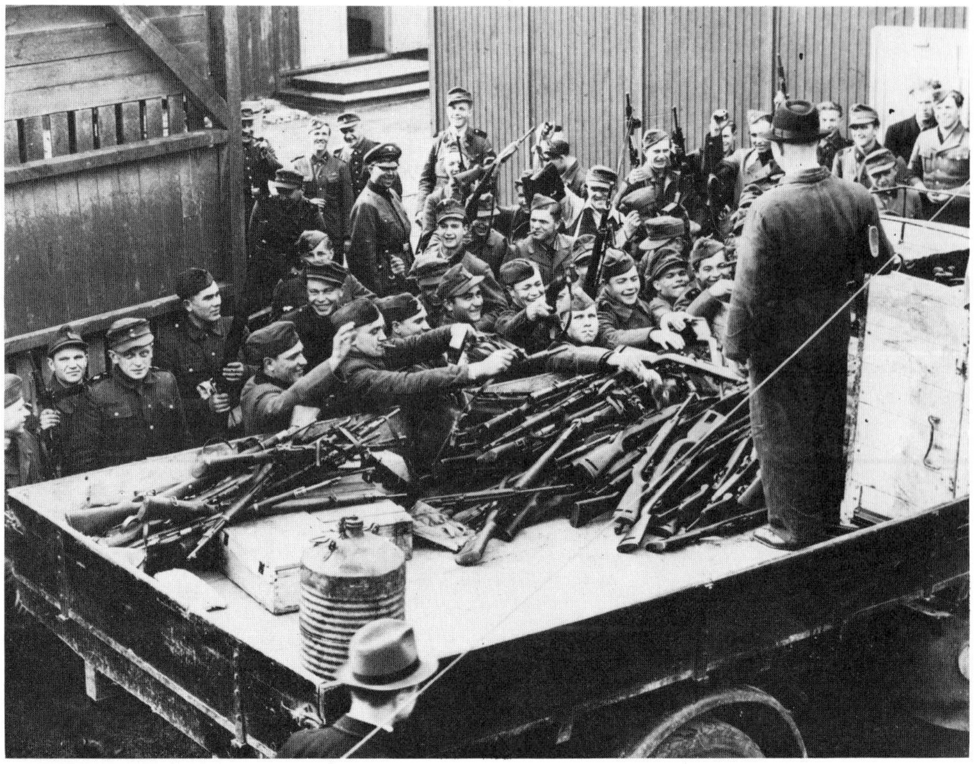

Am 17. Mai legen deutsche Soldaten in Dänemark ihre Waffen erleichtert vor einem Zivilisten nieder, nachdem ihnen die Aufnahme in ein britisches Kriegsgefangenenlager zugesichert worden war.

Bei München gefangengenommene deutsche Soldaten liegen auf der Erde, während ihre Kameraden von Angehörigen der 7. US-Armee nach Waffen durchsucht werden.

Angehörige einer deutschen Division marschieren nach der Kapitulation in Norddeutschland am 27. April in ein Gefangenenlager.

Angehörige der Hitlerjugend lassen sich in der Art einer Sportmannschaft photographieren, nachdem sie sich bei Kronach in Oberfranken US-Truppen ergeben haben.

KINDER IN UNIFORM

Als die Truppenstärke der Wehrmacht immer weiter absank, setzte Arthur Axmann, Führer der Hitlerjugend, seine Jungen zur Verteidigung von Berlin ein. Axmann entsandte Tausende williger, aber schlecht ausgebildeter Jugendlicher – keiner von ihnen war über 16 und einige von ihnen erst zwölf Jahre alt –, um die ins Wanken geratene Wehrmacht zu stützen.

Es war eine unlösbare Aufgabe. Axmann meldete dem General der Artillerie Helmuth Weidling, damals Kommandierender General eines Panzerkorps östlich von Berlin, daß die Hitlerjugend bei Müncheberg, einem Berliner Vorort, die Auffangstellungen gegenüber sowjetischen Panzerangriffen verstärken werde. Aber Weidling erkannte das tragische Opfer und fuhr Axmann an: „Sie können diese Kinder nicht für eine Sache opfern, die bereits verloren ist." Axmann nahm daraufhin den Befehl zurück.

An anderer Stelle trat die deutsche Jugend tatsächlich gegen sowjetische Panzer an. Beim Tiergarten stießen sowjetische Panzerkolonnen auf 400 Hitlerjungen, die mit Panzerfäusten bewaffnet waren. Der sowjetische Befehlshaber, General Wassili I. Tschuikow, wies seine Leute an, irgendeinen Weg zu finden, wie man die Jungen entwaffnen könne, aber es mißlang; die Jungen attackierten die Panzer, die Sowjets eröffneten das Feuer, und viele Jugendliche kamen ums Leben. General Tschuikow klagte später: „Wer konnte kleine Kinder in den sicheren Tod schicken? Nur ein Wahnsinniger."

Eine vernünftigere Auffassung von Führertum rettete einige Menschenleben. So versteckte ein 22jähriger Anführer von zwei Dutzend unbewaffneten Jugendlichen in Süddeutschland seine Gruppe in einem Wald, bis er sich mit ihr einer amerikanischen Kolonne ergeben konnte.

Diese beiden Soldaten, die bei Bremen gefangengenommen wurden, sind erst 14 Jahre alt.

Hitlerjungen sehen zu, wie in Kronach ihre aufgestapelten Uniformen verbrannt werden. Sie wurden bald darauf zu ihren Familien nach Hause geschickt.

EINE BRÜCKE IN DIE GEFANGENSCHAFT

Am 4. Mai baten die Reste zweier deutscher Armeen, die südlich von Berlin gegen die Sowjets gekämpft hatten, die auf dem Westufer der Elbe stehende 9. US-Armee offiziell um Übergabe und um gesicherten Flußübergang für Tausende von Flüchtlingen, die mit ihnen den heranrückenden Sowjets entkommen waren. Aber die alliierten Vereinbarungen sahen vor, daß Truppenteile, die gegen die Sowjets gekämpft hatten, in deren Zuständigkeit fielen, ebenso Zivilisten, die aus der vereinbarten sowjetischen Besatzungszone fliehen wollten.

Die amerikanische Führung erklärte sich jedoch bereit, alle Soldaten, die einzeln die Elbe überqueren konnten, gefangenzunehmen. Die nächstgelegene Brücke bei Tangermünde war halb zerstört. Trotzdem machten sich am nächsten Tag Soldaten und Zivilisten in großer Zahl auf den Weg, um den gefahrvollen Flußübergang zu wagen, wobei die meisten sich für die eingestürzte Brücke entschieden. Als der 7. Mai das Ende der Feindseligkeiten brachte, hatten fast 100 000 Deutsche die Elbe überschritten und sich den Amerikanern ergeben.

Deutsche Flüchtlinge drängen sich am Ostufer der Elbe und warten, bis sie an der Reihe sind, um die halb zerstörte Brücke bei Tangermünde überqueren zu können.

In der Flußmitte helfen deutsche Soldaten den Zivilisten beim schwierigen Übergang über die Brückenreste.

Am Ufer nahe der Brücke warten deutsche Verwundete darauf, mit Booten über die Elbe transportiert zu werden.

Über 160 000 deutsche Soldaten befinden sich in einem der Zeltlager, die hinter den amerikanischen Linien zur Aufnahme der Gefangenen eingerichtet worden waren.

DIE EROBERTE ZITADELLE

Beim Brandenburger Tor hören sich Sowjetsoldaten eine Siegeshymne an, die von dem auf einem Panzer stehenden Dichter Jewgeni Dolmatowski vorgelesen wird.

SOWJETSOLDATEN ALS HERREN DER STADT

Im verwüsteten Berlin regelt eine Angehörige der Sowjetarmee neben einem Schild mit der Aufschrift „Es lebe der 1. Mai" mit Signalflaggen den Verkehr.

Stalins Soldaten hatten Berlin bis zum 1. Mai in Besitz nehmen wollen und verfehlten diesen Zeitpunkt nur um Minuten. Am 2. Mai kurz nach Mitternacht fingen Funker der sowjetischen 8. Garde-Armee einen deutschen Funkspruch auf. „Hallo, hallo", sagte die Stimme. „Hier ist das LVI. Panzerkorps. Wir bitten um Feuereinstellung. Um 12.50 Uhr werden wir Unterhändler für einen Waffenstillstand an die Potsdamer Brücke entsenden."

Die allgemeine Kapitulation der deutschen Truppen in Berlin begann bei Tagesanbruch. Bis zum Nachmittag waren bereits 135 000 Mann gefangengenommen worden; einige von ihnen, insbesondere die Offiziere, sollten die Heimat erst nach vielen Jahren wiedersehen. Andere nie.

Auch der Berliner Zivilbevölkerung erging es kaum besser. Tausende von Familien strömten über die Brücken nach Spandau in die westlichen Vororte der Stadt, viele aber blieben in ihren Häusern – oder was davon übriggeblieben war – und hofften, irgendwie durchzukommen. Obwohl nicht mehr geschossen wurde, war die Lage bedenklich: In den meisten Vierteln gab es keinen elektrischen Strom, keine Transportmittel, kaum Medikamente und nur wenig Lebensmittel oder Wasser. Die Menschen „essen Gras und Baumrinde", berichtete ein Russe.

Die Berliner waren manchmal überrascht von der Disziplin, sogar Freundlichkeit der sowjetischen Kampftruppen. Diese traten nicht als Barbaren auf, sondern freundeten sich mit Kindern an oder luden Erwachsene zu einem Glas Wein ein. „Ich muß Ihnen allerdings sagen", warnte ein Sowjetleutnant die Oberin eines Klosters, „die nach uns kommen, sind Schweine."

Obwohl auch die Kameraden dieses Leutnants keine Engel waren, so hatte er doch recht mit seiner Meinung über viele der nachfolgenden Besatzungssoldaten: Zehntausende von Frauen wurden vergewaltigt; weder die ganz jungen noch die älteren wurden verschont. Die Sowjets betranken sich zu Hunderten und zogen randalierend durch die Straßen. Ein Haufen Soldaten drang in die Kostümabteilung eines Filmstudios ein. Angetan mit napoleonischen Hüten und Damenröcken aus dem 19. Jahrhundert karriolten sie durch die Stadt und schossen dabei wild in die Luft.

Die meisten Soldaten eigneten sich Kriegsbeute an. Jeder Soldat der Besatzungstruppe durfte monatlich Beutestücke im Gewicht von 30 Pfund nach Hause schicken (Offiziere 60 Pfund). Uhren und Kameras waren besonders begehrt, zum Beutegut gehörten aber auch Schuhe, Kleider und Haushaltsgegenstände – praktisch alles, was nicht niet- und nagelfest war.

In einem durch Artilleriefeuer schwerbeschädigten Gebäude finden Infanteristen einen Stuhl, ein Klavier und eine Vase, die der Zerstörung entgangen sind.

Stunden nach der Feuereinstellung am 2. Mai in Berlin sucht sich ein Fußgänger mühsam zwischen Autos und Toten seinen Weg auf der Friedrichstraße, die bei den Kämpfen

in ein Schlachtfeld verwandelt wurde. Die Gebäude sind durch sowjetisches Artilleriefeuer und vorausgegangene britische und amerikanische Luftangriffe zerstört worden.

Eine Gruppe von Berlinern, die den tagelangen Kampf um die Reichshauptstadt überlebt haben, sieht zu, wie sowjetische T-34-Panzer die Straße entlangrumpeln.

Um die akute Notlage zu lindern, verteilen die Sowjets Lebensmittel an die Berliner Bevölkerung.

Ein Russe stößt auf Widerstand, als er versucht, einer Frau in Berlin ihr Fahrrad wegzunehmen.

Außerhalb des Führerbunkers betrachten Sowjets die Stelle, wo Hitler wahrscheinlich verbrannt worden war.

Im Garten der Reichskanzlei lagen die verkohlten Überreste von Hitlers Propagandaminister Joseph Goebbels.

ENTSETZLICHE ENTDECKUNG IM FÜHRERBUNKER

Am letzten Tag der Kämpfe fanden die Sowjets Hitlers Bunker unter dem Garten der Reichskanzlei. Ein Suchkommando stieß zunächst auf die Leichen von Generalstabschef Hans Krebs und Hitlers Chef des Heerespersonalamtes und General der Infanterie Wilhelm Burgdorf. Sie hatten sich, an einem langen Tisch sitzend, auf dem Flaschen und Gläser standen, erschossen. Dann fand das Suchkommando die verbrannten Überreste von Joseph und Magda Goebbels und deren sechs kleinen Kindern. Draußen in einem flachen Grab entdeckten die Suchmannschaften außerdem eine stark verkohlte Leiche, die zunächst als die von Hitler identifiziert wurde. Später, als widersprüchliche Berichte auftauchten, entstanden wilde Gerüchte, Hitler sei ins Ausland entkommen. Schließlich bestätigten die Sowjets, den Leichnam des Führers gefunden zu haben; was sie mit ihm taten, ist bis heute ein Geheimnis geblieben.

In der Befehlszentrale und Unterkunft des Führers fanden die Sowjets dieses Konferenzzimmer – es war von SS-Leuten, die es in Brand setzen sollten, beschädigt worden.

Auf einem Absatz der geschwärzten Fassade des Reichstags stehend, kritzelt ein britischer Soldat seinen Namen neben diejenigen von Sowjetsoldaten, die sich auf den

Wänden und Säulen verewigt haben. Der Soldat gehörte zu der Besatzungstruppe, die den britischen Sektor von Berlin mehrere Wochen nach Kriegsende übernahm.

5

Admiral Dönitz kämpft um Zeitgewinn
Zyankali für Himmler
Die Wahl: Kapitulation oder Chaos
Kapitulation in Reims – Wiederholung in Berlin
Wer erobert Prag?
Blutige Rache der Tschechen
Das harte Schicksal sowjetischer Überläufer
Zwist unter den Siegern
Hitlers prophetische Zukunftsvision

EIN GRAUSAMES NACHSPIEL

Anfang Mai begannen sich die Alliierten zunehmend mit den Folgen eines siegreichen Kriegsausgangs in Europa zu befassen. Sie hatten schon seit langem erkannt, daß der Krieg auch mit der deutschen Kapitulation noch nicht schlagartig beendet war: Beim Zusammenbruch des Dritten Reiches könnte unter Umständen keine legitimierte Zentralregierung oder oberste militärische Befehlsstelle übrigbleiben, welche in der Lage wäre, die Forderung der Alliierten nach einer bedingungslosen und gleichzeitigen Kapitulation an allen Fronten zu erfüllen.

Diese Forderung ging zum Teil auf Stalins Befürchtungen zurück: Falls sich starke deutsche Kräfte im Westen während des Fortgangs der Kämpfe im Osten ergeben sollten, würden Großbritannien und die Vereinigten Staaten, so argwöhnte er, einen Separatfrieden mit Deutschland schließen und den Deutschen die Fortführung des Krieges gegen die UdSSR ermöglichen. Die Alliierten waren übereingekommen, daß deutsche Streitkräfte, die gegen sowjetische Streitkräfte kämpften, nur vor den Russen kapitulieren durften und daß deutsche Verbände, die gegen Briten oder Amerikaner eingesetzt waren, nur vor diesen die Waffen strecken sollten.

Schon im August 1944 hatten die Kombinierten Stabschefs der westlichen Alliierten eine Reihe von Richtlinien für den Fall erlassen, daß sich deutsche Einheiten, räumlich begrenzt, den britischen und amerikanischen Streitkräften ergeben sollten. Das Dokument ging von drei Grundsätzen aus:

> Generell sollte nur eine bedingungslose Kapitulation in Frage kommen. Unter besonderen Umständen konnte jedoch auf die jeweilige militärische Lage Rücksicht genommen werden.
>
> Den Deutschen durften absolut keine Zusagen oder Zugeständnisse gemacht werden.
>
> Die regionale Kapitulation einzelner Verbände sollte in jedem Fall hinter einer allgemeinen Kapitulation zurücktreten, die von den drei Alliierten vereinbart worden war; sie hatten sich rechtzeitig darauf eingerichtet, nach dem endgültigen Sieg ganz Deutschland unter ihre Gewalt zu stellen und Militärregierungen in ihren jeweiligen Besatzungszonen einzurichten.

Die Richtlinien kamen zum Tragen, als deutsche Verbände im Frühjahr 1945 hier und da kapitulierten. Es war den Alliierten jedoch klar, daß eine allgemeine Kapitulation, insbesondere wenn sie durch eine allgemein anerkannte deutsche Führungspersönlichkeit ausgesprochen wurde, erhebliche Vorteile mit sich bringen würde. Hierdurch konnten Menschenleben gerettet, Sabotageakte verhindert und an die Bevölkerung appelliert werden, Ruhe und Ordnung zu bewahren; das Auftreten einer deutschen Autoritätsperson konnte Spannungen und Verwirrungen während der turbulenten Übergangszeit verringern – gleichzeitig aber auch das Tempo beschleunigen beim Heranschaffen von Lebensmittellieferungen, beim Wiederaufbau und bei der Repatriierung von Kriegsgefangenen, Flüchtlingen und Zwangsarbeitern.

Die Frage, wer diese Persönlichkeit sein könnte, war von entscheidender Bedeutung: Die Alliierten würden eine Kapitulation weder von Heinrich Himmler noch von irgendeinem anderen engeren Gefolgsmann Hitlers akzeptieren; sie hatten auch weder die Zeit noch die Neigung, Widerstandskämpfer zu suchen, die eine Nachkriegsregierung hätten bilden können. (Auf Befehl von General Eisenhower waren sogar alle Deutschen, die hohe Ränge – ganz gleich welcher Art – innehatten, automatisch als mutmaßliche Kriegsverbrecher zu internieren.)

Es wirkt wie Ironie, daß Hitler bei der Suche nach einem Nachfolger, der bis zum bitteren Ende weiterkämpfen würde, den Alliierten den Chef einer Übergangsregierung zur Verfügung stellte, der ihren Erwartungen entsprach. Großadmiral Dönitz, dessen Ernennung zum Reichspräsidenten am Abend des 1. Mai von Radio Hamburg verkündet wurde, stand sowohl bei der deutschen Wehrmacht als auch bei der Zivilbevölkerung in hohem Ansehen. Er war politisch nicht belastet, obwohl er zweifellos Hitler gegenüber immer loyal gewesen war.

Als militärischer Führer – Oberbefehlshaber der Kriegsmarine seit 1943 und davor als Befehlshaber der U-Boote – hatte sich Dönitz in so hohem Maße ausgezeichnet, daß jedes Eingeständnis der deutschen Niederlage, das er abgeben würde, vermutlich auch die eingefleischtesten Nationalsozialisten, die noch weiterkämpfen wollten, verstummen lassen würde.

Eine solche Erklärung aus dem Munde von Dönitz würde außerdem einer Neuauflage der sogenannten Dolchstoßlegende aus der Zeit nach dem Ersten Weltkrieg vorbeugen. In der Nacht zum 2. Mai gab Admiral Dönitz aus seinem Hauptquartier in Plön über den Rundfunk eine Erklärung ab, die, obwohl eindeutig antisowjetisch gefärbt, für die westlichen Alliierten ermutigend klang.

Aus alliierten Erklärungen und erbeuteten Unterlagen, aus denen die Grenzen der Besatzungszonen hervorgingen, kannte Dönitz die drakonischen Kapitulationsforderungen. Er erkannte außerdem, wo die eigentliche Gefahr lag: „Meine erste Aufgabe", sprach Dönitz ins Mikrophon, „ist es, deutsche Menschen vor der Vernichtung durch den vordrängenden bolschewistischen Feind zu bewahren. Nur für diesen Zweck geht der militärische Kampf weiter. Soweit und solange die Erreichung dieses Zieles durch Briten und Amerikaner behindert wird, werden wir uns auch gegen sie weiter verteidigen und weiter kämpfen müssen."

Dönitz' Worte kamen einem Appell zur Feuereinstellung im Westen gleich – ein Schritt, der seine engsten Mitarbeiter in Plön überraschte und in Erstaunen versetzte. Schließlich war der Großadmiral berühmt für seinen Kampfgeist, der ihm bei der U-Boot-Waffe den Spitznamen „der Löwe" eingetragen hatte. Dönitz war ein Offizier, der seine Pflicht tat. Bis zum 30. April war diese Pflicht gleichbedeutend gewesen mit seinem Gehorsam dem Führer gegenüber. Jetzt, als Oberhaupt des Deutschen Reiches, war er dem deutschen Volk verpflichtet.

Großadmiral Dönitz verbrachte die ersten Tage seines neuen Amtes in fast pausenlosen Besprechungen mit militärischen Befehlshabern und Politikern aus den Restgebieten des Großdeutschen Reiches. Er bildete eine Regierung aus Ministern seiner eigenen Wahl; zum Beispiel ernannte er Albert Speer, der bei Hitler in dessen letzten Lebenstagen in Ungnade gefallen war und im politischen Testament überhaupt nicht mehr erwähnt wurde, zum Berater und drohte, den einzigen Anwärter, der von Hitler empfohlen war, nämlich Martin Bormann, bei dessen Erscheinen sofort verhaften zu lassen.

Dönitz bestellte Himmler zu sich, der sich im noch nicht besetzten Teil Norddeutschlands aufführte, als sei er der neue Führer persönlich. Als „Reichsführer SS und Chef der Deutschen Polizei" war Himmler, wenigstens theoretisch, Oberbefehlshaber der Polizei, der Waffen-SS und anderer Truppenteile. Dönitz konnte sich auf nichts einlassen, solange er nicht Himmlers Absichten kannte, denn der SS-Führer konnte immer noch die Gültigkeit der Ernennung des Großadmirals anfechten.

In Begleitung von sechs bewaffneten SS-Leibwächtern erschien Himmler etwa um Mitternacht in Dönitz' Hauptquartier in Plön. Mißmutig und ungeduldig saß Himmler Großadmiral Dönitz gegenüber, der auf seinem Schreibtisch unter einigen Papieren vorsorglich eine Pistole versteckt hatte.

„Ich reichte Himmler den Funkspruch mit meiner Ernennung", erinnerte sich Dönitz später. „‚Bitte lesen Sie!' Ich beobachtete sein Gesicht. Es drückte beim Lesen großes Erstaunen, sogar Bestürzung aus. Eine Hoffnung schien in ihm zusammenzubrechen. Er wurde sehr blaß. Er stand auf, verbeugte sich und sagte: ‚Lassen Sie mich in Ihrem Staat der zweite Mann sein.' Ich erklärte ihm, daß das nicht in Frage käme. Ich hätte keine Verwendung für ihn."

Mit dieser wohlberechneten Zurückweisung endete Himmlers unrühmliche Karriere. Einige Tage zog er ziellos durch Norddeutschland und fragte seine Gefolgsleute, ob er Selbstmord begehen solle. Dann rasierte er sich den Schnurrbart ab, legte eine Augenklappe an, nahm den Decknamen Heinrich Hitzinger an und tauchte unter. Die britische Militärpolizei entdeckte ihn schließlich Mitte Mai, und als ein Arzt, der ihn untersuchte, feststellen wollte, was der Grund für eine Ausbuchtung seiner Wange sei, biß Himmler auf eine Zyankalikapsel – das war es, was er im Mund gehabt hatte – und starb kurz danach.

Nach Ausschaltung Himmlers setzte sich Dönitz am 2. Mai, dicht vor den heranrückenden Briten, von Plön aus nach Norden ab; er hoffte, der Gefangennahme so lange wie möglich zu entgehen, um Spielraum für Verhandlungen zu behalten. Er brachte seine Regierung in der Marineschule Mürwick an der Flensburger Förde unter und begann, sich das weitere Vorgehen bezüglich einer prowestlichen, antisowjetischen Kapitulationsstrategie zurechtzulegen.

Zunächst verschaffte er sich einen Überblick über die Stärke der noch vorhandenen Truppenverbände. Generaloberst Jodl und sein Stab – die unter Dönitz weiterhin tätig waren – schätzten, daß immer noch etwa 1,8 Millionen Mann irgendwo an der Ostfront gegen die Sowjets im Kampf standen. Da die Alliierten darauf bestanden, daß sich jede deutsche Einheit demjenigen Gegner zu ergeben habe, gegen den sie gekämpft hatte, würden sich fast alle Deutschen im Osten den Sowjets auszuliefern haben – falls Dönitz sofort kapitulierte. Der Großadmiral mußte unter allen Umständen versuchen, Zeit zu gewinnen.

Ein Teil der Truppen mußte abgeschrieben werden. Es war zu spät, um den 300 000 Deutschen, die weit hinter den sowjetischen Linien in Kurland und in Ostpreußen eingeschlossen waren, zu helfen. Hinzurechnen mußte man 300 000 Mann Verluste der letzten Zeit und Gefangene sowie Überlebende aus der Schlacht um Berlin, die bereits versuchten, sich nach Westen durchzuschlagen. Damit blieben etwa 1,2 Millionen Mann übrig, die bei entsprechender Koordination und unter Ausnutzung geschickt geführter Nachhutgefechte noch immer eine Chance hatten, sich den Weg nach Westen und Nordwesten freizukämpfen, um sich den Amerikanern und Briten zu ergeben. Zu ihnen gehörten 600 000 Mann der Heeresgruppe Mitte in der Tschechoslowakei, 430 000 Mann der Heeresgruppe Süd in Österreich und 180 000 Mann der Heeresgruppe Südost in Jugoslawien. Aufgrund der Ist-Stärken – und der vorhandenen ausgebauten Stellungen, besonders in den Bergen rings um Prag – konnte die Tschechoslowakei als Plattform für Dönitz' Verzögerungstaktik dienen.

Um aus erster Hand einen Bericht über die Lage in der Tschechoslowakei zu erhalten, bestellte Dönitz zu sich: den Chef des Stabes von Generalfeldmarschall Schörners Heeresgruppe Mitte, Generalleutnant Oldwig von Natzmer, und Karl Hermann Frank, der – selbst ein Sudetendeutscher – als Reichsprotektor für Böhmen und Mähren dieses Land tyrannisiert hatte. Nach einem gefahrvollen Flug von Prag über das feindbesetzte Deutschland trafen die beiden am 3. Mai in Flensburg ein und traten im Hauptquartier von Dönitz sofort in die Lagebesprechungen ein.

General von Natzmer erklärte, die militärische Lage sei äußerst bedrohlich. Die Heeresgruppe Mitte erwarte mit einer Kampfstärke von nur 200 000 Mann den Angriff zwei Millionen Mann starker Sowjetverbände, die langsam von Norden, Osten und Süden vorrückten. Nach Schörners Ansicht, berichtete Natzmer, würden seine Armeen noch etwa zwei Wochen durchhalten können.

Karl Frank berichtete von zunehmender Untergrundtätigkeit in Prag und sagte einen größeren Aufstand innerhalb der nächsten Tage voraus. Um aber Prag dem Westen für die Zeit nach dem Krieg zu erhalten, schlug er vor, durch bestimmte nicht-kommunistische Politiker eine tschechische Regierung bilden zu lassen; diese könne dann mit General Pattons 3. US-Armee, die seit zwei Wochen untätig an der deutsch-tschechischen Grenze verharrte, über die Kapitulation der Hauptstadt verhandeln. Dönitz ermächtigte Frank, diesen Gedanken sofort in die Tat umzusetzen, und befahl der Heeresgruppe Mitte, ihre Stellungen so lange wie möglich zu halten, sich dann in westlicher Richtung zurückzuziehen und sich den Amerikanern zu ergeben.

Nachdem er das Wenige getan hatte, was in seinen Kräften stand, um die Sowjets hinzuhalten, wandte sich Dönitz der heiklen Aufgabe zu, die westlichen Alliierten nicht nur hinzuhalten, sondern auch seinen Plänen geneigt zu machen. Der Großadmiral hatte ein Verhandlungsteam aufgestellt, das unter der Führung seines Nachfolgers als Oberbefehlshaber der Kriegsmarine, des Admirals Hans-Georg von Friedeburg, stand. Er ermächtigte Friedeburg, mit dem britischen Feldmarschall Sir Bernard L. Montgomery, Oberbefehlshaber der 21. Heeresgruppe, zu verhandeln. Dönitz schränkte Friedeburgs Befugnisse deutlich ein und formulierte genau die Kapitulationsangebote, die dieser machen durfte, sowie die Reihenfolge, in der sie gemacht werden sollten. Da jeder Vorschlag, zu dem Friedeburg ermächtigt wurde, die eine oder andere Ausnahme von der bedingungslosen Kapitulation, auf die sich die Alliierten festgelegt hatten, enthielt, rechnete Dönitz nicht mit einer begeisterten, zustimmenden Reaktion. Er kämpfte hauptsächlich weiterhin um Zeitgewinn.

Friedeburg arrangierte ein Zusammentreffen mit Feldmarschall Montgomery für den 3. Mai im vorgeschobenen Hauptquartier des Briten in der Lüneburger Heide, etwa 50 Kilometer südöstlich von Hamburg. Friedeburgs erster Vorschlag war – wie er genau wußte – wegen der bereits getroffenen interalliierten Vereinbarungen völlig unannehmbar. Er bot an, den Briten alle Soldaten der deutschen 3. Panzerarmee sowie der 12. und 21. Armee zu übergeben, die nördlich von Berlin gegen die Sowjets gekämpft hatten. Unter Hinweis auf die bindenden Bestimmungen der interalliierten Vereinbarungen lehnte Montgomery den Vorschlag ab. Aber während er einerseits betonte, seine Ablehnung betreffe lediglich die Kapitulation der deutschen Verbände insgesamt, erklärte er andererseits, daß die Angehörigen der in Frage stehenden Armeen einzeln als Kriegsgefangene von den Briten aufgenommen werden würden. Die Deutschen gaben Montgomery zu verstehen, daß sie den

Hitler begrüßt seinen späteren Nachfolger, Karl Dönitz, auf diesem 1942 entstandenen Foto. Damals war Dönitz Befehlshaber der deutschen U-Boote.

DER NACHFOLGER DES FÜHRERS

Am 30. April 1945 erhielt Großadmiral Karl Dönitz auf dem Funkwege die Nachricht, daß Adolf Hitler ihn zum neuen Führer des Dritten Reiches ernannt habe.

Der Schritt kam unerwartet. Dönitz gehörte nicht dem inneren Kreis der Parteiführung an. Aber die Wahl zeigte, wie sehr Hitler den aufrechten Oberbefehlshaber der deutschen Kriegsmarine schätzte – und auf wie wenige seiner engeren Mitarbeiter er sich noch verlassen konnte. Der Führer war der Ansicht, daß Hermann Göring und Heinrich Himmler ihn verraten hatten; die hohe Generalität war durch Fehlschläge diskreditiert; Joseph Goebbels und Martin Bormann, obgleich noch immer loyal, waren mit ihm in Berlin eingeschlossen.

Im Gegensatz dazu hatte Großadmiral Dönitz durch die dramatischen U-Boot-Erfolge der Jahre 1939 bis 1942 den Respekt des Führers erworben, und er hatte sein hohes Ansehen bei Hitler nie verloren. Da er selbst nichts von U-Boot-Kriegführung verstand, hatte Hitler Dönitz stets eine viel freiere Hand als den anderen militärischen Befehlshabern gelassen, in deren Maßnahmen er sich ständig – und durchaus nicht zum besten – einmischte. Das Amt des Reichspräsidenten, die Führung des Reiches, letzter Vertrauensbeweis für Dönitz, sollte nur noch wenige Tage bestehen. Aber es brachte eine Verantwortung mit sich, der Hitler sich selbst nicht gewachsen fühlte: zu kapitulieren und den Todeskampf Deutschlands zu beenden.

Hinweis verstanden hätten und zu würdigen wüßten: Jeder Soldat in Norddeutschland, der sich zu den britischen Linien durchschlagen könne, würde vor den Sowjets sicher sein.

Montgomery fragte daraufhin: „Wollen Sie mir alle deutschen Streitkräfte an meiner Nord- und Westflanke, einschließlich aller Kräfte in Holland, Friesland mit den Friesischen Inseln und Helgoland, in Schleswig-Holstein und Dänemark, übergeben? Wenn ja, werde ich diesen Akt als taktische Kapitulation von Feindverbänden, die mir direkt gegenüberstehen, akzeptieren." Dies war nach den alliierten Vereinbarungen ein annehmbarer Entschluß, aber er lief Dönitz' Absicht zuwider, den Kapitulationsvorgang so lange hinauszuzögern, daß möglichst viele Soldaten die Möglichkeit erhielten, sich zu den westlichen Alliierten durchzuschlagen. Jedenfalls ging Montgomerys Vorschlag über Friedeburgs Verhandlungsspielraum hinaus, so daß er ihn nicht annehmen konnte.

An diesem Punkt angelangt, erklärte Montgomery, es sei jetzt Essenszeit, und er entließ die Deutschen, damit diese beim Mittagessen über seine Vorschläge nachdenken konnten. „Friedeburg weinte beim Lunch", schrieb Montgomery später lakonisch, „und die anderen sagten nicht viel."

Nach dem Mittagessen stellte Montgomery den Unterhändlern ein Ultimatum: Dönitz müsse sich bis 18 Uhr des nächsten Tages, dem 4. Mai, mit seinem Vorschlag einverstanden erklären, sonst würden die Briten den Kampf wiederaufnehmen und den Deutschen schwere Verluste zufügen.

Friedeburg flog nach Flensburg zurück, um noch während der Nacht Montgomerys Forderungen mit Dönitz zu besprechen. Er begab sich noch vor Ablauf des Ultimatums mit Dönitz' Erlaubnis, die Kapitulation in den in Frage stehenden Gebieten zu akzeptieren, ins britische Hauptquartier zurück. Aber Montgomery, der gerade eine Pressekonferenz abhielt, ließ ihn warten. Schließlich wurden die Deutschen in ein Zelt voller Journalisten und Photographen geleitet. Dort unterzeichnete Friedeburg, beim Klicken der Kameras, eine Kapitulationsurkunde, die von Montgomery in Übereinstimmung mit den Kombinierten Stabschefs entworfen und von General Eisenhower genehmigt worden war. Montgomery war sich der Bedeutung dieses Augenblicks durchaus bewußt. „Haben Sie diese Szene festgehalten?" rief er den Photographen zu. „Gut. Ein historisches Photo – wirklich historisch."

Während der Verhandlungen in der Lüneburger Heide war auch die Kapitulation der in Norwegen stehenden deutschen Besatzungstruppen zur Sprache gekommen. Es war ein ernstes Problem – fast 100 000 Mann der deutschen Truppen standen in Norwegen, und ihr Oberbefehlshaber war ein Draufgänger: Generalleutnant Franz Böhme. „In Norwegen", rühmte er sich einmal, „können wir jeden Feind zurückschlagen."

Montgomery überließ die Entscheidung über Norwegen Eisenhower, der erklärte, daß Kapitulationsverhandlungen über weitere Territorien, einschließlich Norwegens, nur durch sein eigenes Hauptquartier geführt werden dürften. Infolgedessen reisten Friedeburg und seine Gruppe am 5. Mai zum vorgeschobenen Hauptquartier des Obersten Alliierten Befehlshabers der Allied Expeditionary Force (SHAEF) nach Reims, 135 Kilometer nordöstlich von Paris. Als Friedeburg eintraf, hatten die Deutschen in Italien gegenüber dem britischen Feldmarschall Sir Harold Alexander kapituliert, und da Generalfeldmarschall Albert Kesselring versuchte, zu einer Kapitulation seiner anderen Armeen an der Westfront zu gelangen, sah es so aus, als ob die Verhandlungen in Reims zu einem Ende der Einzelkapitulationen, einschließlich Norwegens, gegenüber den westlichen Alliierten führen würden.

In Reims stellte Friedeburg fest, daß die Verhandlungen nicht von Eisenhower persönlich, sondern von dessen Stabschef, Generalleutnant Walter Bedell Smith, geführt werden sollten; Eisenhower, der von einem kürzlich durchgeführten Besuch in einem Konzentrationslager zutiefst empört zurückgekehrt war, weigerte sich rundheraus, die Deutschen zu empfangen, bevor sie eine Kapitulationsurkunde unterzeichnet hatten.

Im Arbeitszimmer von Smith im SHAEF-Hauptquartier stellte Friedeburg außerdem fest, daß der Stabschef gar nicht verhandelte, sondern die Bedingungen diktierte. Der Deutsche war erschüttert, als er erfuhr, daß Eisenhower nicht nur auf einer völligen Kapitulation im Westen, sondern auch auf einer gleichzeitigen Kapitulation gegenüber den Sowjets im Osten bestand – genau die Forderungen, auf denen die Alliierten seit jeher bestanden hatten, und sie gingen auch nicht einen Fußbreit davon ab. In dem Bestreben, den Deutschen die Hoffnungslosigkeit ihrer Lage vor Augen zu führen, zeigte Smith ihnen Lagekarten und wies auf alliierte Offensiven – tatsächlich geplante und hypothetische – hin, die durchgeführt werden würden, falls sich die deutsche Seite mit den Bedingungen nicht einverstanden erklären sollte.

Friedeburg befand sich erneut in der Lage, einen Entschluß fassen zu müssen, der über seine Befugnisse hinausging. Er übermittelte Eisenhowers Ultimatum an Dönitz. Wegen der unterbrochenen Fernmeldeverbindungen gelangte die Nachricht nur auf einem Umweg nach Flensburg, wodurch für die bedrängten Deutschen im Osten wieder etwas Zeit gewonnen wurde.

Während für die Deutschen die endgültige Kapitulation immer näher rückte, erkannten die Alliierten in Reims, daß sie in letzter Minute noch ein Problem unter sich zu lösen hatten. Die Schwierigkeit lag beim Text der Kapitulationsurkunde, die im voraus von der European Advisory Commission, dem Gremium alliierter Diplomaten, die auch die Grenzen der Besatzungszonen in Deutschland und Österreich festgelegt hatten, abgefaßt worden war. Die drei

Der britische Feldmarschall Sir Bernard L. Montgomery (Mitte rechts) liest am 4. Mai in der Nähe von Hamburg einer deutschen Delegation die Kapitulationsbedingungen vor. Rechts neben Montgomery sitzen Konteradmiral Gerhard Wagner und Generaladmiral Hans-Georg von Friedeburg. Die Kapitulation umfaßte sämtliche deutschen Truppen in Dänemark, Nordwestdeutschland, den Niederlanden sowie in Dünkirchen, einem von mehreren französischen Häfen, die noch von deutschen Kräften gehalten wurden.

Alliierten hatten sich schon im Juli 1944 auf diesen Text der Kapitulationsurkunde geeinigt; später waren die Franzosen der EAC beigetreten, wußten aber nicht, daß Briten, Amerikaner und Sowjets den Text im Februar 1945 in Jalta geändert hatten. Die Änderung bestand aus einem einzigen Worte – „Aufteilung" –, das der Liste von Vorrechten, die die Siegermächte für sich in Anspruch nahmen, hinzugefügt worden war. In den Augen der Deutschen bedeutete diese Abänderung das Ende ihrer nationalen Einheit. Nach dem vorläufigen alliierten Standpunkt war dadurch zunächst einmal ein Dokument geschaffen worden, das allerdings von Frankreich noch nicht anerkannt war.

Es gab noch eine weitere Schwierigkeit. Die Kapitulationsurkunde verlangte die Unterschrift sowohl von zivilen als auch militärischen Bevollmächtigten in Deutschland. Die Alliierten erkannten Dönitz nicht als ziviles Staatsoberhaupt, sondern nur als militärischen Oberbefehlshaber der noch kämpfenden deutschen Truppen an. Was sollte getan werden, fragte der Stab von General Smith, wenn es ein anerkanntes deutsches Staatsoberhaupt nicht gab?

Smith und Botschafter John G. Winant, der bei der EAC in London tätige US-Vertreter, besprachen die beiden Probleme telephonisch miteinander und beschlossen, noch einmal von vorn anzufangen. Es sollte unter dem Titel „Act of Military Surrender" (Vereinbarung über die militärische Kapitulation) ein neuer Text abgefaßt werden, den auch die Franzosen ohne weiteres unterschreiben konnten, der das Problem einer deutschen Zivilregierung umging und möglichst schnell zur allgemeinen Kapitulation führen konnte.

Während die Alliierten in Reims noch auf eine Antwort von Dönitz warteten, wurde die neue Urkunde innerhalb weniger Stunden entworfen. Sie war hauptsächlich das Werk des britischen Obersten John Counsell, der im Zivilberuf Schauspieler war. Er entlehnte die Formulierung dieser Urkunde zum größten Teil einem Artikel aus den *Stars and Stripes,* der amerikanischen Militärzeitung, wo die Bedingungen der deutschen Kapitulation in Italien am 2. Mai im einzelnen aufgeführt worden waren. Der Entwurf wurde von zwei der drei Hauptalliierten sofort gebilligt. Nur Moskau hatte noch nicht auf die Bitte um weitere Instruktionen von seinem Vertreter, Generalmajor Iwan Susloparow, dem Chef der sowjetischen Militärmission in Paris, reagiert.

Admiral von Friedeburgs Nachricht an Dönitz gelangte erst am späten Vormittag des 6. Mai nach Flensburg. Dönitz las das Ultimatum und kam zu dem Schluß, es sei noch zu früh, einer allgemeinen Kapitulation zuzustimmen. 210 000 deutsche Soldaten hatten sich in den letzten Tagen vor den Sowjets hinter die britischen und amerikanischen Linien abgesetzt, aber die Absetzbewegung der deutschen Truppen in Jugoslawien, Österreich und insbesondere in der Tschechoslowakei hatte gerade erst begonnen.

Der Admiral beauftragte General Jodl, einen überzeugten Gegner einer allgemeinen Kapitulation und einen Mann, der entschlossen war, dem alliierten Druck Widerstand zu leisten, nach Reims zu fliegen und den Kampf um Zeitgewinn fortzusetzen.

Dönitz ermächtigte Jodl lediglich zu einer Kapitulation gegenüber den westlichen Alliierten. Wenn er damit keinen Erfolg haben sollte und die Alliierten ihre Drohung, die Luft- und Bodenangriffe auf deutsche Städte wiederaufzunehmen, erneuerten, war Jodl ermächtigt, über eine allgemeine Kapitulation an allen Fronten, jedoch nur in langsam aufeinanderfolgenden Phasen, zu verhandeln. Zunächst sollte es zu einer Feuereinstellung kommen, bei der sich deutsche Truppenteile frei bewegen konnten – das heißt, sie sollten sich nach Westen absetzen und hinter die alliierten Linien gelangen können. Falls Eisenhower als nächste Phase auf einem Stillstand jeglicher Bewegungen bestehen sollte, hatte Jodl den Auftrag, diesen Schritt so lange wie möglich hinauszuzögern. Für jedes Kapitulationsabkommen brauchte Jodl die endgültige Genehmigung von Dönitz.

Jodl traf am Abend des 6. Mai in Reims ein und begann gemeinsam mit Admiral von Friedeburg sofort Besprechungen mit General Smith und dem britischen Generalmajor Kenneth Strong, dem deutschsprechenden Leiter des Nachrichtendienstes von SHAEF, der auch als Dolmetscher fungierte. Smith legte die Kapitulationsurkunde auf den Tisch. Sie enthielt fünf Absätze und verlangte die bedingungslose und gleichzeitige Kapitulation aller deutschen Land-, See- und Luftstreitkräfte an allen Fronten mit Wirkung vom 8. Mai, 23.01 Uhr; den Deutschen war untersagt, militärisches Gerät oder Fabrikationsanlagen zu zerstören; sie verpflichteten sich, alle alliierten Weisungen auszuführen, andernfalls müßten sie mit Bestrafung rechnen. Weiterhin stand in dem Dokument, daß der rein militärischen Kapitulation, die jetzt zur Verhandlung stand, eine spätere, allgemeine Kapitulationsurkunde folgen werde, die in jedem Fall den Vorrang haben würde.

Jodl begann, Einwände zu erheben. Er wies unter anderem darauf hin, es werde unmöglich sein, die Feuereinstellung zu dem in dem Dokument vorgesehenen Zeitpunkt zu erreichen; es würde länger dauern, bis das Oberkommando der Wehrmacht die entsprechenden Befehle an alle Fronten werde durchgeben können. Er verlangte einen Zeitaufschub von 48 Stunden.

Nach einer Stunde kam Smith bei der Besprechung zu dem Schluß, daß Jodl Zeit gewinnen wollte, und meldete seine Auffassung an Eisenhower. Eisenhower schickte Smith mit der Weisung zurück, den Deutschen mitzuteilen, sie sollten ihre Verzögerungstaktik aufgeben. Smith erklärte Jodl, die Kapitulation müsse noch an diesem Tag unterzeichnet werden, die Feindseligkeiten müßten zwei Tage später um Mitternacht eingestellt sein, und er habe 30

Minuten Zeit, sich alles zu überlegen. Jodl schickte einen Funkspruch an Dönitz und fügte hinzu: „Ich sehe keine Alternative – Chaos oder Unterzeichnung."

Diesmal erreichte das Ultimatum den deutschen Führungsstab ohne Verzögerung, und Dönitz' mildester Ausdruck dafür war: „Glatte Erpressung." Er äußerte später, Eisenhower habe „die Veränderung der Weltlage, wie sie jetzt eingetreten sei, überhaupt nicht erkannt", womit er andeutete, daß sich Amerika und Deutschland zu einem gemeinsamen Widerstand gegen das sowjetische Machtstreben in Europa hätten zusammenfinden sollen. Dönitz verbrachte zwei Stunden mit dem Versuch, das Unvermeidliche noch ein wenig länger hinauszuschieben. Schweren Herzens gab er dann Jodl kurz nach Mitternacht die Genehmigung, die bedingungslose Kapitulation zu unterschreiben.

Jodl und Friedeburg wurden in den Kartenraum des SHAEF geführt; es war der zehn mal zehn Meter große Sport- und Spielraum der aus rotem Backstein erbauten Gewerbeschule für Jungen, der als Hauptquartier diente. Dort wurden sie von fast einem Dutzend Offizieren aus vier siegreichen Nationen und der Presse erwartet. General Smith kniff bei dem aufflammenden Blitzlicht der Pressephotographen die Augen zusammen.

Während General Strong übersetzte, fragte Smith, ob die Deutschen bereit seien, die Kapitulationsurkunde zu unterzeichnen. Jodl nickte. Am 7. Mai, um genau 2.41 Uhr, unterschrieb er. Dann unterzeichneten der Reihe nach General Smith für den Obersten Alliierten Befehlshaber der Allied Expeditionary Force; General Susloparow, obwohl er noch keine Nachricht aus Moskau erhalten hatte, für das sowjetische Oberkommando und der französische Generalmajor François Sevez als Zeuge.

Dann erhob sich General Jodl, bat um die Erlaubnis, eine Erklärung abgeben zu dürfen, und sagte auf deutsch:

> „Herr General! Mit dieser Unterschrift werden das deutsche Volk und die deutschen Streitkräfte dem Sieger auf Gnade und Ungnade ausgeliefert. In diesem Krieg, der mehr als fünf Jahre gedauert hat, haben beide mehr geleistet und mehr gelitten, als vielleicht jedes andere Volk auf der Welt. In dieser Stunde kann ich nur meiner Hoffnung Ausdruck geben, daß die Sieger sie mit Großmut behandeln."

Zuletzt wurden die deutschen Unterhändler zu General Eisenhower gebracht. Er fragte sie, ob sie die Kapitulationsbedingungen genau verstanden hätten, und warnte Jodl, er werde für jede Verletzung persönlich einzustehen haben. Jodl salutierte und ging.

Kurze Zeit darauf setzte Eisenhower dann an die Kombinierten Stabschefs einen Funkspruch von verblüffender Schlichtheit ab: „Der Auftrag dieser alliierten Streitmacht wurde am 7. Mai 1945, 0241 Ortszeit, erfüllt."

Aber damit war die deutsche Kapitulation noch keineswegs beendet. Sechs Stunden nach dem feierlichen Akt in Reims traf Moskaus Antwort ein: Susloparow erhielt die Weisung, keinerlei Dokumente zu unterzeichnen. Der Funkspruch beschuldigte General Eisenhower praktisch, sich mit den Deutschen geeinigt zu haben, damit diese den Kampf gegen die Sowjetunion fortsetzen könnten. In der sowjetischen Antwort hieß es ferner, die Kapitulationsurkunde müsse später, in Berlin, unterzeichnet werden, denn nur eine Unterschriftsleistung in Berlin könne von der Sowjetunion anerkannt werden. General Susloparow wurde nach Moskau zurückberufen, wo er einer „strengen Bestrafung" entgegensah – ein Ausdruck, mit dem gewöhnlich die Todesstrafe gemeint war. (Susloparow hatte Glück, denn er besaß einflußreiche Freunde in Moskau; ihm wurde später eröffnet, daß Stalin wegen seiner Handlungsweise in Reims keinen Groll mehr gegen ihn hege.)

Die Sowjets waren aus mehreren Gründen empört. Nachdem sie erfahren hatten, daß die neue Kapitulationsurkunde nicht mit derjenigen übereinstimmte, die vom European Advisory Council gebilligt worden war, teilten die Sowjets SHAEF mit, daß eine für sie gültige Kapitulationsurkunde den Text des ursprünglichen EAC-Dokuments enthalten müsse. Außerdem erklärten sie, die Sowjetunion sei offenbar aus den Kapitulationsverhandlungen ausgeschlossen worden. Nach Aussage der Sowjets hatte das deutsche Hauptquartier seinen Armeen Befehl gegeben, alle Feindseligkeiten gegenüber britischen und amerikanischen Truppen einzustellen und sich durch die sowjetischen Stellungen hindurch bis zu den westlichen Alliierten durchzuschlagen.

In seiner Antwort wies Eisenhower darauf hin, daß die in Reims unterzeichnete Kapitulationsurkunde die Vereinbarung enthalte, eine allgemeiner gehaltene Urkunde müsse später unterzeichnet werden. Eisenhower erklärte sich bereit, persönlich an dieser endgültigen Unterzeichnung teilzunehmen, die am nächsten Tag in Berlin unter dem Vorsitz von Marschall Schukow stattfinden sollte.

Eisenhower legte Wert darauf, der Zeremonie beizuwohnen; er wollte Berlin sehen und Schukow kennenlernen. Aber Angehörige seines Stabes und Premierminister Churchill überzeugten ihn, daß es sich bei diesem Ereignis nur um eine formelle Ratifizierung des Kapitulationsvorganges von Reims handeln werde. Eisenhower beauftragte seinen Stellvertreter, den britischen Luftmarschall Sir Arthur W. Tedder, die westlichen Alliierten zu vertreten.

Bei der Zeremonie in Berlin, die am 8. Mai stattfand, wurde das Protokoll auf die Spitze getrieben; unter den Vertretern der westlichen Alliierten kam es zu heftigen Auseinandersetzungen über die Frage, wer in welcher Eigenschaft und in welcher Reihenfolge die Kapitulationsurkunde unterzeichnen solle.

In Eisenhowers Hauptquartier in Reims erklärt sich Generaloberst Jodl am 7. Mai bereit, die bedingungslose Kapitulation aller deutscher Truppen zu unterzeichnen. An seiner Seite befinden sich sein Adjutant, Major Wilhelm Oxenius (links), und Generaladmiral Hans-Georg von Friedeburg.

Das Gezänk hinsichtlich der Unterzeichnung ging von Charles de Gaulle aus, dem Führer der Provisorischen Regierung Frankreichs, der seinen Abgesandten, General de Lattre de Tassigny, angewiesen hatte, seine Unterschrift als Zeuge zu leisten, wie es die Franzosen schon in Reims getan hatten – solange Eisenhower oder sein Vertreter für die westlichen Alliierten insgesamt unterzeichnete. Falls die Urkunde jedoch von Vertretern jedes einzelnen der Alliierten unterzeichnet werden sollte, hatte de Lattre anderslautende Instruktionen: Er war gehalten, auf gleicher Behandlung mit Amerikanern und Briten zu bestehen. Als de Lattre Luftmarschall Tedder über seine Befehle unterrichtete, versprach Tedder, daß sowohl de Lattre als auch General Carl A. Spaatz, der amerikanische Vertreter, die Kapitulationsurkunde als Zeugen unterzeichnen könnten, sobald er für die westlichen Alliierten insgesamt seine Unterschrift unter das Dokument gesetzt haben würde.

Die Sowjets hegten andere Vorstellungen über diese Frage. Da Tedder von Eisenhower beauftragt war, gemeinsam für Briten und Amerikaner die Unterschrift zu leisten, sollte ihrer Meinung nach auch de Lattre als Zeuge der einzige zusätzliche Unterzeichner aus dem westlichen Lager sein. Die Amerikaner lehnten diese Lösung ab. General Spaatz bestand auf seiner Unterschrift, falls de Lattre unterzeichnen durfte. De Lattre blieb ebenfalls hart. Schließlich akzeptierten die Sowjets Tedders ursprünglichen Plan: Tedder und Schukow sollten als erste unterzeichnen, und de Lattre und Spaatz würden dann ihre Unterschrift als Zeugen anfügen. Ironischerweise besaßen im gegebenen Augenblick weder de Lattre noch Spaatz einen Federhalter, so daß sie beide zur Unterschriftsleistung einen solchen ausleihen mußten.

Sogar den Deutschen gelang es, den Zwist und die Konfusion, die den Ablauf der Kapitulationszeremonie kennzeichneten, noch zu vergrößern. Um ihre Solidarität zu demonstrieren, versuchten die Alliierten, eine gleichzeitige Bekanntgabe der deutschen Kapitulation in Washington, London und Moskau für den 8. Mai zu arrangieren. Nach der Zeremonie von Reims war für alle Korrespondenten eine Nachrichtensperre verhängt worden. Diese wurde von allen außer der Associated Press eingehalten, die am 7. Mai eine Rundfunksendung aus dem Hauptquartier von Dönitz in Flensburg auffing und weitergab, nachdem der Großadmiral die Kapitulationsbedingungen Eisenhowers angenommen hatte. Dönitz wollte damit die deutschen Truppenteile wissen lassen, wie wenig Zeit ihnen noch zur Absetzbewegung in den Westen zur Verfügung stand. Die AP hielt die Rundfunksendung für eine nicht unter die Nachrichtensperre fallende wichtige Neuigkeit und gab die größte Story des Jahres bekannt.

Die Nachrichtenorganisationen, die sich an die Sperre gehalten hatten, waren über den Alleingang der AP verständlicherweise

Bei der Kapitulationszeremonie am 8. Mai in Berlin, die von den Russen geleitet wurde, hebt Generalfeldmarschall Wilhelm Keitel seinen Marschallstab zum Gruß. In seiner Begleitung befinden sich Generaloberst der Luftwaffe Hans Jürgen Stumpff (links) und Generaladmiral von Friedeburg.

Um 23.30 Uhr unterzeichnet Generalfeldmarschall Keitel die Kapitulationsurkunde in Anwesenheit von (von links) Marschall Georgi Schukow, General Carl Spaatz und General Jean de Lattre de Tassigny. Die Zeremonie war auf Betreiben der Sowjets zustande gekommen, die die Kapitulation in Eisenhowers Hauptquartier in Reims nur als vorläufig erachtet hatten.

verärgert – die Sowjets aber noch viel mehr. Bis zum letzten Augenblick im Ungewissen, ob die Deutschen tatsächlich ihnen gegenüber kapitulieren würden, bestanden die Sowjets darauf, eine Bekanntgabe des Kriegsendes so lange zu verzögern, bis sie die Unterschrift der Deutschen auf ihren eigenen Kapitulationsurkunden vorweisen konnten; sie forderten ein Hinausschieben der offiziellen alliierten Bekanntgabe vom 8. auf den 9. Mai. Aber als die Moskauer Forderung bekannt wurde, waren die amerikanischen und britischen Pläne für die Proklamation des Kriegsendes – und für die anschließenden Feierlichkeiten – schon so weit gediehen, daß sie nicht mehr geändert werden konnten. Infolgedessen wurde der Sieg in Europa am 8. Mai in Washington und London verkündet – in Moskau jedoch erst am 9. Mai. Seither wird dieser Tag im Osten einen Tag später als im Westen gefeiert.

Für die meisten britischen, französischen und amerikanischen Soldaten, die gegen die Deutschen gekämpft hatten, verlief die Siegesfeier in gedämpfter Atmosphäre. Einige von ihnen hatten so viel Leid und Blutvergießen erlebt, daß die Nachricht nicht so sehr überschäumende Freude als mehr eine Art von Erleichterung hervorrief. „Wir saßen stumm da", schrieb ein einfacher amerikanischer Soldat namens Lester Atwell. „Ich wartete auf irgendeine innere Gefühlsregung. Aber ich empfand kaum etwas. Einen Augenblick später spürte ich, daß in mir etwas zusammenbrach; tiefe Trauer überkam mich, wenn ich an alle diejenigen dachte, die für diesen Augenblick ihr Leben hatten hingeben müssen."

Die frohe Botschaft führte bei einigen wenigen zu skeptischen Überlegungen. James Byrom, ein britischer Militärarzt, der in einem Lazarett in Norddeutschland Dienst hatte, stand am Fenster und beobachtete einen prächtigen Sonnenuntergang. Er schrieb: „Von den britischen Linien stiegen, einzeln und in ganzen Dolden, helle Leuchtraketen auf, aber es fehlte ihnen irgendwie der Überschwang, als ob in jeder Einheit nur ein einziger Soldat eine bunte Kopfbedeckung erhalten hätte, die er in die Luft schleudern sollte. Aber weiter drüben, bei den Sowjets, war der Himmel pausenlos von der Glut der Freudenfeuer erleuchtet. Ich bildete mir ein, das Feuer einer Geisterwelt zu sehen – die Flammen vergangener, historischer Triumphe –, und diese Empfindung wurde in mir so stark, daß ich in diesen Bränden symbolhaft erkannte, daß kein Sieg den Frieden bewahren könne."

Die sowjetischen Truppen, die den zurückweichenden Deutschen bis zum Ende auf den Fersen geblieben waren, feierten ausgelassen und mit viel Alkohol. Auf einer der Siegesfeiern, an der auch amerikanische Offiziere teilnahmen, brachten sie mit Wodka immer wieder neue Trinksprüche aus: „Auf Josef Stalin. Auf den Präsidenten der Vereinigten Staaten. Die Sowjetarmee. Die amerikanische Armee. General Eisenhower. Auf Stalin."

Die Sowjets ließen sich durch die deutsche Kapitulation keineswegs täuschen. Sie wußten, daß über eine Million deutsche Soldaten entweder den Abwehrkampf gegen sie fortsetzten oder in Verletzung des Waffenstillstandsabkommens versuchten, sich nach Westen durchzuschlagen. Ihnen war ferner klar, daß die sowjetischen Streitkräfte in der Tschechoslowakei und Österreich sowie Titos Armee in Jugoslawien erst dann die Waffen niederlegen konnten, wenn die dort kämpfenden Deutschen in Gefangenschaft geraten waren. Tatsache war, daß der Krieg in Europa, obwohl er offiziell beendet war, immer noch weiterging.

Einige der häßlichsten Episoden des Krieges fanden in und um Prag statt, auch als die Deutschen bereits die verschiedenen Kapitulationsurkunden unterzeichnet hatten. Die Schlacht um Prag, die vom 5. bis zum 9. Mai ausgetragen wurde, war mehr als nur ein bedeutungsloser Ausklang des Krieges. Sie stellte das Vorspiel zu einer Auseinandersetzung zwischen Ost und West dar, die schon bald als sogenannter Kalter Krieg bekannt werden sollte.

Bis Anfang Mai 1945 lag Prag abseits der großen Armeebewegungen, die wie Flutwellen seit Monaten über Osteuropa hinwegrollten. Der sowjetische Vorstoß durch Polen hatte im Januar drei sowjetische Heeresgruppen in unmittelbare Nähe der tschechischen Hauptstadt geführt, wo sie verharrten. Die 4. Ukrainische Front unter General Andrej I. Jeremenko war tief auf slowakisches Gebiet vorgestoßen und stand etwa 220 Kilometer östlich von Prag; dort stieß sie auf erbitterten Widerstand der deutschen 1. Panzerarmee, die zu den drei Armeen von Generalfeldmarschall Schörners Heeresgruppe Mitte gehörte. Die 2. Ukrainische Front unter Marschall Rodion I. Malinowski drang von Wien aus nach Westen und Norden vor; ihre Kräfte hatten das XXIV. Panzerkorps auf dem rechten Flügel der Heeresgruppe Mitte umgangen und waren mittlerweile in Kämpfe bei Brünn, etwa 160 Kilometer südöstlich der tschechischen Hauptstadt, verwickelt.

Die Masse des dritten sowjetischen Großverbands, Marschall Konjews 1. Ukrainische Front, war an der Offensive gegen Berlin beteiligt. Ende April wurde Konjew von Stalin angerufen, der in seiner typischen Art, ohne einleitendes Grußwort, wissen wollte: „Wer erobert Prag?" Konjew gab die richtige Antwort: „Ich."

Allerdings standen nur die südlichen Teile von Konjews Heeresgruppe, die im April gegen Schörners angeschlagene 4. Panzerarmee im Raum Dresden gekämpft hatte, so dicht vor Prag wie die Verbände von Malinowski und Jeremenko. Konjews Truppen rückten jetzt von Berlin nach Süden und von Dresden nach Südosten auf breiter Front vor; sie hatten den Auftrag, nicht nur Prag einzuschließen, sondern auch den deutschen Truppen – die sich durch die Hauptstadt hindurch auf dem Rückzug befanden, um sich den Amerikanern zu ergeben – den Weg abzuschneiden.

Konjew zog seine beiden Panzerarmeen aus dem Bereich Berlin ab und setzte sie als Spitze seines Vorstoßes in Richtung Prag ein. Moskau verstärkte seine Heeresgruppe durch eine Armee, die bisher zu Schukows 1. Weißrussischer Front gehört hatte. Das sowjetische Oberkommando setzte in den ersten vier Maitagen bei der Offensive gegen Prag etwa 1,7 Millionen Mann mit 1800 Panzern und Geschützen auf Selbstfahrlafette, 30 000 Feldgeschützen und Granatwerfern sowie über 2900 Kampfflugzeugen ein – eine Operation, die in ihrer Größenordnung der Berlin-Offensive vergleichbar war. Der eigentliche Angriff auf Prag sollte am 7. Mai beginnen und würde nach Ansicht der militärischen Planer etwa zwei Wochen in Anspruch nehmen.

Bei ihrem konzentrischen Angriff auf Prag trieben diese riesigen Verbände große Mengen an Flüchtlingen vor sich her – darunter Volksdeutsche aus der Tschechoslowakei, befreite Zwangsarbeiter und KZ-Insassen. Hunderttausende von Flüchtlingen befanden sich vor Malinowskis Armeen auf der Flucht nach Westen. Ein amerikanischer Offizier berichtete von einem Flug im Aufklärungsflugzeug nahe der tschechisch-österreichischen Grenze, daß diese Zwangsumsiedler „überall in der Gegend zu sehen sind; sie kriechen wie Ameisen über die Straßen, strömen auf die Felder, kampieren verzweifelt in den Vororten zerstörter Städte und schaffen ein Problem, für das noch niemand eine Lösung gefunden hat".

Prag selbst war zum Flüchtlingszentrum geworden. Die große Zahl dort ansässiger Sudetendeutscher schwoll jetzt noch durch andere Volksdeutsche aus der Tschechoslowakei, durch Tschechen, die vor den Russen flohen, und durch Beamte aus Berlin an, deren Behörden angesichts des drohenden sowjetischen Angriffs nach Süden verlegt worden waren.

Das Vorrücken der Sowjetarmee hatte Anfang Mai zahlreiche Tschechen veranlaßt, sich den vormarschierenden Truppen anzuschließen. Etwa 30 000 Tschechen gehörten dem tschechischen I. Armeekorps an, das der 4. Ukrainischen Front zugeteilt worden war; sie drangen langsam durch bewaldetes, gebirgiges Gebiet in westlicher Richtung auf die etwa 200 Kilometer von Prag entfernt liegende Stadt Olmütz vor. Andere bewaffnete Tschechen – Angehörige vieler kleiner Partisanengruppen – stellten sich bereit, um deutsche Garnisonen bei dem allgemeinen Aufstand auszuschalten, den Karl Frank in Flensburg bei seinem Gespräch mit Großadmiral Dönitz vorausgesagt hatte.

Die tschechische Einstellung zu den heranrückenden Sowjetarmeen war zwiespältig, nicht zuletzt deswegen, weil die Russen auf ihrem Vormarsch Plünderungen und Vergewaltigungen am laufenden Band verübten. Die Tschechen hatten seit langem erwartet, daß ihre Befreiung von den deutschen Besatzern aus dem Osten kommen würde, und sie hegten von jeher keine Animosität gegen die Russen. Sie stellten jedoch unter allen slawischen Völkern die ihrem Lebensstil nach westlichste und am demokratischsten eingestellte Nation dar, und die meisten Tschechen zeigten wenig Neigung, sich nach dem Krieg in den kommunistischen Machtbereich sowjetischer Prägung hineinziehen zu lassen.

Die gefühlsmäßige Unentschlossenheit der Tschechen, sich zwischen Ost und West zu entscheiden, fand ihren persönlichen Ausdruck in der Gestalt von Eduard Benesch, dem Vorkriegspräsidenten der tschechischen Republik, der nach Jahren des Exils in die Tschechoslowakei zurückgekehrt war; unter sowjetischer Schirmherrschaft stand er an der Spitze einer „Nationalen Front", in der die verschiedenen tschechischen politischen Parteien vertreten waren, die Kommunisten jedoch die Führungspositionen besetzt hielten. Anfang April war Beneschs provisorische Regierung in der befreiten slowakischen Stadt Kaschau gebildet worden.

Trotz seiner Dankbarkeit der Sowjetunion gegenüber blieb Benesch innerlich dem Westen verpflichtet. Dies kam in seiner Reaktion auf eine Meldung vom 18. April zum Ausdruck, wonach die 3. US-Armee in die Tschechoslowakei eingedrungen sei. Benesch, der sonst nie irgendeine Gefühlsregung zeigte, rief aus: „Gott sei Dank! Gott sei Dank!" Dann stürzte er, wie sich sein Sekretär später erinnerte, „in das Nachbarzimmer, um die frohe Botschaft seiner Frau mitzuteilen: ,Haniçko, Haniçko, die Amerikaner sind soeben in die Tschechoslowakei eingerückt! Patton steht diesseits der Grenze!' "

In Wirklichkeit stellte der amerikanische Vorstoß nur ein größeres Aufklärungsunternehmen dar. Patton mußte noch über zwei Wochen warten, bis General Eisenhower – von den Briten zum weiteren Vorrücken gedrängt und von den Sowjets ersucht, an Ort und Stelle zu bleiben – schließlich einen Kompromiß schloß und die 3. Armee ermächtigte, ebenfalls in die Tschechoslowakei einzurücken. Nach einer Vereinbarung mit den Sowjets war es Patton gestattet, in östlicher Richtung bis zu einer Linie vorzurükken, die, grob gesehen, auf der Karte durch die Städte Karlsbad, Pilsen und Budweis verlief.

Das an der tschechischen Grenze nicht weit von Pilsen stehende V. US-Korps wurde hierzu am 4. Mai aus der 1. Armee unter General Courtney H. Hodges herausgelöst und Pattons 3. Armee unterstellt. Der Korpskommandeur, Generalmajor C. Ralph Huebner, der mit Patton auf Sizilien im Einsatz gewesen war, setzte sich, kurz nachdem er von der Überstellung des Korps erfahren hatte, zum Abendessen nieder und meinte, zu seinem Stab gewandt: „Nun ja, ich gebe uns etwa zwölf Stunden; dann ruft General Patton an und gibt uns irgendein Angriffsziel."

Die Suppe war noch heiß, als Huebners Stabschef ihm zum Fernsprecher rief und grinsend sagte: „General Patton ist am Apparat." Ihr Gespräch ist wie folgt überliefert:

„Hallo, Huebner?"

„Hallo, General, wie geht's?"

„Ausgezeichnet. Ich freue mich, daß Sie wieder bei mir sind."

„Bin auch froh, General."

„Ich will, daß Sie Pilsen morgen früh angreifen."

„Ja, Sir."

„Können Sie das schaffen?"

„Ja, Sir."

„Gut, aber beeilen Sie sich. Wir haben in diesem Krieg nicht mehr viel Zeit. Ich komme bald bei Ihnen vorbei. Auf Wiedersehen." Damit hängte Patton ein.

General Huebner kehrte zum Eßtisch zurück. „Schön, diesmal habe ich mich geirrt", sagte er seinem Stab. „Statt zwölf Stunden waren es nur zwölf Minuten."

Am 5. Mai drangen Pattons Großverbände langsam nach Osten über die tschechische Grenze vor. Abgekämpfte deutsche Truppenteile, zu denen auch die Reste der 11. Panzerdivision gehörten, tauchten auf und waren bereit, sich den Amerikanern zu ergeben. Das V. Korps blieb östlich von Pilsen stehen – auf der Linie, die mit den Sowjets vereinbart worden war. Patton vertrat jedoch offenbar die Ansicht, die amerikanisch-sowjetische Vereinbarung sei kein zwingender Grund, den Vormarsch zu stoppen; er erklärte, daß „eine so große Nation wie Amerika getrost anderen die Sorge um derartige Probleme überlassen könne".

Getreu seiner Überzeugung, blieb Patton nicht stehen; er entsandte Einheiten der 4. Panzerdivision durch Pilsen hindurch, um die Straße nach Prag zu erkunden. Er behauptete später, seine Spähtrupps seien nur acht Kilometer über Pilsen hinaus vorgedrungen und hätten 60 Kilometer vor Prag angehalten. In Wirklichkeit gingen sie viel weiter vor, aber sie konnten dennoch auf die Kämpfe, die sich in der Hauptstadt entwickelten, keinen entscheidenden Einfluß mehr ausüben.

Während Pattons Armee in die Tschechoslowakei vorrückte, war ein viel kleinerer Verband bereits darauf vorbereitet, eine bedeutende Rolle bei den jetzt folgenden Ereignissen in Prag zu spielen. Es war die 25 000 Mann starke 1. Division der ROA – die Anfangsbuchstaben der Russkaja Oswoboditelnaja Armija, der Russischen Befreiungsarmee. Die ROA bestand aus Russen, die von den Deutschen aus Kriegsgefangenenlagern und den besetzten Teilen der Sowjetunion rekrutiert worden waren, um gegen die Rote Armee zu kämpfen. Bei einer geschätzten Stärke von fast einer Million Mann hatten sie während der letzten Kriegsjahre in einzelnen, auf die verschiedenen Verbände des deutschen Heeres aufgeteilten Einheiten oder Gruppen gekämpft.

Führer der ROA war Andrej A. Wlassow, ehemals Generalleutnant in der Sowjetarmee und hochdekorierter Offizier, der nach seiner Gefangennahme bei Leningrad im Jahre 1942 auf die deutsche Seite übergetreten war. Er persönlich führte nur einen kleinen Teil der ROA – zwei Divisionen mit etwa 50 000 Mann sowie einen aus 4000 Mann bestehenden Verband, der als Luftwaffe bezeichnet wurde, obwohl er keine Flugzeuge besaß.

Hochgewachsen (1,92 Meter groß), intelligent und von starker Ausstrahlungskraft, hatte Wlassow seit langem erkannt, daß er durch die Zusammenarbeit mit den Deutschen sein Leben an eine verlorene Sache gehängt hatte, und er wußte, daß er und seine Männer harte Strafen zu erwarten hatten, falls sie in die Hände der Sowjets fielen. Aber er glaubte andererseits auch – wie die deutschen Offiziere, die als Berater bei der ROA tätig waren –, daß der Zusammenbruch des Dritten Reiches eine Konfrontation zwischen Ost und West frühzeitig herbeiführen würde, und er nährte in sich die Illusion, daß die westlichen Alliierten eine antikommunistische russische Armee brauchen würden, um den Kampf gegen die Sowjetunion fortzusetzen. Wlassow ahnte nicht, daß er und seine Männer von den westlichen Alliierten bereits abgeschrieben waren, und zwar durch eine in Jalta getroffene Vereinbarung, der zufolge sich die Alliierten verpflichtet hatten, alle Kriegsgefangenen und Zivilpersonen in ihre Heimatländer zu repatriieren. Dieses Abkommen betraf jeden, der im Jahre 1939 sowjetischer Staatsbürger gewesen war – ganz gleich, ob er oder sie jetzt überhaupt den Wunsch hatte, in die Sowjetunion zurückzukehren.

Wlassows 1. Division stand unter dem Befehl von General Sergej Bunjatschenko, einem bärbeißigen Soldaten, der dem Alkohol sehr zugetan war. Die Division war an der Oder eingesetzt gewesen, kurz bevor die Sowjetarmee ihre Berlin-Offensive begann. Nachdem seine Truppen dort auf deutschen Befehl in einen selbstmörderischen Angriff geschickt worden waren, faßte Bunjatschenko den Entschluß, in Zukunft nur noch Wlassow zu gehorchen. Mitte April zog er verärgert seine Division aus den Abwehrstellungen heraus und marschierte nach Süden, angeblich in der Absicht, zur Heeresgruppe Mitte zu stoßen. In Wirklichkeit hoffte er jedoch, Anschluß an die ostwärts vorrückenden Amerikaner zu gewinnen oder aber andererseits in der Tschechoslowakei gemeinsame Sache mit Aufständischen machen zu können, die sich innerhalb und außerhalb der Hauptstadt Prag locker organisiert hatten und sich nach einem groben Schema in kommunistische und nationalistische Gruppierungen einteilen ließen.

Ende April waren Bunjatschenko und seine Truppen 500 Kilometer marschiert und hatten bei der Ortschaft Beraun, 30 Kilometer südwestlich von Prag, Unterkünfte bezogen. Etwa zur gleichen Zeit hatte die schlecht ausgerüstete 2. Division der ROA ihre Kasernen in Münsingen geräumt, war im Bahntransport nach Österreich verlegt worden, um zur Heeresgruppe Süd in Linz zu stoßen, und war dann nach Norden in die Tschechoslowakei auf Budweis zu, 120 Kilometer von Prag entfernt, vorgerückt.

Nach sechs Jahren deutscher Besatzung heißen die Einwohner von Mährisch-Ostrau in der Tschechoslowakei die einmarschierenden sowjetischen Truppen als Befreier willkommen. In der tschechischen Industriestadt waren schwere Maschinen und Textilien für die deutsche Wehrmacht hergestellt worden.

Inzwischen machte Wlassow einen Abstecher nach Karlsbad, um seine deutsche Freundin zu heiraten. Er begab sich dann nach Prag, wo er in Verhandlungen mit nationalistischen Führern der tschechischen Partisanen eintrat. Er schlug vor, daß die ROA und die Partisanen sich zusammenschließen, die von Bergen eingerahmte böhmische Tiefebene um die Hauptstadt herum in Besitz nehmen und diese natürliche Festung so lange halten sollten, bis die westlichen Alliierten erschienen. Die Partisanen lehnten das Angebot ab und erklärten, die westlichen Alliierten hätten sie schon einmal im Stich gelassen und würden es wieder tun. Außerdem, erklärten sie Wlassow, würden die Tschechen der Roten Armee keinen Widerstand entgegensetzen, weil ihr Führer, Präsident Benesch, mit den Sowjets zusammenarbeite.

Entmutigt durch die ablehnende Haltung der Partisanen, erlitt Wlassow einen weiteren Rückschlag, als er seinen Stellvertreter, General Wassili Malyschkin, nach Nesselwang an der deutsch-österreichischen Grenze entsandte, um mit Generalleutnant Alexander Patch, Befehlshaber der 7. US-Armee, den Übertritt der ROA auf die amerikanische Seite zu vereinbaren. Statt dessen ließ Patch den russischen General festnehmen und gewissermaßen als Kriegsgefangenen behandeln. Patch wollte mit Russen in deutscher Uniform nichts zu tun haben.

Der tschechische Aufstand gegen die Deutschen, der außerhalb von Prag begonnen hatte, strebte langsam einem grausigen Höhepunkt zu. Die Erhebung in Prag begann, als Meldungen über Aufstandsbewegungen gegen die Deutschen auf dem flachen Lande am 1. Mai die Hauptstadt erreichten. In jener Nacht wurden mehrere Brücken in den Außenbezirken von Prag von Partisaneneinheiten gesprengt. In den nächsten beiden Tagen tauchten tschechische Nationalflaggen und die roten Fahnen der Kommunisten in Dörfern und Städten auf. Tschechische Eisenbahnarbeiter verließen ihren Arbeitsplatz und ließen Züge voller deutscher Ostflüchtlinge einfach stehen; durch die Einstellung des Eisenbahnbetriebs wurden Fabriken gezwungen, ihre Produktion stillzulegen.

Am 4. Mai hielten die Tschechen Massenversammlungen in den Städten ab. Ladenbesitzer fingen an, ihre deutschsprachigen Schilder zu übermalen, und noch in derselben Nacht rissen tschechische Studenten deutsche Straßenschilder ab. Der deutsche Stadtkommandant von Prag, General der Infanterie Rudolf Toussaint, rief den Belagerungszustand aus und verhängte eine Ausgangssperre. Aber die Tschechen kümmerten sich nicht um diese Maßnahmen, und Toussaint, der nur über wenige eigene Truppen verfügte und keine Kontrolle über die SS und Polizei besaß, war machtlos – er konnte seine Befehle nicht durchsetzen.

Am nächsten Morgen, am Sonntag, dem 5. Mai, war es in Prag zunächst ruhig. Der Aufruf zur Revolte kam ohne Paukenschlag – er wurde im Rundfunk über einen örtlichen Sender bekanntgegeben: Zwei Ansager, die gewöhnlich abwechselnd einmal tschechisch und einmal deutsch gesprochen hatten, lasen die Nachrichten jetzt nur auf tschechisch. Nach Ansage eines jungen Tschechen, der im April aus einem deutschen Konzentrationslager entwichen und am 1. Mai in Prag angekommen war, begannen die Gewalttätigkeiten überall fast gleichzeitig. „Ein Mann namens Swoboda", berichtete der Flüchtling, „entwaffnete die Wache am Haupteingang des Senders und wurde dafür getötet. Er war wahrscheinlich das erste Todesopfer. Die Deutschen versuchten, sich den Zutritt zum Gebäude zu erkämpfen, und die Ansager richteten im Rundfunk einen Appell an alle aufrechten Männer, ihren Landsleuten zu Hilfe zu kommen. Viele taten es." Unter den vielen Freiwilligen befanden sich bewaffnete tschechische Polizisten und tschechische Reserveoffiziere, die allgemein *naftalinky* – Mottenkugeln – genannt wurden, weil ihre Uniformen lange in den Bekleidungskammern geruht hatten und nach Naphthalin rochen.

„Gegen 11 Uhr", erinnert sich ein sudetendeutscher Bergwerksdirektor, der sich beruflich in Prag aufhielt, „brach der Sturm los. Barrikaden wurden errichtet, deutsche Häuser wurden überfallen, und die ersten Deutschen wurden aus ihren Häusern herausgezerrt. Eine Stunde danach sah ich viele zusammengeschlagene und niedergetrampelte Deutsche auf den Straßen liegen." Die Greueltaten nahmen im weiteren Verlauf noch zu.

Ein tschechischer Widerstandskämpfer führt während des Aufstands im Mai 1945 einen deutschen Gefangenen ab. Die Tschechen übten brutale Vergeltung für die Jahre grausamer deutscher Besatzung: Sie vertrieben nicht nur die Reste deutscher Truppen und Polizei aus der Stadt, sondern töteten innerhalb von drei Tagen mehr als 30 000 deutsche Zivilisten, meist Frauen und Kinder.

Ausgerüstet mit erbeuteten deutschen Waffen – darunter eine Panzerfaust (rechts) –, verschanzen sich Einwohner Prags hinter einem Wall aus Sandsäken. Am 5. Mai um 15 Uhr hatte der revolutionäre Tschechische Nationale Rat über den Rundfunk das Zeichen zum Aufstand gegeben und zur Errichtung von Barrikaden aufgefordert, und viele Tschechen waren diesem Aufruf gefolgt.

Karl Frank, der an diesem Vormittag von seiner Besprechung mit Großadmiral Dönitz zurückkehrte, wollte die Regierung an die Tschechen übergeben, wie es Dönitz genehmigt hatte, aber er kam zu spät. Die Tschechen waren bereits im Begriff, die Regierung mit Waffengewalt zu übernehmen. Bei Einbruch der Nacht am 5. Mai hatten die Aufständischen bereits die meisten Regierungsgebäude, Brücken und Bahnhöfe, die Rundfunksender, das Haupttelegraphenamt und die Durchfahrtsstraßen besetzt. Die von den Sowjets in Kaschau eingesetzte Benesch-Regierung, die sich zuerst gegen den Aufstand ausgesprochen hatte, beeilte sich jetzt, wo alles gut zu verlaufen schien, den Erfolg für sich in Anspruch zu nehmen.

Die Prager Partisanenführer – zum überwiegenden Teil nationalistisch eingestellt – waren nicht übermäßig zuversichtlich; Generalfeldmarschall Schörner hatte Teile zweier Panzerdivisionen im Raum Prag versammelt. Den nationalistischen tschechischen Partisanen kam es darauf an, eine kampfkräftige Truppe zur Verfügung zu haben, mit der sie die Hauptstadt halten konnten, bis die amerikanische Armee, die angeblich rasch näher rückte, eintraf. Wlassows 1. ROA-Division stellte eine solche Truppe dar. Am 5. Mai schlossen die Partisanenführer mit Divisionskommandeur Bunjatschenko ein Abkommen: Als Gegenleistung für ihre Hilfe gegen die Deutschen würden die Angehörigen der ROA politisches Asyl in einer befreiten Tschechoslowakei erhalten.

Am 6. Mai gingen die verstreut in und um Prag stehenden deutschen Truppen zu Gegenangriffen über. Einige tschechische Barrikaden wurden von SS-Einheiten gestürmt; obwohl relativ schwach nach normalen militärischen Maßstäben, waren die SS-Truppen besser ausgebildet und ausgerüstet als die Partisanen, denn diese verfügten im allgemeinen nur über erbeutete Handfeuerwaffen. Auf der Suche nach Unterstützung verbreitete eine eiligst gebildete provisorische Regierung, die sich Nationaler Rat nannte, über Radio Prag einen Hilferuf:

„Ein Appell aus Prag an alle alliierten Streitkräfte! Die Deutschen rücken aus allen Richtungen mit Panzern, Artillerie und Infanterie heran. Prag braucht dringend Hilfe. Schickt Flugzeuge, Panzer und Artillerie. Helft uns! Helft uns rasch!"

In Moskau übermittelte die tschechische Militärmission den Hilferuf an das sowjetische Oberkommando, das die Meldung an Stalin weitergab. Dieser wies Marschall Konjew an, seine Offensive am 6. Mai – also einen Tag vor dem vereinbarten Termin – zu beginnen.

Konjew reagierte mit der für ihn typischen Geschwindigkeit. Er befahl, an seiner ganzen Front westlich von Dresden mit schwerem Artilleriefeuer zu beginnen; am Nachmittag des 6. Mai stießen zwei Schützenarmeen und die 3. und 4. Garde-Panzerarmee in südöstlicher Richtung gegen die deutschen Linien vor. Im weiteren Verlauf

des Tages drang eine fünfte Sowjetarmee weiter südöstlich gegen Dresden vor, um in diesem Raum zwei deutsche Panzerdivisionen und eine motorisierte Infanteriedivision zu binden. Konjews Offensive verlief am ersten Tag im allgemeinen erfolgreich. Aber die Deutschen leisteten erbitterten Widerstand; sie hatten Weisungen von Generalfeldmarschall Schörner, ihre Stellungen unter allen Umständen zu halten, damit seine weiter östlich stehenden Kräfte nach Westen über Prag zurückgehen konnten. Den deutschen Verteidigern gelang es, das Vormarschtempo von Konjews Armeen erheblich zu verlangsamen und deren tiefsten Einbruch auf etwa 25 Kilometer zu begrenzen; Regen, Schlamm und eine besonders dunkle Nacht kamen ihnen dabei zu Hilfe. Den sowjetischen Truppen sollte es offensichtlich nicht gelingen, schon innerhalb der nächsten Tage in Prag einzudringen.

Die Aufständischen in Prag erhielten jedoch eine gewisse Soforthilfe – und zwar von Wlassows 1. ROA-Division. Die Russen wurden von begeisterten Menschenmengen begrüßt, als sie in ihren deutschen Uniformen in die Hauptstadt einmarschierten; sie unterschieden sich von den angeschlagenen deutschen Streitkräften in Prag nur durch weiße Schulterklappen, auf denen das blaue Andreaskreuz des Schutzheiligen von Rußland angebracht war. Die Tschechen schmückten ihre Fahrzeuge mit Tulpen und jungem Flieder, während die Russen zum Kampf gegen deutsche Widerstandsnester in der Stadt und weiter draußen ausrückten. Die schwersten Kämpfe fanden in den Außenbezirken von Prag, besonders am Flugplatz, statt, den General Bunjatschenko am folgenden Vormittag einnahm. Nach den Aussagen des jungen ehemaligen tschechischen KZ-Insassen „kämpften die Russen gut, denn es war ihre letzte Chance, ihren Einsatz in der deutschen Armee wiedergutzumachen. Sie erlitten schwere Verluste".

Die tschechischen Nationalisten erwarteten jetzt, angesichts der heranrückenden Armee Pattons, ihre Befreiung durch den Westen. Ebenso dachten die amerikanischen Soldaten – bis sie am 6. Mai den Befehl erhielten, an der vereinbarten Linie Karlsbad–Pilsen–Budweis stehenzubleiben. Ein Offizier der 16. US-Panzerdivision erklärte später, daß „Hunderte von Soldaten seines Verbandes den Vormarsch nach Prag fortsetzen wollten und nicht verstehen konnten, warum wir es nicht taten".

Tatsächlich hatten gerade genug Amerikaner die Stadt Prag erreicht, um die falschen Hoffnungen der Tschechen am Leben zu erhalten. Am 5. Mai fuhr ein Jeep mit amerikanischer Flagge in Prag ein; in ihm befanden sich Angehörige des Nachrichtendienstes der US-Armee unter Führung von Hauptmann Eugene Fodor. Die Amerikaner wurden von jubelnden Partisanen zum Hauptquartier des Führers der Aufständischen, General Frantisek Kratochwil, eskortiert. Der General bot offiziell an, die Stadt den Amerikanern zu übergeben, worauf die Gruppe nach Pilsen zurückfuhr, um die Erlaubnis für einen Vorstoß auf Prag einzuholen. Aber am nächsten Tag wiederholte das SHAEF den Befehl, das interalliierte Abkommen einzuhalten und bei Pilsen zu verharren.

Die Tatsache, daß Pattons Armee ausblieb, bereitete Bunjatschenko große Sorgen. Nachdem er erfahren hatte, daß Deutschland kapituliert, die Amerikaner ihren Vormarsch bei Pilsen gestoppt hatten und, was noch schlimmer war, die Sowjetarmee von Norden her gegen Prag vorrückte, entsandte Bunjatschenko am 8. Mai eine Delegation zu einem Komitee des Nationalen Rats.

Dort mußte Bunjatschenkos Delegation weitere Hiobsbotschaften entgegennehmen. Es wurde ihr mitgeteilt, daß der Rat von Überläufern und Söldnern im Dienste der Deutschen keine Hilfe annehmen könne. Außerdem wurde die Delegation darauf hingewiesen, daß Marschall Konjews Truppen bald zur Stelle sein würden, um die Partisanen, mit denen Bunjatschenko sein Amnestieabkommen geschlossen hatte, auszuschalten. Josef Smrkowsky, Führer des kommunistischen Flügels in dem Komitee, versetzte der Delegation den entscheidenden Schlag: „Sie erklären selbst, daß Sie gegen den Kommunismus kämpfen. Viele Mitglieder des Rats sind Kommunisten. Deshalb sind Sie unsere Feinde."

Da die Zusage, nach dem Krieg in der Tschechoslowakei eine Zuflucht zu erhalten, jetzt rückgängig gemacht worden war, befahl Bunjatschenko seiner Division, den Kampf gegen die Deutschen einzustellen und sich so schnell wie möglich aus Prag abzusetzen. Trotz Behinderung durch Straßensperren der tschechischen Partisanen gelang es der 1. Division, die Hauptstadt zu verlassen und Wlassows Hauptquartier in Beraun zu erreichen. Am 9. Mai setzten sich Wlassow und seine Truppen nach Westen in Richtung auf die Amerikaner in Marsch.

Inzwischen verhandelte der tschechische Nationale Rat mit General Toussaint, der ebenfalls von der deutschen Kapitulation in Reims erfahren hatte. Toussaint erklärte sich einverstanden, die Hauptstadt dem Nationalen Rat zu übergeben, bestand aber auf freiem Geleit für seine Truppen beim Verlassen der Stadt. Der Rat ging auf die Bedingung ein, um die Deutschen aus der Stadt zu haben, bevor die Sowjets erschienen und bei einem Wiederaufflammen der Kämpfe weitere Verwüstungen angerichtet würden. Der Rat beließ Toussaints Soldaten sogar ihre Handfeuerwaffen, damit sie sich gegen Partisanen oder kleinere sowjetische Einheiten verteidigen konnten. Die Deutschen begannen sofort mit der Räumung Prags, immer noch in der Hoffnung – ebenso wie Wlassow – die amerikanischen Linien zu erreichen.

Die Bewohner Prags gingen mit den Deutschen bei weitem nicht so nachsichtig um, wie es ihre Führer getan hatten. Sie wollten sich für sechs Leidensjahre rächen. Sie stürzten sich auf jeden Deutschen, den sie ausfindig machen konnten, einschließlich ihrer sudetendeutschen Landsleute.

Jubelnde tschechische Freiheitskämpfer fahren auf einem russischen Panzer durch Prag. Als die Sowjets am Morgen des 9. Mai Prag erreichten, hatten die Deutschen zum überwiegenden Teil die Stadt geräumt. Die russischen Truppen wurden so umringt und gefeiert, daß ihr Oberbefehlshaber, Marschall Konjew, mehrere Stunden lang jeglichen Kontakt mit ihnen verlor.

Besonders Frauen und Kinder hatten unter den von Tschechen verübten Greueltaten zu leiden. Deutsche Frauen, von denen viele bei Beginn des Aufstands von tschechischen Rebellen gefangengenommen worden waren, wurden dem Wachpersonal, das sie ins Gefängnis bringen sollte, von blindwütigen Menschenmassen entrissen. Die Frauen wurden bespuckt, kahlgeschoren, mit Hakenkreuzen bemalt und vor aller Augen vergewaltigt. Einige wurden ausgezogen und gezwungen, nackt bei der Beseitigung der Barrikaden Hand anzulegen. Anderen schnitt man die Achillessehnen durch, und der Mob grölte, als sie aufschrien und sich hilflos in ihren Schmerzen auf dem Boden wälzten. Deutsche Kinder wurden aus den Fenstern geworfen und in Pferdetrögen ertränkt. Mehrere hundert Knaben wurden aus ihren Schulen geholt und erschossen.

Deutsche Männer, Frauen und Kinder wurden aus ihren Häusern geholt, mit Stacheldraht zusammengebunden und in die Moldau gerollt. Zu zweit und zu dritt trieben die Toten stromabwärts in die Elbe. Noch zwei Wochen später wurden Tausende von Leichen aus dem Fluß gezogen. Insgesamt sind mindestens 30 000 deutsche Zivilisten in Prag ermordet worden.

Während in Prag Vergeltung geübt wurde, gelang es Marschall Konjew und seiner 1. Ukrainischen Front, den Tausenden von deutschen Soldaten, die sich nach Aufgabe ihrer Stellungen bis zu den amerikanischen Linien durchzuschlagen versuchten, den Weg abzuschneiden. Am 4. Mai war Dresden von sowjetischen Truppen eingenommen worden. Die Masse von Konjews Angriffsverbänden durchbrach die immer schwächer besetzten Stellungen der deutschen 4. Panzerarmee und drang ohne nennenswerten Widerstand von Norden in die Tschechoslowakei ein.

Am 9. Mai um 3 Uhr morgens drang die Vorhut von Konjews 4. Garde-Panzerarmee, nach Marschleistungen von 80 Kilometern pro Tag, von Nordwesten her in die Stadt Prag ein; wenige Stunden später vereinigte sie sich mit der Vorhut der 3. Garde-Panzerarmee, die von Norden her angriff. Bis um 10 Uhr vormittags hatte die 1. Ukrainische Front die letzten deutschen Widerstandsnester ausgeräumt, die gesamte tschechische Hauptstadt besetzt, und die Vergewaltigung von Frauen war in vollem Gange.

Verbände der 2. und 4. Ukrainischen Front drangen am nächsten Tag von Süden und Osten in Prag ein und schlossen damit einen großen Teil der deutschen 1. Panzerarmee ein. Sowjetische Verbände stießen außerdem nach Westen vor, um deutsche Truppen, die der Zangenbewegung entgangen waren, einzuholen.

Obwohl zahlreichen Deutschen die Flucht in westlicher Richtung zunächst gelungen war, befanden sie sich keineswegs in Sicherheit. Soldaten und Zivilisten gleichermaßen waren sowjetischen Tieffliege r- und Bombenangriffen ausgesetzt. Dann stießen

sie an der Karlsbad-Pilsen-Budweis-Linie auf amerikanische Straßensperren. Diese waren errichtet worden, um dem nach Westen gerichteten Flüchtlingsstrom Einhalt zu gebieten. Bei Pilsen durften zwischen dem 5. und 9. Mai mehrere hundert deutsche Soldaten in den amerikanischen Bereich übertreten, aber vom 10. Mai an verlangten die Amerikaner von den deutschen Flüchtlingen, vor ihren Linien zu biwakieren und so lange zu warten, bis sie von den Sowjets abgeführt wurden.

Nur wenige tausend der 600 000 Mann starken Heeresgruppe Mitte schlugen sich in der Tschechoslowakei bis zu Pattons Armee durch, aber die überwältigende Mehrheit dieser Menschen wurde abgewiesen und mußte auf die Russen warten. Zu denen, die sich ergaben, gehörte auch Karl Hermann Frank. Er wurde am 9. Mai von den Amerikanern aufgegriffen und den Tschechen überstellt. Er wurde kurz darauf hingerichtet. Generalfeldmarschall Schörner verließ am 8. Mai sein Hauptquartier im nördlichen Teil der Tschechoslowakei und flog in einem Verbindungsflugzeug nach Westösterreich. Nachdem er bis Mitte Mai im Lande herumgeirrt war, tauchte er, als Tiroler Bauer verkleidet, in einem amerikanischen Kriegsgefangenenlager auf. Die Amerikaner lieferten ihn am 22. Mai an die Sowjets aus.

Wenige Dramen des Krieges waren tragischer – oder bizarrer – als das Schicksal von General Wlassow und seiner beiden aus russischen Überläufern bestehenden Divisionen. Am 10. Mai stießen Wlassow, General Bunjatschenko und die 1. ROA-Division 50 Kilometer südlich von Pilsen auf eine von den Amerikanern errichtete Straßensperre. Der befehlshabende amerikanische Offizier hatte die Ankunft der Russen zwar in den nächsten Tagen erwartet, aber er war nicht auf eine russische Division in deutscher Uniform vorbereitet und noch weniger auf einen Autorität ausstrahlenden General gefaßt, der sich mit allen seinen Leuten in amerikanische Kriegsgefangenschaft begeben wollte.

Da er für einen so unwahrscheinlichen Fall keine Instruktionen hatte, gestattete der amerikanische Kommandeur den Russen, außerhalb der nahe gelegenen Stadt Schlüsselburg ihr Lager aufzuschlagen. Bunjatschenko hatte den Eindruck, daß sich sein Verband hinter den amerikanischen Linien in Sicherheit befände.

Inzwischen stand die 2. Division der ROA seit dem 5. Mai in der Nähe von Budweis, wo ihr Kommandeur, General S. A. Swerjew, versuchte, eine Kapitulation gegenüber der 3. US-Armee zu vereinbaren. General Patton – für den die ROA aus „Weißrussen" bestand, aus antikommunistischen Überbleibseln der Revolution von 1917 – war nicht ohne Mitgefühl und bot Swerjew an, ihn und seine Truppen in seinem Gebiet aufzunehmen. „Diese Leute", äußerte er, „sind in einer bedauernswerten Lage." Aber auch Patton konnte den Wlassow-Soldaten nicht das bieten, was sie verzweifelt brauchten – den Status als amerikanische Kriegsgefangene und einen Schutz gegen die zwangsweise Repatriierung in die UdSSR. Bis zum 11. Mai hatte sich Swerjew noch nicht entschlossen, Pattons Angebot anzunehmen. Dann war es zu spät. In derselben Nacht rückten Sowjettruppen in das Gebiet ein.

Von nun an war jeder ROA-Mann auf sich selbst gestellt. Den ganzen Tag über trafen weitere sowjetische Einheiten in Schlüsselburg ein. Am nächsten Morgen wurde Bunjatschenko von US-Offizieren darüber informiert, daß die Amerikaner um 15 Uhr mit der Räumung dieses Gebiets beginnen würden, weil die Demarkationslinie zwischen US- und Sowjettruppen nach Westen verlegt werde. Ein amerikanischer Hauptmann namens Donahue meinte, es sei jetzt an der Zeit für die Division, sich aufzulösen und als kleine Gruppen in Deutschland unterzutauchen. Bunjatschenko gab den Vorschlag an seine Truppe weiter und sagte: „Ihr könnt wählen, wohin ihr gehen wollt. Die Bolschewisten kommen von dort" – er wies mit dem Arm nach Osten. „Die Amerikaner gehen dorthin" – und er wies nach Westen.

Die Soldaten der Division verstanden, was er meinte, aber mittlerweile bestand kaum noch Aussicht auf Flucht. Sowjetische Kommandos waren gegen Abend schon auf der Jagd nach den Renegaten. Annähernd 10 000 Mann der 1. ROA-Division wurden getötet oder gefangengenommen.

Auch General Wlassow und der Rest seines Stabes landeten schließlich in Schlüsselburg. Der von SHAEF erlassene Befehl, demzufolge eine Kapitulation der 1. Division als geschlossener Verband abzulehnen sei, galt auch für Wlassow als deren Oberbefehlshaber, aber er wurde ohnehin zunächst in Gewahrsam genommen. Da er die deutsche Generalsuniform trug, unterlag er automatisch der Haft als mutmaßlicher Kriegsverbrecher.

Wlassow blieb nicht lange in amerikanischer Hand. Am Nachmittag des 12. Mai befanden sich Wlassow und die Offiziere seines Stabes in einem kleinen amerikanischen Konvoi auf dem Weg von Schlüsselburg zum Hauptquartier der 3. Armee in Pilsen, wo er vernommen werden sollte. Der Konvoi passierte heranrückende sowjetische Kolonnen. Ein in einem vorbeifahrenden Fahrzeug sitzender russischer Politkommissar erkannte Wlassow, hielt den amerikanischen Konvoi an und zwang Wlassow mit vorgehaltener Maschinenpistole zum Aussteigen.

Wlassow öffnete seinen Mantel und sagte: „Schieß doch."

„Ich nicht", antwortete der Kommissar eisig und fügte hinzu: „Genosse Stalin wird dich aburteilen."

Die Amerikaner fuhren weiter. Wlassow wurde, zusammen mit Bunjatschenko, der einige Tage später aufgegriffen wurde, nach Moskau transportiert. Nach einer Meldung der *Prawda* wurde den Generalen Wlassow und Bunjatschenko sowie zehn weiteren ROA-Offizieren im Jahre 1946 wegen „Spionage, subversiver und terroristischer Handlungen" der Prozeß gemacht. Alle wurden für schuldig befunden und gehängt.

Als sowjetische Truppen westlich von Prag mit den Amerikanern zusammentrafen, war das Schicksal aller deutschen Truppen, die sich noch nicht nach Westen hatten durchschlagen können, um in amerikanische Kriegsgefangenschaft zu gelangen, besiegelt. Die Heeresgruppe Süd, deren Stellungen zwischen der tschechoslowakischen Grenze und der Steiermark lagen und bei der es seit dem Fall von Wien am 13. April nur geringfügige Kampfhandlungen gegeben hatte, war auf Befehl von Großadmiral Dönitz nach Westen ausgewichen und hatte sich zum größten Teil in Sicherheit bringen können. Die in Jugoslawien stehende Heeresgruppe Südost, die in monatelangen, heftigen Kämpfen mit Titos Truppen etwa ein Drittel ihrer 300 000 Mann verloren hatte, war zu weit östlich eingesetzt; nur ein kleiner Teil von ihnen konnte die Truppen der westlichen Alliierten erreichen.

Den übrigen deutschen Truppen in Jugoslawien stand ein hartes Schicksal bevor. Zum Zeitpunkt der allgemeinen Kapitulation ergaben sich etwa 175 000 Mann den Jugoslawen. Sie mußten tagelang quer durch das Land in ihre Gefangenenlager marschieren; 10 000 starben auf der Straße, und weitere 70 000 kamen später in der Gefangenschaft um. Als der Befehl zur Kapitulation kam, wurde der Oberbefehlshaber der Heeresgruppe, Generaloberst Alexander Löhr, gefangengenommen und erschossen.

Anderenorts ging in der zweiten Maiwoche die Kapitulation und Internierung der deutschen Streitkräfte ziemlich reibungslos vonstatten. Am 9., 10. und 11. Mai kapitulierten deutsche Truppen auf den Kanalinseln und in drei isolierten Küstengarnisonen – Dünkirchen, Lorient und Saint-Nazaire. In Dänemark kam es bei der Beendigung der deutschen Besetzung nur dadurch zu einigen Zwischenfällen, weil Widerstandskämpfer versuchten, zurückgehende deutsche Truppen zu entwaffnen.

Sogar in Norwegen, wo noch zehn Tage zuvor der deutsche Befehlshaber bereit gewesen war, für das Dritte Reich eine letzte Schlacht zu schlagen, übergaben die Deutschen nun widerstandslos einem nur 40 000 Mann starken alliierten Expeditionskorps ihre Waffen. Der deutsche Oberbefehlshaber in Norwegen, Generalleutnant Böhme, ließ, um sich selbst und seinen Soldaten die Kapitulation zu erleichtern, einen letzten Tagesbefehl verkünden: „Beißt die Zähne zusammen, haltet Disziplin und Ordnung aufrecht, gehorcht euren Vorgesetzten und bleibt, was ihr immer gewesen seid – deutsche Soldaten, die ihr Volk und ihre Heimat mehr lieben als alles andere in der Welt."

Das Dritte Reich existierte jetzt nur noch in Gestalt der rudimentären Regierung Dönitz in Flensburg. Die westlichen Alliierten hatten dieses Gremium nie als richtige Regierung betrachtet, sondern lediglich als Rest des deutschen Oberkommandos. Um diese Dienststelle zu übernehmen, traf eine 25 Mann starke Abordnung von SHAEF am 12. Mai in Flensburg ein und richtete sich auf dem im Hafen vor Anker liegenden Passagierschiff *Patria* ein. Fünf Tage später erschien eine sowjetische Abordnung.

Alle Mitglieder der Regierung Dönitz hätten jederzeit unter dem Verdacht, Kriegsverbrechen begangen zu haben, verhaftet werden können. So waren zum Beispiel die Generalfeldmarschälle Keitel und Kesselring am 13. und 15. Mai festgenommen worden. Daß die anderen noch nicht verhaftet worden waren, ging wenigstens zum Teil auf die Tatsache zurück, daß die westlichen Alliierten auf dem Standpunkt standen, aus der militärischen Kapitulation allein noch nicht die rechtliche Grundlage für die politische Kontrolle Deutschlands ableiten zu können. Die Alliierten hatten die European Advisory Commission beauftragt, ein Dokument zu erarbeiten, das hieb- und stichfest sein würde. Bis dies erreicht war, war es ihnen lieber, Dönitz und seine Minister handlungsfähig zu erhalten, falls irgendeine unvorhergesehene Verwicklung eintreten sollte.

Trotz ihrer Machtlosigkeit befaßte sich die Regierung Dönitz mit der deutschen Notlage, insbesondere dem Mangel an Lebensmitteln, dem zerschlagenen Transportsystem und der moralisch gebotenen Notwendigkeit, sich von den begangenen Greueltaten der NSDAP zu distanzieren.

Die Regierung Dönitz arbeitete bereitwillig mit den westlichen Alliierten zusammen; ihr kam es darauf an, alle Deutschen zu derselben Haltung zu bewegen – obwohl sich einige von Dönitz' Mitarbeitern nur schwer zu dieser Politik entschließen konnten. Andere waren fatalistischer. Generaloberst Jodl, der anstelle des verhafteten Generalfeldmarschalls Keitel die Geschäfte des Chefs des Oberkommandos der Wehrmacht weiterführte, erklärte einem zaudernden Untergebenen: „So wie wir alle müssen Sie erst ein paar Eier legen, bevor Sie zum Suppenhuhn werden."

Trotz seiner ernsthaften Absichten wurde das Regime Dönitz rasch zur Zielscheibe verschiedener Anschuldigungen; die Tatsache, daß es überhaupt noch bestand, erregte Befürchtungen hinsichtlich alliierter Planungen für eine Entnazifizierung und die Abhaltung von Kriegsverbrecherprozessen. In der *Prawda* hieß es, durch die Anerkennung der Regierung Dönitz „werde der Bock zum Gärtner gemacht"; die in New York erscheinende *Herald Tribune* schrieb am 16. Mai, das Rumpfregime sei eine „groteske Komödie", und wollte wissen, warum seine Mitglieder wegen Kriegsverbrechen nicht verhaftet worden seien. Diese und andere Angriffe zwangen die westlichen Alliierten zum Handeln.

Am Morgen des 23. Mai wurden Großadmiral Dönitz, Generaloberst Jodl und Generaladmiral von Friedeburg von der SHAEF-Abordnung an Bord der *Patria* beordert. Den Deutschen wurde eröffnet, sie sollten sich ab sofort als Kriegsgefangene betrachten

ERBITTERTER KAMPF UM EINE OSTSEEINSEL

Das Dritte Reich trug seinen letzten Kampf um die dänische Insel Bornholm in der Ostsee aus. Eigentlich war Bornholm – ein 588 Quadratkilometer großes Gebiet, das die Wehrmacht 1940 besetzt hatte – bereits an die westlichen Alliierten übergeben worden; aber die Sowjets wollten die Insel als Stützpunkt an sich bringen.

Was den deutschen Befehlshaber auf Bornholm betraf, so war für ihn der Krieg mit den Sowjets noch nicht beendet. Als ein russisches Aufklärungsflugzeug am 7. Mai die Insel überflog, wurde es von den Deutschen unter Beschuß genommen. Daraufhin bombardierten die Sowjets am nächsten und übernächsten Tag die beiden Städte der Insel, Neksø und Rønne. Am 10. Mai landeten sowjetische Angriffsverbände auf Bornholm, und der deutschen Garnison blieb nichts anderes übrig, als zu kapitulieren.

Ein Jahr später, nach wiederholten Protesten der Dänen und unter diplomatischem Druck seitens der westlichen Alliierten, gaben die Sowjets die Insel schließlich an Dänemark zurück.

Nach einem sowjetischen Bombenangriff liegt die Fähre „Ostbornholm" gekentert im Hafen von Neksø.

Ausgebrannte Häuser säumen eine Straße an der Küste Bornholms. Etwa 3000 Gebäude wurden bei sowjetischen Luftangriffen in den beiden Städten der Insel zerstört.

und zum Abmarsch um 13.30 Uhr bereit machen. Ihr Bestimmungsort wurde nicht erwähnt. Friedeburg begab sich in seine Unterkunft zurück und beging Selbstmord.

Um 10 Uhr vormittags drangen dann während einer normalen Besprechung im Arbeitszimmer von Dönitz Angehörige der britischen Militärpolizei mit dem Ruf „Hände hoch!" in den Raum ein. Die Deutschen mußten sich ausziehen und wurden einer erniedrigenden Leibesvisitation unterzogen, bei der nach Geheimpapieren, versteckten Waffen und eventuell vorhandenen Giftkapseln gesucht wurde. Robert Murphy, Eisenhowers politischer Berater, wurde Zeuge dieses Vorfalls; er erklärte später, daß die Militärpolizisten bei der Durchführung dieser Untersuchungen „gleichzeitig auch einige Andenken für sich selbst ‚mitgehen' ließen".

Das Dritte Reich, dessen Bestehen von Dönitz etwas mehr als drei Wochen über den Tod Adolf Hitlers hinaus verlängert worden war, existierte jetzt nicht mehr. „Die Siegermächte übten uneingeschränkte Herrschaft aus", schrieb Murphy, „und die Verwaltung Deutschlands fiel jetzt in ihre Zuständigkeit." Dönitz, der zwar empört, aber nicht überrascht war, sagte, seine Regierung sei von den westlichen Alliierten „im Interesse der Freundschaft mit Rußland" geopfert worden.

„Der Kanonendonner war kaum verhallt", schrieb General Charles de Gaulle, „als sich das Gesicht der Welt veränderte. Stärke und Kampfgeist der für die Kriegführung mobilisierten Völker verloren plötzlich ihr einigendes Ziel, während die eigenen Interessen der Staaten mit aller Macht wieder in den Vordergrund traten. Die Alliierten widerriefen alle Konzessionen und Zugeständnisse, die sie sich in Zeiten der Gefahr, als sie einem gemeinsamen Gegner gegenüberstanden, hatten machen müssen. Gestern wurde gekämpft; jetzt war die Stunde der Abrechnung gekommen."

De Gaulle persönlich trug wesentlich zu den von ihm beschriebenen Auseinandersetzungen bei. Der General, dessen persönlicher und nationaler Stolz durch die herablassende Behandlung verletzt war, die er von den Briten und besonders von den Amerikanern während des ganzen Krieges erfahren hatte, weigerte sich, den Alliierten zum Trotz, französische Truppen aus einem Teil von Norditalien zurückzuziehen – aus einem Gebiet, das in keiner interalliierten Vereinbarung erwähnt worden war. Die Franzosen wollten das Gebiet annektieren, aber SHAEF bestand darauf, daß alle derartigen territorialen Fragen auf diplomatischem Wege und nicht durch militärische Aktionen entschieden werden sollten. Nach einem unerfreulichen Notenwechsel – zuerst mit SHAEF, später mit Präsident Truman – gaben die Franzosen endlich nach und zogen ihre Truppen Ende Juni wieder ab.

Ernsterer Natur und weit in die Zukunft hinein wirkend war die zunehmende Feindseligkeit zwischen der Sowjetunion und den westlichen Alliierten. Sowjetische Befehlshaber zeigten sich bei der Zusammenarbeit im allgemeinen abweisend und geradezu auf glatte Obstruktion bedacht. Die Sowjetunion, deren Truppen sich in Berlin eingenistet hatten, schoben absichtlich die vereinbarte Übergabe der Stadt an den Alliierten Kontrollrat, die aus den vier Siegern zu bildende Militärregierung, immer wieder hinaus.

Präsident Truman, der eher als Roosevelt geneigt war, mit den Russen „Klartext" zu reden, lieferte ihnen am 8. Mai unglücklicherweise auch noch einen Vorwand zur Fortsetzung ihrer unnachgiebigen Haltung, indem er die bedingungslose Lend-Lease-Hilfe beendete – jenes Abkommen, nach dem die Vereinigten Staaten im Zweiten Weltkrieg Waffen, Lebensmittel und andere kriegswichtige Güter in die Sowjetunion geliefert hatten. Die Beendigung dieser Lieferungen war zwar durch das Abkommen von 1941, bei der Schaffung von Lend-Lease, bei Kriegsende ausdrücklich vorgesehen, aber Trumans Entschluß wirkte fast provozierend in seiner Plötzlichkeit.

In der Atmosphäre von Zwist und Ungleichgewicht, die de Gaulle so zutreffend geschildert hat, entstand auf dem Kontinent eine gefährliche neue Welt. Das Gleichgewicht der Kräfte, das vor dem Krieg in Europa als Stabilitätsfaktor gewirkt hatte, war längst zerstört und ließ sich nicht wiederherstellen. Frankreich war entscheidend geschwächt, Großbritannien auf dem Wege dorthin. Die Vereinigten Staaten als praktisch unangefochtene Weltmacht überschatteten als wesentliches, wenn auch unberechenbares Element die Zukunft Europas. Der sowjetische Koloß war als stärkste europäische Macht aus dem Krieg hervorgegangen und besetzte oder kontrollierte mehr als die Hälfte des Kontinents. Die UdSSR wurde in die Weltgemeinschaft der Vereinten Nationen aufgenommen – trotz ihrer bekannten Gegnerschaft allen demokratischen Grundsätzen gegenüber.

Die meisten dieser Entwicklungen waren von jenem Mann, der den Zweiten Weltkrieg ausgelöst hatte, vorhergesehen worden. Am 2. April 1945 gab der Führer des Deutschen Reiches in einem Monolog, der von Martin Bormann im Führerbunker aufgezeichnet wurde, eine Erklärung von beängstigender Klarsicht ab.

„Nach der Niederlage des Reiches", sagte Adolf Hitler, „und unter der furchtbaren Drohung des asiatischen, des afrikanischen und vielleicht auch des südamerikanischen Nationalismus wird es in der Welt nur noch zwei große Mächte geben, die sich gegenübertreten können – die Vereinigten Staaten und Sowjetrußland. Die Gesetze der Geschichte wie der Geographie werden diese beiden Staaten zu einer Machtprobe zwingen; entweder auf militärischem oder auf wirtschaftlichem und ideologischem Gebiet. Und es ist ebenso sicher, daß diese beiden Mächte es früher oder später für wünschenswert ansehen werden, die Hilfe der einzigen überlebenden großen Nation in Europa zu suchen, die des deutschen Volkes."

JUBEL ÜBER DEN SIEG

Ein Feuerwerk von Raketen und Scheinwerfern erhellt den Himmel über den Türmen des Kreml, während sich Tausende jubelnder Russen auf dem Roten Platz drängen.

„DIE FAHNEN DER FREIHEIT WEHEN ÜBER GANZ EUROPA“

Noch bevor die Verträge unterzeichnet waren, spürten alle, daß der Friede nicht mehr weit entfernt war. Gerüchte von einer bevorstehenden deutschen Kapitulation trieben am 28. April jubelnde Menschenmassen in Chicago auf die Straße – über eine Woche zu früh. Als die Unterzeichnung am 7. Mai um 2.41 Uhr schließlich stattfand, sickerte die Nachricht einen ganzen Tag vor der offiziellen Bekanntgabe der Alliierten durch. Über den Rundfunk hatte die deutsche Regierung die Bevölkerung aufgefordert, die Kapitulation zu akzeptieren, und die Associated Press hatte diese Rundfunksendung aufgefangen und die Nachricht verbreitet, daß der Krieg in Europa nach 2076 Tagen schließlich vorbei sei.

Als die Schlagzeilen vom Ende des Krieges in Europa auf den Titelseiten der Zeitungen in der ganzen Welt erschienen, strömten die kriegsmüden Menschen, erfüllt von Dank und Erleichterung, auf die Straßen. Eine halbe Million New Yorker versammelte sich auf dem Times Square. In London rissen die Einwohner die Verdunkelung von ihren Fenstern und entzündeten Freudenfeuer an Straßenecken und in ausgebombten Häusern. Zum ersten Mal seit fast sechs Jahren wurden der Buckingham-Palast, Big Ben, die Paulskathedrale und Trafalgar Square von Flutlichtern angestrahlt. In Rom ließen Kirchenglocken einen Lobgesang auf Frieden und Freiheit erklingen. In Paris, wo man die Befreiung schon im vorausgegangenen Sommer gefeiert hatte, strömten die Menschen wiederum auf die Boulevards und großen Plätze.

Die offizielle Bestätigung kam am 8. Mai. Winston Churchill hielt aus Anlaß des Sieges in Europa eine Rundfunkansprache an sein Volk und sprach im Parlament. Präsident Harry Truman berief die Presse in sein Arbeitszimmer im Weißen Haus. „Dies ist eine feierliche und ruhmreiche Stunde“, sagte Truman den Reportern. „Die Fahnen der Freiheit wehen wieder über ganz Europa.“ Dann konnte er es nicht unterlassen, augenzwinkernd hinzuzufügen: „Es ist auch mein Geburtstag.“

Moskau verzögerte den Beginn der Feiern noch um einen Tag, bis die Sowjets die Kapitulationsverhandlungen im besetzten Berlin und in Prag abgeschlossen hatten. Vom Kreml aus schossen 1000 Geschütze Salut. Feuerwerkskörper wurden abgeschossen, und die Einwohner von Moskau tanzten ausgelassen auf den Straßen.

Aber der Freudentaumel verebbte schon bald, als sich die Siegermächte den sich vor ihnen auftürmenden Problemen zuwandten: der gewaltigen Aufgabe des Wiederaufbaus in Europa – und dem abschließenden Vorstoß gegen die weiterkämpfenden Streitkräfte des kaiserlichen Japan in Asien.

Die Schlagzeile der „New York Times“ vom 8. Mai verkündet den Sieg in Europa – volle sechs Stunden vor der offiziellen Bekanntgabe durch Präsident Truman.

"All the News That's Fit to Print"

The New York Times.

LATE CITY EDITION

VOL. XCIV..No. 31,881. NEW YORK, TUESDAY, MAY 8, 1945. THREE CENTS

THE WAR IN EUROPE IS ENDED! SURRENDER IS UNCONDITIONAL; V-E WILL BE PROCLAIMED TODAY; OUR TROOPS ON OKINAWA GAIN

ISLAND-WIDE DRIVE

Marines Reach Village a Mile From Naha and Army Lines Advance

7 MORE SHIPS SUNK

Search Planes Again Hit Japan's Life Line—Kyushu Bombed

By WARREN MOSCOW

The Pulitzer Awards For 1944 Announced

MOLOTOFF HAILS BASIC 'UNANIMITY'

He Stresses Five Points In World Charter, but His View on One Is Questioned

By JAMES B. RESTON

Leopold Rescued By 7th Army Troops

GERMANY SURRENDERS: NEW YORKERS MASSED UNDER SYMBOL OF LIBERTY

Thousands filling Times Square in spontaneous celebration yesterday

PRAGUE SAYS FOES ACCEPT SURRENDER

Czechoslovak Radio Reports All Fighting in Bohemia Will Be Ended Today

Wild Crowds Greet News In City While Others Pray

By FRANK S. ADAMS

SHAEF BAN ON AP LIFTED IN 6 HOURS

Action Comes After Protests From Newspapers and Public—Writer Still Barred

Summary of News of the War and German Surrender

GERMANS CAPITULATE ON ALL FRONTS

American, Russian and French Generals Accept Surrender in Eisenhower Headquarters, a Reims School

REICH CHIEF OF STAFF ASKS FOR MERCY

Doenitz Orders All Military Forces of Germany To Drop Arms—Troops in Norway Give Up—Churchill and Truman on Radio Today

By EDWARD KENNEDY
Associated Press Correspondent

REIMS, France, May 7—Germany surrendered unconditionally to the Western Allies and the Soviet Union at 2:41 A. M. French time today. [This was at 8:41 P. M. Eastern Wartime Sunday.]

The surrender took place at a little red schoolhouse that is the headquarters of Gen. Dwight D. Eisenhower.

The surrender, which brought the war in Europe to a formal end after five years, eight months and six days of bloodshed and destruction, was signed for Germany by Col. Gen. Gustav Jodl. General Jodl is the new Chief of Staff of the German Army.

The surrender was signed for the Supreme Allied Command by Lieut. Gen. Walter Bedell Smith, Chief of Staff for General Eisenhower.

It was also signed by Gen. Ivan Susloparoff for the Soviet Union and by Gen. Francois Sevez for France.

[The official Allied announcement will be made at 9 o'clock Tuesday morning when President Truman will broadcast a statement and Prime Minister Churchill will issue a V-E Day proclamation. Gen. Charles de Gaulle also will address the French at the same time.]

General Eisenhower was not present at the signing, but immediately afterward General Jodl and his fellow delegate, Gen. Admiral Hans Georg Friedeburg, were received by the Supreme Commander.

Germans Say They Understand Terms

They were asked sternly if they understood the surrender terms imposed upon Germany and if they would be carried out by Germany.

They answered Yes.

Germany, which began the war with a ruthless attack upon Poland, followed by successive aggressions and brutality in internment camps, surrendered with an appeal to the victors for mercy toward the German people and armed forces.

After having signed the full surrender, General Jodl said he wanted to speak and received leave to do so.

"With this signature," he said in soft-spoken German, "the German people and armed forces are for better or worse delivered into the victors' hands.

"In this war, which has lasted more than five

Winkende und lachende Menschen versammeln sich spontan am Triumphbogen in Paris, nachdem die deutsche Kapitulation bekanntgegeben worden ist. Die Lichtstrahlen eines Scheinwerfers beleuchten die aufgehängten Fahnen.

In Erwartung der offiziellen Siegesnachricht versammeln sich Tausende der Bewohner New Yorks auf dem Times Square unter einer Nachbildung der Freiheitsstatue.

WAR FUND
Paramount
LADD
RUSSELL
SALTY OROURK
CHARLIE SPIVAK
JO STAFFORD
DEAN MURPHY
W 44 ST
ONE-WAY
WALK
NO U TURN
HACK STAND
1 TAXICAB
6AM TO 6PM

Jubelnde Londoner umringen den lächelnden Winston Churchill – der mit seinem berühmten Siegeszeichen antwortet, bevor er sich ins britische Unterhaus begibt.

Die Einwohner von Prag jubeln Sowjetmarschall Iwan Konjew zu, als er nach sechs Jahren deutscher Besatzung im Triumph durch die tschechische Hauptstadt fährt.

Auf Okinawa erfahren Soldaten der 77. US-Infanteriedivision über ein Funkgerät vom Sieg in Europa – sie wissen allerdings, daß für sie der Krieg noch nicht zu Ende ist.

DIAL-LIGHT
TUNING
VOLUME
PHONES
CALIBRATION
CRYSTAL
THE CROSLEY CORPORATION

BIBLIOGRAPHIE

Ambrose, Stephen E.: *The Supreme Commander: The War Years of General Dwight D. Eisenhower.* Doubleday, 1970
Atwell, Lester: *Private.* Simon and Schuster, 1958
„Battle of Germany: ‚Hello, Tovarish.'" *Time,* 7. 5. 1945
Baumbach, Werner: *Zu spät? Aufstieg und Untergang der deutschen Luftwaffe.* Pflaum-Verlag, 1950
Bergschicker, Heinz von: *Berlin: Brennpunkt deutscher Geschichte.* Deutscher Militärverlag, Berlin (DDR) 1965
Bialer, Seweryn (Hrsg.): *Stalin and His Generals: Soviet Military Memoirs of World War II.* Pegasus, 1969
Biennial Report of the Chief of Staff of the United States Army to the Secretary of War, July 1, 1943, to June 30, 1945. U.S. Government Printing Office, 1946
Blumenson, Martin: *The Patton Papers: 1940–1945.* Houghton Mifflin, 1974
Boldt, Gerhard: *Die letzten Tage der Reichskanzlei.* Rowohlt, Reinbek 1964
Bradley, Omar N.: *A Soldier's Story.* Henry Holt, 1951
Brett-Smith, Richard: *Berlin '45: The Grey City.* Macmillan, London 1967
Bryant, Arthur: *Triumph in the West: 1943–1946.* Collins, London 1959
„Bulgaria: To the Exit." *Time,* 28. 8. 1944
Bullock, Alan: *Hitler – Eine Studie über Tyrannei.* Droste, Düsseldorf 1959
Butcher, Harry C.: *Drei Jahre mit Eisenhower.* Scherz, München 1946
Butler, J. R. M. (Hrsg.): *History of the Second World War. United Kingdom Military Series:*
Grand Strategy, Bd. 6: *October 1944–August 1945,* von John Ehrman. Her Majesty's Stationery Office, London 1956
Victory in the West, Bd. 2: The Defeat of Germany, von L. F. Ellis. Her Majesty's Stationery Office, London 1968
Byrom, James: *The Unfinished Man.* Chatto and Windus, London 1957
Carell, Paul, und Böddeker, Günter: *Die Gefangenen.* Ullstein Verlag, Frankfurt am Main/Berlin/Wien 1980
Churchill, Winston S.: *Triumph und Tragödie.* Scherz und Goverts, München 1954
Clark, Alan: *Barbarossa: The Russian-German Conflict, 1941–1945.* Hutchinson, London 1965
Codman, Charles R.: *Drive.* Little, Brown, 1957
Davis, Kenneth S.: *Experience of War: The United States in World War II.* Doubleday, 1965
Deakin, F. W.: *Die brutale Freundschaft: Mussolini, Hitler und der Untergang des italienischen Faschismus.* Kiepenheuer, Köln 1964
Deane, John R.: *Ein seltsames Bündnis. Amerikas Bemühungen, während des Krieges mit Rußland zusammenzuarbeiten.* Verlag Neue Welt, Wien 1948
Dedijer, Vladimir: *Tito Speaks: His Self-Portrait and Struggle with Stalin.* Weidenfeld and Nicolson, London 1954
De Gaulle, Charles: *Memoiren 1942–1946.* Signum-Verlag, Gütersloh 1963
De Guingand, Francis: *Operation Victory.* Charles Scribner's Sons, 1947
De Lattre de Tassigny, Jean: *The History of the French First Army.* Übers. von Malcolm Barnes. Allen and Unwin, London 1952
Delzell, Charles F.: *Mussolini's Enemies: The Italian Anti-Fascist Resistance.* Princeton University Press, 1961
Djilas, Milovan: *Wartime.* Übers. von Michael B. Petrovich. Harcourt Brace Jovanovich, 1977
Dönitz, Karl: *Zehn Jahre und zwanzig Tage.* Athenäum Verlag, Königstein 1958
Dulles, Allen: *The Secret Surrender.* Harper & Row, 1966
Eisenhower, Dwight D.: *Crusade in Europe.* Doubleday, 1948
Esposito, Vincent J. (Hrsg.): *The West Point Atlas of American Wars.* Bd. 2, *1900–1953.* Praeger, 1959
Essame, H.: *The Battle for Germany.* Bonanza Books, 1969
Farago, Ladislas: *Patton: Ordeal and Triumph.* Ivan Obolensky, 1964
Feis, Herbert: *Churchill, Roosevelt, Stalin: The War They Waged and the Peace They Sought.* Princeton University Press, 1957
Fest, Joachim C.: *Hitler.* Propyläen Verlag, Berlin 1973
Fox, William J.: *The Russian-American Linkup, April 25, 1945.* Unveröffentlichtes Interview mit Albert L. Kotzebue. Office of the Chief of Military History, U.S. Army, 1945
Franzel, Emil: *Die Vertreibung. Sudetenland: 1945–1946.* Aufstieg, München 1967
Görlitz, Walter: *Der deutsche Generalstab. Geschichte und Gestalt 1657–1945.* Verlag der Frankfurter Hefte, 1950
Goudsmit, Samuel A.:
Alsos. Henry Schuman, 1947
The Great March of Liberation. Übers. von David Fidlon. Progress Publishers, Moskau 1972
Gretshko, Andrej A. (Hrsg.): *Die Befreiungsmission der sowjetischen Streitkräfte im Zweiten Weltkrieg.* Militärverlag der DDR, 1973
Guderian, Heinz: *Die Panzerwaffe.* 1950
„Hands across the Reich." *Newsweek,* 7. 5. 1945
Harriman, W. Averell, und Abel, Elie: *Special Envoy to Churchill and Stalin: 1941–1946.* Hutchinson, London 1976
Hoffmann, Peter: *Die Geschichte des deutschen Widerstandes 1933–1945.*
Italiaander, Rolf, Bauer, Arnold, und Krafft, Herbert: *Berlins Stunde Null 1945.* Droste Verlag, Düsseldorf 1979
Kennedy, Edward: „Germans Capitulate on All Fronts." *New York Times,* 8. 5. 1945
Kesselring, Albert: *Soldat bis zum letzten Tag.* Athenäum Verlag, Königstein 1953
Knauth, Percy: *Germany in Defeat.* Alfred A. Knopf, 1946
Konjew, Iwan S.: Jahr des Sieges. 1971
Korbel, Josef: *The Communist Subversion of Czechoslovakia, 1938–1948. The Failure of Coexistence.* Princeton University Press, 1959
Liddell-Hart, B. H.: *History of the Second World War.* G. P. Putnam's Sons, 1970
Loewenheim, Francis L., Langley, Harold D., und Jonas, Manfred (Hrsg.): *Roosevelt and Churchill: Their Secret Wartime Correspondence.* E. P. Dutton, 1975
„London Goes Wild on V-E Day". *Life,* 14. 5. 1945
Lukacs, John: *1945: Year Zero.* Doubleday, 1978
MacDonald, Charles B.: *United States Army in World War II: The European Theater of Operations. The Last Offensive.* Office of the Chief of Military History, U.S. Army, 1973
Maclean, Fitzroy: *Eastern Approaches.* Jonathan Cape, London 1949
Manvell, Roger, und Fraenkel, Heinrich: *Göring.* 1962
Mellenthin, F. W. von: *German Generals of World War II as I Saw Them.* University of Oklahoma Press, 1977
Montgomery, Bernard Law:
The Memoirs of Field Marshal the Viscount Montgomery of Alamein, K. G. Signet, 1959
Normandy to the Baltic. Houghton Mifflin, 1948
Mosely, Philip E.: „Dismemberment of Germany." *Foreign Affairs,* April 1950
Mosley, Leonard: *The Reich Marshal: A Biography of Hermann Göring.* Doubleday, 1974
Murphy, Robert: *Diplomat among Warriors.* Doubleday, 1964
O'Donnell, James P.: *The Bunker: The History of the Reich Chancellery Group.* Houghton Mifflin, 1978
Panter-Downes, Mollie: *London War Notes, 1939–1945.* Farrar, Straus and Giroux, 1971
Pash, Boris T.: *The Alsos Mission.* Award House, 1969
Patton, George S., jr.:
War as I Knew It. Houghton Mifflin, 1947
„The Peace at Hand." *Time,* 14. 5. 1945
Pogue, Forrest C.:
George C. Marshall: Organizer of Victory. Viking Press, 1973
The Meeting with the Russians, 25–26 April 1945. Unveröffentlichte Memoiren. Office of the Chief of Military History, U.S. Army, 1945
United States Army in World War II: The European Theater of Operations. The Supreme Command. Office of The Chief of Military History, U.S. Army, 1954
Rokossovsky, Konstantin K.: *A Soldier's Duty.* Progress Publishers, Moskau 1970
Ruhl, Klaus-Jörg: *Die Besatzer und die Deutschen: Amerikanische Zone 1945–1948.* Droste Verlag, Düsseldorf 1980
Ryan, Cornelius: *The Last Battle.* Simon and Schuster, 1966
Salisbury, Harrison E.: *The Unknown War.* Bantam Books, 1978
Scheel, Klaus (Hrsg.): *Die Befreiung Berlins, 1945.* VEB Deutscher Verlag der Wissenschaft, Berlin (DDR) 1975
Schmidt, Dana Adams: *Anatomy of a Satellite.* Little, Brown, 1952
Schwarzwälder, Herbert: *Bremen und Nordwestdeutschland am Kriegsende 1945:*
Bd. 1.: *Die Vorbereitung auf den „Endkampf".* Carl Schünemann Verlag, Bremen 1972
Bd. 2.: *Der britische Vorstoß an die Weser.* Carl Schünemann Verlag, Bremen 1973
Bd. 3: *Vom „Kampf um Bremen" bis zur Kapitulation.* Carl Schünemann Verlag, Bremen 1974
Seaton, Albert: *The Russo-German War, 1941–1945.* Praeger, 1971
„SHAEF Ban on AP Lifted in Six Hours." *New York Times.* 8. 5. 1945
Shirer, William L.:
End of a Berlin Diary. Popular Library, 1961
Aufstieg und Fall des Dritten Reiches. 1963
Shtemenko, Sergei M.: *The Last Six Months: Russia's Final Battles with Hitler's Armies in World War II.* Übers. von Guy Daniels. Doubleday, 1977
Smith, Bradley F., und Agarossi, Elena: *Operation Sunrise: The Secret Surrender.* Basic Books, 1979
Speer, Albert: *Erinnerungen.* Ullstein, Frankfurt, Berlin, Wien 1969
Steenberg, Sven: *Wlassow.* Verlag Wissenschaft und Politik, 1968
Stein, George H.: *The Waffen SS: Hitler's Elite Guard at War, 1939–1945.* Cornell University Press, 1966
Steinert, Marlis G.: *Die 23 Tage der Regierung Dönitz.* Econ Verlag, Düsseldorf 1967
Streit, Christian: *Keine Kameraden.* Deutsche Verlags-Anstalt, Stuttgart 1978
Sulzberger, C. L.: „Moscow Goes Wild over Joyful News." *New York Times,* 10. 5. 1945
Thompson, John H.: „How Yank Met Russ First Time on Elbe in 1945." *Chicago Daily Tribune,* 25. 4. 1949
Thorwald, Jürgen:
Die große Flucht. Steingrüben 1962
The Illusion. Soviet Soldiers in Hitler's Armies. Harcourt Brace Jovanovich, 1975
Toland, John: *The Last 100 Days.* Random House, 1965
Tolstoy, Nikolai: *The Secret Betrayal.* Charles Scribner's Sons, 1977
Trevor-Roper, Hugh R.:
(Hrsg.): *Final Entries 1945: The Diaries of Joseph Goebbels.* Übers. von Richard Barry. Avon, 1979

The Last Days of Hitler. Macmillan, 1947
Truman, Harry S.: *Memoirs by Harry S. Truman,* Bd. 1: *Year of Decisions.* Doubleday, 1955
Tschuikow, Wassili: *Das Ende des Dritten Reiches.* W. Goldmann, München 1966
Tully, Andrew: *Berlin: Story of a Battle.* Simon and Schuster, 1963
Viorst, Milton: *Hostile Allies: F. D. R. and Charles de Gaulle.* Macmillan, 1965
Vyazankin, I. A.: *Za strokoi bovevovo donesenia.* Ministerstvo Oborony, Moskau 1978
„War in Europe Draws to Its End.“ *Life,* 7. 5. 1945
Weigley, Russell F.: *Eisenhower's Lieutenants: The Campaign of France and Germany, 1944–1945.* Indiana University Press, 1981
Werth, Alexander: *Russia at War: 1941–1945.* E. P. Dutton, 1964
Willkie, Wendell L.: *One World.* Simon and Schuster, 1943
Wilmot, Chester: *The Struggle for Europe.* Collins, London 1952
Wolff, Robert Lee: *The Balkans in Our Time.* Harvard University Press, 1956
Young, Peter (Hrsg.): *Atlas of the Second World War.* G. P. Putnam's Sons, 1974
Zhukov, Georgy K:
Marshal Zhukov's Greatest Battles. (Hrsg. von) Harrison E. Salisbury; übers. von Theodore Shabad. Harper & Row, 1969
The Memoirs of Marshal Zhukov. Delacorte Press, 1971
Ziemke, Earl F.:
The Battle for Berlin: End of the Third Reich. Ballantine Books, 1968
Stalingrad to Berlin: The German Defeat in the East. Office of the Chief of Military History, U.S. Army, 1968
The U.S. Army in the Occupation of Germany: 1944–1946. Center of Military History, U.S. Army, 1975
Zubakov, V.: *The Final Assault.* Novosti Press Agency, Moskau 1975

DANKSAGUNGEN

Die Herausgeber dieses Bandes sind folgenden Personen und Institutionen zu besonderem Dank verpflichtet: Joergen H. Barfod, Direktor, und Bjarne Maurer, wissenschaftlicher Mitarbeiter, Museet for Danmarks Frihedskamp 1940–1945, Kopenhagen; Heinz Bergschicker, Berlin (DDR); Maréchal Jean de Lattre de Tassigny, Paris; Dr. Alfred M. De Zayas, Genf; German Information Center, New York; Werner Haupt, Bibliothek für Zeitgeschichte, Stuttgart; Heinrich Hoffmann, Hamburg; Dr. Brooks Kleber, Deputy Chief Historian, U.S. Army Center for Military History, Washington, D.C.; Dr. Roland Klemig und Heidi Klein, Bildarchiv Preußischer Kulturbesitz, Berlin (West); Clarence Marshall, 69th Infantry Association, New Kensington, Pennsylvania; Olga Metlitsky und Victoria Edwards, Sovfoto, New York; Meinrad Nilges, Bundesarchiv-Bildarchiv, Koblenz; Lieutenant James Poole, Albert Simpson Historical Research Center, Maxwell Air Force Base, Alabama; Hannes Quaschinsky, ADN-Zentralbild, Berlin (DDR); Dr. William D. Robertson, Culver City, Kalifornien; Wolfgang Streubel, Ullstein Bilderdienst, Berlin (West); Ladislav Svatos, Easton, Connecticut; Dr. Friedrich Terveen, Landesbildstelle, Berlin (West); Paul White, Still Photo Division, National Archives, Washington, D.C.

Das Register zu diesem Buch wurde von Nicholas J. Anthony erstellt.

QUELLENNACHWEIS DER ABBILDUNGEN

Abbildungen von links nach rechts sind durch Semikolon, solche von oben nach unten durch Gedankenstrich getrennt.

EINBAND: Sovfoto

DIE SOWJETS ALS BEFREIER: 6, 7 – Jewgeni Chaldei, Moskau. 8 – G. Chomzor von Sovfoto. 9 – Georgi Zelma, Moskau. 10, 11 – Jewgeni Chaldei, Moskau; Novosti, Rom. 12, 13 – TASS von Sovfoto; Jewgeni Chaldei, Moskau. 14, 15 – Jewgeni Chaldei, mit frdl. Genehmigung Bureau Soviétique d'Information, Paris; Jewgeni Chaldei, Moskau. 16, 17 – Fotochronica-TASS, Moskau.

„WIR WERDEN NICHT KAPITULIEREN": 20 – Karte von John E. Taktikos und Diana Raquel Vazquez. 22 – Bildarchiv Preußischer Kulturbesitz, Berlin (West). 23 – Bildarchiv Preußischer Kulturbesitz, Berlin (West), Photo von Heinrich Hoffmann. 25 – Karte von John E. Taktikos und Diana Raquel Vazquez. 28 – Ullstein Bilderdienst, Berlin (West). 30, 31 – Zeichnung von Hanno Engler, mit frdl. Genehmigung Bildarchiv Preußischer Kulturbesitz, Berlin (West). 33, 34 – Süddeutscher Verlag, Bilderdienst, München.

FESTUNG BERLIN: 36, 37 – Bildarchiv Preußischer Kulturbesitz, Berlin (West), Photo von Heinrich Hoffmann. 38 – Hilmar Pabel, Umratshausen, Bundesrepublik Deutschland. 39 – Heinrich Hoffmann, Hamburg. 40, 41 – Ullstein Bilderdienst, Berlin (West) (2); Bildarchiv Preußischer Kulturbesitz, Berlin (West). 42, 43 – Ullstein Bilderdienst, Berlin (West); Bildarchiv Preußischer Kulturbesitz, Berlin (West). 44, 45 – Ullstein Bilderdienst, Berlin (West); ADN-Zentralbild, Berlin, DDR. Jakow Rjumkin, Moskau. 46, 47 – Süddeutscher Verlag, Bilderdienst, München.

DER ANSTURM DER RUSSEN: 48, 49 – TASS von Sovfoto. 50 – Michail Markow, Moskau. 51 – Alexandr Ustinow, *Prawda,* Moskau. 52, 53 – Fotochronica-TASS, Moskau. 54, 55 – Victor Grebnew, Moskau; Süddeutscher Verlag, Bilderdienst, München. 56, 57 – Alexandr Ustinow, *Prawda,* Moskau. 58, 59 – Iwan Schagin, TASS von Sovfoto; Fotochronica-TASS, Moskau. 60, 61 – ADN-Zentralbild, Berlin, DDR.

AUSHOLEN ZUM LETZTEN SCHLAG: 64 – Karte von John E. Taktikos und Diana Raquel Vazquez. 66 – Sovfoto (2); Imperial War Museum, London. 67 – Sovfoto. 71 – Ullstein Bilderdienst, Berlin (West). 74 – Jakow Rjumkin, Moskau. 78 – Alexandr Ustinow, *Prawda,* Moskau.

VERBRÜDERUNG AN DER ELBE: 82, 83 – Jewgeni Chaldei, Moskau. 84 – Keystone Press, mit frdl. Genehmigung National Archives (Nr. 208-AA-38A-16). 85 – Alexandr Ustinow, *Prawda,* Moskau. 86, 87 – Black Star, National Archives (Nr. 306-NT-1343-2) – Wide World (2). 88, 89 – National Archives Nrn. 306-NT-2921-V – 208-AA-38A-2; 208-AA-38B-2 – 208-AA-38B-1). 90, 91 – The Bettmann Archive.

VERHARREN IM WESTEN: 95 – Margaret Bourke-White für *Life.* 96 – Imperial War Museum, London. 98 – Joe Pazen für Black Star, London. 99 – U.S. Army; Wide World. 101 – Imperial War Museum, London. 102, 103 – UPI. 106 – Mit frdl. Genehmigung Maréchal Jean de Lattre de Tassigny, Paris. 107 – National Archives (Nr. 208-AA-210BB-1). 108 – UPI.

DIE STERBENDE HAUPTSTADT: 110, 111 – Sovfoto. 112 – ADN-Zentralbild, Berlin, DDR. 113 – Süddeutscher Verlag, Bilderdienst, München. 114 – Fotochronica-TASS von Sovfoto. 115 – Süddeutscher Verlag, Bilderdienst, München. 116, 117 – Jewgeni Chaldei, Moskau. 118, 119 – Landesbildstelle, Berlin (West). 120 – Sovfoto. 121 – Landesbildstelle, Berlin (West). 122, 123 – Landesbildstelle, Berlin (West); Iwan Schagin, TASS von Sovfoto. 124, 125 – Jewgeni Chaldei, Moskau.

DER TODESKAMPF DES REICHES: 128 – Karte von John E. Taktikos und Diana Raquel Vazquez. 132 – Bildarchiv Preußischer Kulturbesitz, Berlin (West). 133 – Ullstein Bilderdienst, Berlin (West). 134, 135 – Karten von John E. Taktikos und Diana Raquel Vazquez. 137 – Hilmar Pabel, Umratshausen, Bundesrepublik Deutschland. 138, 139 – Sovfoto. 141 – Jewgeni Chaldei, Moskau. 142 – TASS von Sovfoto.

DER ZERFALL EINER ARMEE: 144, 145 – Wide World. 146 – UPI. 147 – Imperial War Museum, London. 148, 149 – UPI – U.S. Army (2). 150, 151 – Black Star; Imperial War Museum, London – UPI. 152, 153 – U.S. Army; Wide World – William Vandivert für *Life.* 154, 155 – Wide World.

DIE EROBERTE ZITADELLE: 156–158 – Jewgeni Chaldei, Moskau. 159 – Dmitri Baltermants, Moskau. 160, 161 – Sovfoto. 162, 163 – Jewgeni Chaldei, Moskau; Novosti von Sovfoto – Süddeutscher Verlag, Bilderdienst, München. 164, 165 – Süddeutscher Verlag, Bilderdienst, München – Sovfoto; William Vandivert für *Life.* 166, 167 – *The Daily Mirror,* London.

EIN GRAUSAMES NACHSPIEL: 171 – UPI. 173 – Imperial War Museum, London. 174 – The Bettman Archive. 176, 177 – U.S. Army; Jakow Rjumkin, Moskau. 180, 181 – Pictorial Press Ltd., London. 182 – Jiri Janovsky, mit frdl. Genehmigung Vladimir Remesch, Prag. 183 – Vaclav Chochola, mit frdl. Genehmigung Vladimir Remesch, Prag. 185 – Vaclav Chochola, Prag. 188 – Museet for Danmarks Frihedskamp 1940–1945, Kopenhagen.

JUBEL ÜBER DEN SIEG: 190, 191 – Novosti, Moskau. 192 – © 1945 The New York Times Co., Nachdruck mit frdl. Genehmigung The Bettmann Archive. 193 – Ralph Morse für *Life.* 194, 195 – Wide World. 196, 197 – Popperfoto, London. 198, 199 – TASS von Sovfoto. 200, 201 – Wide World.

REGISTER

Kursiv gesetzte Seitenangaben beziehen sich auf Abbildungen zu dem betreffenden Stichwort

Reprosatz: Alfred Utesch GmbH, Hamburg
Druck und Einband: Artes Gráficas, Toledo, Spanien
D. L. TO: 1015-1982